城市轨道交通车站布局研究

张 燕 胡媛媛 李宁川 编著

西南交通大学出版社
·成 都·

图书在版编目（CIP）数据

城市轨道交通车站布局研究 / 张燕，胡嫒嫒，李宁川编著. -- 成都：西南交通大学出版社，2024.8.
ISBN 978-7-5774-0022-8

Ⅰ．U239.5

中国国家版本馆 CIP 数据核字第 202488UY56 号

Chengshi Guidao Jiaotong Chezhan Buju Yanju
城市轨道交通车站布局研究

张　燕　胡嫒嫒　李宁川　编著

策 划 编 辑	王小龙
责 任 编 辑	宋浩田
封 面 设 计	墨创文化
出 版 发 行	西南交通大学出版社 （四川省成都市金牛区二环路北一段 111 号 西南交通大学创新大厦 21 楼）
营销部电话	028-87600564　028-87600533
邮 政 编 码	610031
网　　　址	http://www.xnjdcbs.com
印　　　刷	成都蜀通印务有限责任公司
成 品 尺 寸	185 mm × 260 mm
印　　　张	13.5
字　　　数	337 千
版　　　次	2024 年 8 月第 1 版
印　　　次	2024 年 8 月第 1 次
书　　　号	ISBN 978-7-5774-0022-8
定　　　价	58.00 元

图书如有印装质量问题　本社负责退换
版权所有　盗版必究　举报电话：028-87600562

前言

随着城市轨道交通的高速发展，我国城市轨道交通线网规模也在不断扩大，城市轨道交通在现代城市交通系统中扮演着重要的角色，它能够高效地解决城市交通需求、缓解交通压力、改善空气质量，并为居民提供便捷的出行方式。在城市轨道交通系统中，城市轨道交通车站在轨道交通运营系统中处于核心地位，是供乘客上下车、换乘和候车的场所，是城市轨道交通系统对外提供客运服务的窗口，同时也是城市轨道交通网络的重要节点。然而随着城市轨道交通线网规模的扩大和城市交通需求的快速增长，城市轨道交通客流量急剧增加，使得城市轨道交通车站客流组织的难度也日益增加。因此，应通过合理布局车站设备设施来提升车站设施设备运用能力、提高客流组织效率，从而降低城市轨道交通发生突发性事件和意外事故的可能性，提高车站运营效率，改善乘客服务感受。

本书通过对我国大城市轨道交通典型的非换乘车站及换乘车站的站厅公共区设备设施布局、服务能力等现状的调查，对日常客流组织及大客流组织时，设施设备数量及相互位置与乘客流线之间的关系、设施设备服务能力与客流组织方法之间的关系进行分析，最终可以得出以下结论：城市轨道交通车站设备设施的布局对客流流动有着直接的影响，合理的布局能节省乘客在站内行走的距离，减少进站客流与出站客流之间的交叉，避免乘客在车站内拥堵，对乘客的使用感受是否良好及能否提高车站客流组织效率起着决定性作用。

由于作者水平有限，时间仓促，如在书中出现错误和疏漏，敬请读者给予批评和指正。

编著者
2023 年 11 月

目 录

第1章 概 述 ··· 001
1.1 研究背景 ·· 001
1.2 研究历程 ·· 002
1.2.1 初期研究阶段 ··· 002
1.2.2 多功能化车站研究阶段 ·· 002
1.2.3 强调人性化和可达性的研究阶段 ································ 002
1.2.4 绿色和智慧车站研究阶段 ··· 003
1.3 研究目的 ·· 003
1.4 研究的主要内容 ··· 004
1.5 研究方法 ·· 004

第2章 城市轨道交通车站布局组成 ··· 006
2.1 城市轨道交通系统组成 ·· 006
2.1.1 城市轨道交通系统类型 ·· 006
2.1.2 城市轨道交通系统组成 ·· 015
2.2 城市轨道交通车站类型 ·· 026
2.2.1 按修建位置来分 ··· 026
2.2.2 按车站站台与线路的关系来分 ··································· 028
2.2.3 按运营功能来分 ··· 030
2.2.4 按规模大小分 ·· 030
2.3 城市轨道交通车站组成 ·· 031
2.3.1 车站结构组成 ·· 031
2.3.2 车站客运服务设备设施组成 ······································ 032

第3章 城市轨道交通车站布局设计 ··· 043
3.1 城市轨道交通车站布局原则 ·· 043

  3.1.1 总体布局原则 …………………………………………………… 043
  3.1.2 平面布局原则 …………………………………………………… 044
  3.1.3 车站设计阶段 …………………………………………………… 044
 3.2 城市轨道交通车站布局设计影响因素 ……………………………………… 046
  3.2.1 交通需求对车站布局设计影响分析 …………………………… 046
  3.2.2 城市规划与土地利用因素 ……………………………………… 050
  3.2.3 运营管理因素对车站布局设计影响分析 ……………………… 050
  3.2.4 社会经济因素对车站布局设计影响分析 ……………………… 050
 3.3 城市轨道交通车站各组成部分布局设计 ………………………………… 051
  3.3.1 车站站位设计 …………………………………………………… 051
  3.3.2 车站结构设计 …………………………………………………… 052
  3.3.3 车站建筑设计 …………………………………………………… 058
  3.3.4 车站主要客运服务设备设施设计 ……………………………… 072
  3.3.5 车站防灾设计 …………………………………………………… 080
  3.3.6 车站环境设计 …………………………………………………… 083
  3.3.7 车站换乘设计 …………………………………………………… 085

第4章 城市轨道交通车站布局实例分析 ……………………………………… 092
 4.1 国内地铁典型非换乘地下站布局分析 …………………………………… 092
  4.1.1 站厅和站台不在同一层的全地下站 …………………………… 092
  4.1.2 站厅和站台在同一层的全地下站 ……………………………… 107
  4.1.3 地面站厅和地下单层岛式站台组成的半地下站 …………… 118
 4.2 国内典型地铁两线换乘站布局分析 ……………………………………… 124
  4.2.1 以上下层站台换乘为主的两线换乘站 ………………………… 124
  4.2.2 以同站台换乘为主的两线换乘站 ……………………………… 139
  4.2.3 以站厅与站厅之间相连的专用通道换乘为主的车站 ……… 157
  4.2.4 与其他交通方式换乘的两线换乘站 …………………………… 170
 4.3 国内典型地铁三线换乘站 ………………………………………………… 180
  4.3.1 仅设置一个站厅的三线换乘站 ………………………………… 180
  4.3.2 设置多个站厅的三线换乘站 …………………………………… 185
  4.3.3 站厅包含站台的三线换乘站 …………………………………… 193

第5章 结　论 ………………………………………………………………… 208

参考文献 ……………………………………………………………………… 210

第 1 章
PART ONE

概　述

1.1　研究背景

截至 2022 年年底，全国（以下文中涉及全国数据均指不含港澳台地区的数据）共有 55 个城市开通城市轨道交通（以下简称城轨交通）运营线路 308 条，运营线路总长度 10 287.45 km，拥有 4 条及以上运营线路，且换乘站 3 座及以上的城市 26 个，占已开通城轨交通运营城市总数的 47.27%。其中，地铁运营线路 8 008.17 km，占比 77.84%；其他制式城轨交通运营线路 2 279.28 km，占比 22.16%。当年新增运营线路长度 1 080.63 km。

2022 年城轨交通客运量占公共交通客运总量的分担比率为 45.82%，比 2021 年提升 2.45 个百分点，其中上海、深圳、广州、杭州、成都、南京、南宁、南昌、北京、武汉 10 个城市城轨交通客运量在公共交通中的分担比例均超过 50%。

2022 年全年共完成建设投资 5 443.97 亿元，年度完成建设投资额同比略有下降，在建项目的可行性研究批复投资累计 46 208.39 亿元，在建线路总长 6 350.55 km，其中市域快轨线路占比明显增加。

截至 2022 年年底，城轨交通线网建设规划在实施的城市共计 50 个，在实施的建设规划线路总长 6 675.57 km（不含统计期末已开通运营线路）；可统计的在实施建设规划项目可研批复总投资额合计为 41 688.79 亿元。2022 年当年，共有两个城市新一轮城轨交通建设规划和 3 个城市的城市轨道交通建设规划调整方案获国家发改委批复，获批项目中涉及新增线路长度约 330 km，新增计划投资额约 2 600 亿元。

"十四五"后三年城轨交通仍快速发展，根据现有数据推算，"十四五"期末城轨交通运营线路里程将持续增长，运营城市数量有望超过 60 座，城市轨道交通运营规模持续扩大，在公共交通中发挥的骨干作用愈加明显。

城市轨道交通以其快速、准时、大运量的特点在现代城市交通系统中扮演着重要的角色，它能够高效地解决城市交通需求、缓解交通压力、改善空气质量，并为居民提供便捷的出行方式。随着城市化进程不断加快，城市轨道交通的建设和发展迅速，然而，要想充分发挥轨道交通的优势，则需要科学合理地规划车站布局，确保乘客能够便捷、高效地进出车站。

车站是城市轨道交通系统的集散节点和重要组成部分，不仅造价较高，并且地位也比较重要。通过对国内近几年竣工的城市轨道交通造价数据分析，对于地铁制式的轨道交通地下线路，车站土建工程的造价占工程土建总造价的一半左右。一般情况下，对于6节编组的线路，没有特殊功能（折返或换乘）的地下两层车站土建成本通常在亿元以上。影响车站造价的因素较多，如车站的埋深、施工方法、明挖法的支护方法和结构形式等，但是大部分因素有其特定的适用性，可选择性不大。通常情况下，车站规模直接决定车站的土建总造价。因此，在设施供给和乘客需求分析的基础上，合理规划设计车站规模，提高车站空间利用率，是提高投资效率的合理途径。

如果通过科学合理的设计方法，在一定的乘客服务水平下确定车站经济合理的规模，提升车站空间利用水平，可有效控制综合造价，保障城市轨道交通的可持续发展。

车站是乘客感知城市轨道交通服务的最直接的界面，承担着乘客集散的重要功能。在轨道交通乘客的整个出行过程中，几乎全部的走行行为都是发生在车站内的。因此，乘客在轨道交通车站内部感受到的服务水平，是判断整个轨道交通服务水平的主要依据。

城市轨道交通车站规模和设施布局的合理性，关系到乘客是否能舒适、安全地出入车站，关系到是否能够缩短乘客出行时间、提高出行效率，关系到轨道线路的安全运营。若车站规模、布局不合理，很容易造成站内乘客局部拥堵，客流密度过大，会影响到车站的正常运转，甚至造成严重的安全事故。

因此，随着线网的扩张和乘客需求的增长，车站布局的科学性和合理性成为了一个重要的研究方向。良好的车站布局设计能够提高乘客的出行效率和舒适度，减少拥堵和拥挤现象，优化换乘体验，提升轨道交通系统的整体效能。

1.2 研究历程

1.2.1 初期研究阶段

早期的城市轨道交通车站平面布局研究主要着重于车站设施的功能性和布局的设想，其主要目的是满足列车运行和乘客运输的需求，并未考虑到后续的发展和应对不断变化的需求。

1.2.2 多功能化车站研究阶段

进入21世纪以后，随着城市轨道交通的不断发展，为了满足乘客对行车速度、效率和乘车舒适感的需求，轨道交通车站的平面布局逐渐由传统的较为单一的布局向设计现代化、多功能化和可持续化转变。

1.2.3 强调人性化和可达性的研究阶段

如今，随着城市轨道交通的普及，人性化和可达性在轨道交通车站平面布局中越来越被重视。在设计上，应考虑身体不便乘客、视障乘客和老年乘客等不同人群的需求并提供便捷的无障碍设施；同时，还应考虑乘客的容量、各方向的交通流量等，以优化布局的效率、乘客舒适度和交通运行质量。

1.2.4 绿色和智慧车站研究阶段

在新一轮科技革命和产业变革的浪潮推动下，我国城轨交通行业智慧化、绿色化的建设步入快速发展阶段，改变了传统的建设模式、服务手段和经营方式。因此，各省市级政府部署有关双碳任务，在《中国城市轨道交通绿色城轨发展行动方案》的指导下，以 2025 年和 2030 年绿色城轨建设目标为节点，研究绿色城轨发展规划或实施方案。

1.3 研究目的

轨道交通车站设施是为乘客提供便捷服务的。车站设施的规模、配置是否合理，其衡量标准最终要落在运营上，要以设施配置是否满足站内客流需求及其特征为准绳。因此，对轨道交通车站客流与设施相互关系的研究是有必要存在的。一方面我们要从运营出发，研究车站客流及其特征，反过来评价车站设施配置的合理性。另一方面也要对车站设施配置是如何对行人产生影响的来进行分析。

研究城市轨道交通车站布局的目的是多方面的，下面详细论述一些主要目的：

（1）提高乘客出行效率和舒适度，提高乘客乘车体验。

合理的车站布局设计可以减少乘客换乘时间，优化站台和通道设置，减少人流拥堵，提高乘车效率和舒适度。合理设置出入口和连接通道，便于乘客快速进出和换乘，减少过度拥挤和拥堵现象。同时，在城市轨道交通系统中，乘客换乘是非常常见的情况。良好的车站布局能够提供便捷的换乘条件，减少换乘步行距离，提供明确的导向和指示，减少迷路和迷惑的情况，提高乘客换乘体验。

因此，合理的车站布局可以减少乘客换乘时间，提高出行效率，缓解车站人流拥堵问题，降低事故风险，确保乘客的安全性和舒适性，提高运营管理水平，为乘客提供更好的服务质量。

（2）优化城市土地规划利用，提高城市交通运营效能。

车站布局对于城市规划和土地利用也具有重要影响。科学合理的车站布局能够支持城市规划的发展方向，合理利用土地资源，推动城市的可持续发展。车站作为城市交通系统的重要节点，同时也是城市门户的形象展示，其布局和设计对城市形象和人居环境具有直接影响。因此，研究车站布局可以为城市规划提供参考，以期合理利用土地资源，促进城市可持续发展。

车站布局的科学性和合理性直接影响轨道交通系统的运营效能和运营成本。通过合理设置车站位置和间距，优化线网布局，能够提高线路的通行能力和运营效率，减少停车时间，提高列车频次和运营密度，降低运营成本，提高运营效益。

（3）创新设计与技术发展，保障交通安全。

轨道交通车站作为重要的交通节点，与乘客的出行安全直接相关。合理的车站布局能合理布置安全设施，包括逃生通道、安全指示系统、紧急处理设施等，以应对火灾、地震等突发事件，最大限度地减少伤害和损害，确保乘客的安全。随着科技的进步，新的布局理念和技术手段的应用，将新的理念和技术运用到车站布局中，能够促进交通领域的创新设计和技术发展，能够推动轨道交通系统的发展并满足未来城市交通需求，为保障交通安全做出新的贡献。

总之，研究城市轨道交通车站布局的目的是提高乘客出行效率和舒适度，优化换乘体验，提高交通运营效能，保障交通安全，适应城市规划和土地利用，从而使城市轨道交通系统能够更好地满足人们的交通需求，提升城市交通水平和居民生活质量。

1.4 研究的主要内容

（1）车站的位置和空间布局。

确定车站所处地理位置、周边环境条件，以及车站内部各功能区域的位置和布局。包括站厅与站台之间的相对位置关系设计、站厅公共区与设备区的相对位置关系设计等。

（2）车站设施设备的配置研究。

根据车站的规模、运营特点等因素，合理配置车站客运服务设施设备，如自动售检票系统的终端设备位置及数量设计、安检设施位置及数量设计、无障碍设施的类型及数量位置设计、导乘系统的类型及位置设计等。

（3）车站客流分析与组织。

对车站的进出站客流、换乘客流进行统计分析，研究进出客流及换乘客流的分布特征和变化规律，通过不同的策略进行组织优化，提高车站的运行效率和服务质量。

1.5 研究方法

城市轨道交通车站布局的研究方法有多种，选择何种方法取决于研究的目的、数据可用性和研究资源的限制。以下是一些常见的研究方法。

（1）文献资料法。

文献资料法是通过收集有关城市轨道交通车站布局研究方面的书籍、期刊论文、报告、学位论文、专利、统计数据、课程教材、公开文件等，分析和解释现有文献中的已有研究成果并进行整理，以获取对此研究问题的深入了解和洞察，为进一步研究提供理论依据和启示。

（2）实地调研。

实地调研是研究城市轨道交通车站布局的重要方法之一。研究者可以亲自前往实地考察，观察车站的布局、结构和功能，了解乘客流量分布和运营特点，收集现场数据和相关信息。

这种方法可以提供直接的观察和实证数据，对问题的理解和分析也有很大帮助。

（3）实证分析法。

实证分析法是基于现阶段已修建的一些典型车站的设备设施布局对客流组织的影响的实际观察，通过比较分析和案例方法，对研究对象进行客观的描述和解释，提出结论，并对研究问题进行推断或预测。

综合运用上述研究方法，能够从不同的角度和层面对城市轨道交通车站布局进行全面对比和分析，为制定科学合理的车站布局方案提供支持。

第2章
PART TWO

城市轨道交通车站布局组成

2.1 城市轨道交通系统组成

2.1.1 城市轨道交通系统类型

我国国家标准《城市公共交通常用名词术语》中将城市轨道交通定义为"通常以电能为动力，采取轮轨运输方式的快速大运量公共交通的总称"。

《城市轨道交通分类》（T/CAMET 00001—2020）对城市轨道交通从运输能力、空间范围、路权形式、设计最高速度等方面进行了分类。

按运输能力分类，城市轨道交通系统分为大运能系统、中运能系统和低运能系统三类，如表2-1所示。

表2-1 按运输能力划分的城市轨道交通分类及技术特征

分类名称		运输能力/（人次每小时）
大运能系统		≥30 000
中运能系统	中大运能系统	15 000~30 000（不含）
	中小运能系统	10 000~15 000（不含）
低运能系统		<10 000

注：运输能力是指城市轨道交通系统单位时间内单向输送乘客的能力，以远期高峰小时单向最大断面运输量表示。

按空间范围分类，城市轨道交通系统分为城区轨道交通和市域轨道交通两类。城区轨道交通主要用于满足城市城区的通勤（学）、公务、购物、餐饮、文体娱乐、旅游休闲等多种出行目的，由于服务于城区内部的客流，线路正线主要位于城区范围内；市域轨道交通主要用于满足城市市域或都市圈范围的公务、通勤（学）、旅游休闲等多种出行目的，由于服务于城市市域或都市圈外围地区与中心城市城区之间联系的客流，线路正线主要位于城区以外的城市市域或都市圈范围。

按路权形式分类，城市轨道交通系统分为全封闭系统、部分封闭系统和开放系统三类。全封闭系统是指城市轨道交通线路与其他交通方式以物理方式完全隔离，具有独立路权，与其他交通方式不存在混行；部分封闭系统是指城市轨道交通线路的一部分区段与其他交通方式采用物理方式隔离，具有独立路权，与其他交通方式不存在混行，另一部分区段不采用物理方式隔离，共享路权，与其他交通方式按照相应规则混行；开放式系统是指城市轨道交通线路与其他交通方式不采用物理方式隔离，共享路权，与其他交通方式按照相应规则混行。

按设计最高速度分类，城市轨道交通系统分为快速轨道交通和普速轨道交通两类。其中，快速轨道交通又细分为 A、B 两级。各分类的技术特征如表 2-2 所示。

表 2-2　按设计最高速度划分的城市轨道交通分类及技术特征

分类名称		设计最高速度/（km/h）
快速轨道交通	A	>120
	B	100～120
普速轨道交通		<100
城市轨道交通的设计最高速度在 60 km/h、70 km/h、80 km/h、100 km/h、120 km/h、140 km/h、160 km/h、200 km/h 8 个速度等级中选用		

注：快速轨道交通亦称快线，普速轨道交通亦称普线。

在《城市轨道交通工程项目规范》（GB 55033—2022）中指出，城市轨道交通是采用专用轨道导向运行的城市公共客运交通系统，包括地铁系统、轻轨系统、单轨系统、有轨电车系统、磁浮交通系统、自动导向轨道系统、市域快速轨道系统等多种类型。

（1）地铁系统。

地铁是城市轨道交通的主要形式，指在城市中修建的快速、大运量、长距离、用电力牵引的轨道交通。

列车在平面全封闭的线路上运行，位于中心城区的线路基本设在地下隧道内，中心城区以外的线路一般设在高架桥或地面上。地铁列车通常采用 6～8 辆编组，最高速度可达 100 km/h，运营速度为 35～40 km/h，车辆运行最小间隔可低于 1.5 min。单向客流量为 3 万人次/h，最高可达 6 万～8 万人次/h。因此，人口超过 300 万的特大城市修建地铁是较为合适的。

截至 2023 年 12 月，我国（不包括港、澳、台地区）共有 55 个城市开通了城市轨道交通线路，共计 10 165.7 km，其中排名前五的城市分别是上海、北京、广州、成都、杭州。2010 年 9 月 27 日，成都地铁 1 号线开通运营，2020 年 12 月 18 日，成都轨道交通 5 条新线集中开通运营，运营总里程突破 500 km，跃升国内轨道交通"第四城"。截至 2024 年，成都地铁已开通运营 13 条轨道交通线路，累计运营里程 562 km。十余年来，成都地铁将乘客的需求和感受作为服务的出发点和落脚点，把让乘客满意作为运营服务的检验标准，探索构建以轨道交通为主体的"标准化、精细化、智能化"城市绿色交通体系，努力提供"安全、便捷、优质、高效"的轨道交通出行服务。成都地铁 10 号线车站及区间线路如图 2-1 所示。

（a） （b）

图 2-1 成都地铁 10 号线

（2）轻轨系统。

轻轨是在有轨电车的基础上改造发展起来的，列车在全封闭线路上运行，属于钢轮钢轨体系的中等运能、以地上敷设为主的城市轨道交通系统。

轻轨线路通常采用地面和高架相结合的方法建设，可以从市区通往近郊。采用 3~6 辆的列车编组形式，运营速度为 25~35 km/h，单向客流量为 1.5 万~3 万人次/h。因此，通常建于拥有 10 万~100 万人口的城市，一般可运行到远离市中心 20 km 的位置。

截至 2022 年 6 月，天津、长春、大连三个城市开通了轻轨线路，运营线路里程达 219.70 km。天津 9 号线于 2004 年 4 月 1 日正式开通运营，线路长度 52.25 km，全线共设 21 座车站，其中 5 座地下车站、16 座高架车站、1 座地面车站，采用 4 节编组 B 型列车，如图 2-2 所示。

图 2-2 天津轻轨 9 号线

（3）单轨系统。

单轨是一种车辆与特制的轨道梁组合成一体运行的中运能或低运能胶轮-导轨系统。

单轨的线路一般采用高架结构，车辆走行部分由橡胶驱动轮和导向轮组成。单轨又分为跨座式单轨和悬挂式单轨。跨座式单轨是指列车跨坐在轨道梁上部行驶，如图 2-3（a）所示；悬挂式单轨是指列车悬挂在轨道梁下部行驶，如图 2-3（b）所示。单轨列车采用 4~6 辆的编组形式，运营速度为 30~40 km/h，单向客流量为 1 万~3 万人次/h。轻轨具有爬坡能力强、转弯半径小、运行噪声低、造价低等显著特点，特别适合线路所经地区山高坡陡、道路曲折、地形复杂的城市。

(a) 跨坐式单轨　　　　　　　　(b) 悬挂式单轨

图 2-3　单轨系统

我国首条跨座式单轨线路是在有"山城"之称的重庆修建的。重庆单轨 2 号线是从日本引进单轨技术后修建的，在 2 号线开通运营后，重庆轨道交通团队经过艰苦研发，在单轨 3 号线通车时，有 95% 以上的轨道设备已实现了国产化，取得了 100 多项专利，总体达到了国际先进水平，一举打破了日本等国家的长期垄断。不仅如此，作为后来者的重庆，还成为了世界上首个跨坐式单轨交通标准体系的创建者。目前，重庆的单轨技术不仅在向国内深圳、柳州、吉林等中等城市推广，2009 年，重庆轨道交通设计和施工团队还远赴大邱，为大邱的单轨交通线路提供轨道梁模板等多项技术支撑，成功迈出了重庆单轨技术走出去的第一步。

(4) 有轨电车。

有轨电车是使用电车牵引、轮轨导向运行在城市路面线路上的低运量轨道交通系统。

有轨电车通常采用地面路线，路权混用或部分路权独立，与其他车辆混合运行，因此有轨电车运营速度仅为 10～20 km/h，列车采用 3～7 辆的编组形式，单向客流量在 1 万人次/h 以下。有轨电车虽然运量低，但相比地铁、单轨等其他的城市轨道交通方式，具有建设成本低、建设难度低，以及相对于城市道路其他交通工具来说，安全系数、环保系数更高等优势，因此北京、上海、大连、成都、青岛等 21 个城市均建设有有轨电车线路，线路总长共计 532.97 km。成都有轨电车蓉 2 号线于 2018 年 12 月 26 日开通运营，截至 2022 年底，成都有轨电车蓉 2 号线线路全长 39.3 km，共设置车站 47 座，其中地面站 45 座，高架站 2 座，5 节编组，最高速度 70 km/h，如图 2-4 所示。

图 2-4　成都蓉 2 号线

（5）磁浮系统。

磁悬浮交通是一种利用电磁力将列车悬浮于轨道并进行导向，用直线电机产生牵引动力，驱动列车运行的城市轨道交通系统。城市轨道交通系统中的磁浮交通系统主要是指中低速磁浮交通系统，高速磁浮系统由于常应用于城市之间所以并未纳入城市轨道交通范畴。

磁悬浮的线路一般采用高架结构，在轨道的磁力作用下，使列车悬浮在空中，走行时不需要接触地面，只受来自空气的阻力，因此，中低速磁悬浮车速多在 100~200 km/h。车辆走行部分由橡胶驱动轮和导向轮组成，噪声较小。

长沙磁浮快线，是服务于湖南省长沙市的一条城市轨道交通线路，是中国首条拥有完全自主知识产权的中低速磁浮铁路，于 2016 年 5 月 6 日开通运营，起于磁浮高铁站，途经长沙市雨花区和长沙县，连接长沙南站和长沙黄花国际机场，止于磁浮机场站，大致呈东西走向，如图 2-5（a）所示。北京磁悬浮示范线 S1 线列车运行最高速度可达 120 km/h，载客量相比普通地铁列车要小，标准 B 型车每节车厢的核定载客量为 240 人，但北京地铁 S1 线列车每节车厢载客量在 150 人以内，如图 2-5（b）所示。

（a）长沙中低速磁浮

（b）北京磁浮 S1 线

图 2-5　磁浮系统

（6）自动导向轨道系统。

自动导向轨道系统是一种无人驾驶、全自动运行的轨道交通系统。

狭义上讲，自动导向轨道系统是指由电气牵引，具有特殊导向操作和转向方式的胶轮车辆，采取单车或数辆的编组形式，运行在专用轨道梁上的中小运量轨道运输系统。自动导向轨道系统属于胶轮-导轨系统，一般多用在高架线上。走行轮为胶轮，走行在桥梁面上，起支承作用；导向轮也是胶轮，依靠导向板或导向槽对车辆起导向和稳定作用。为了控制车辆轴重，保障胶轮运行安全，故采用小车辆、短列车，自动导向的形式。设计最高速度为 60～80 km/h，列车运行在全封闭的线路上，2～4 节编组，单向客流量为 0.5～2 万人次/h，具有站间距短、转弯半径小、车体轻巧、运量中等、噪声相对小、启停加减速快捷等特点。

我国首条旅客自动运输系统（简称 APM 线）是北京首都国际机场旅客捷运，该系统主要服务于 3 号航站楼国际及港澳台进出港旅客；首条用于城市轨道交通系统的 APM 线是广州珠江新城旅客自动运输系统，于 2010 年 11 月 8 日正式开通试运行，该线路主要定位为观光线；上海首条胶轮路轨全自动无人驾驶 APM 线——浦江线于 2018 年 3 月 31 日起通车试运营，4 节编组，最高速度 80 km/h，上海 APM 浦江线如图 2-6 所示。

图 2-6　上海 APM 浦江线

（7）市域快速轨道系统。

市域快轨交通，指的是大城市市域范围内的客运轨道交通线路，服务于城市与郊区、中心城市与卫星城、重点城镇间等，服务范围一般在 100 km 之内，是介于城市轨道交通（地铁、轻轨）和城际高速铁路之间的新型运输模式，属于广义城市轨道交通的范畴。

近年来，国内北京、上海、广州等大城市陆续开始进入郊区化发展阶段，"工作在中心城区、居住在郊区"的新生活方式不断扩展，促进了城市地域内部、中心城区外围、特定方向上（郊区新城或机场与中心城区之间）大量通勤交通的产生，加剧了城市交通问题的严重性与复杂性。由此用于解决市郊通勤问题的市域快轨在我国逐步发展起来。

作为连接城区边缘、郊区新城或机场的市域轨道线路，具有如下特点：

① 线路长：市域快轨线路长度比一般市内地铁要长，一般市内地铁线路长度仅有 10～20 km，而市域快轨线路长度普遍在 30 km 以上。

② 站距大：市域快轨线路的平均站距比一般市内地铁要长得多，一般为 2～5 km，运行速度 100～160 km/h，单向客流量在 1 万人次/h 以上。

③ 运行速度快：市域快轨可根据不同区域情况配备运行速度为 120～160 km/h、不同车辆断面与供电制式的市域快轨车辆，可采用电力牵引和内燃牵引形式。

目前北京、上海、广州、成都、南京、青岛等 12 个城市均开通了市域快轨线路，运营线路里程达 1 029.16 km。

温州市域铁路 S1 线于 2019 年 1 月 23 日开通运营,是国内首条新建的真正意义上的采用城市轨道交通模式运营的市域铁路。从技术标准上来说,温州市域铁路为国铁制式,但采用城市轨道交通运营模式(公交化、高密度运营,不设车次编号,也不会接入国家铁路网),很好地兼顾了国铁与地铁系统的衔接与融合。采用的是 D 型市域快轨列车,既可运营在高速动车组轨道上,亦可与地铁线路共轨运营或换乘,如图 2-7 所示。

S1线车站首末班车时间表

车站	往桐岭方向 首班车	往桐岭方向 末班车	往双瓯大道方向 首班车	往双瓯大道方向 末班车	开站时间	关站时间
桐岭站	—	—	06:30	21:00	06:20	22:39
潘桥站	06:32	22:27	06:33	21:03	06:22	22:37
动车南站	06:30	22:23	06:36	21:06	06:20	22:33
新桥站	06:32	22:17	06:30	21:12	06:20	22:27
德政站	06:30	22:15	06:32	21:15	06:20	22:25
龙霞路站	06:36	22:12	06:35	21:17	06:25	22:22
惠民路站	06:33	22:08	06:30	21:21	06:20	22:18
三垟湿地站	06:30	22:05	06:33	21:24	06:20	22:15

图 2-7　温州市域铁路 S1 线

(8)城市轨道交通其他系统。

① 导轨式胶轮系统。

导轨式胶轮系统是随着新技术的发展涌现出来的新的轨道交通方式,以高架敷设为主,是基于传统胶轮导轨系统进行小型化研发而产生的新型的低运能胶轮导轨系统。导轨式胶轮系统又称为"云巴",在行驶过程中与行驶面采取胶轮接触的方式,配备无人驾驶系统和人脸识别系统,具有和谐、高效、智慧、经济、便捷等特点。导轨式胶轮系统线路以高架为主,列车在全封闭的线路上运行,设计最高速度为 60～80 km/h,单向客流量为 0.5～1.2 万人次/h。

"云巴"是我国城轨交通自主创新的重要成果，为我国自主化城轨交通制式填补了空白。重庆云巴是重庆市首条胶轮有轨电车线路，于 2021 年 4 月 16 日开通运营，编组辆数 2 节，设计最高速度 80 km/h，线路总长 15.4 km，设车站 15 座，全部为高架站，如图 2-8 所示。西安云巴也于 2020 年 5 月 31 日正式开工建设，预计 2024 年通车。

图 2-8 重庆云巴

② 电子导向胶轮系统。

电子导向胶轮系统指电子控制的导向式胶轮系统，又称为智轨。一般采用可编组铰接胶轮车辆通过车厢主动协同控制在预定的轨迹线上（一般是道路上）运行，由橡胶车轮主动导向、承载和走行。电子导向胶轮系统以地面运行为主，列车在开放式或部分封闭的线路上运行，设计最高速度为 60～70 km/h，单向客流量在 0.5 万～1.2 万人次/h。

智轨凭借其兼具轨道交通和公路交通双重属性的独特优势，以及项目建设周期短、基础设施投资小、调度灵活等特点，目前，已在宜宾、株洲、哈尔滨等地建成运营。宜宾智轨 T1 线上运行的车辆由 3 节车厢编组而成，设计最高速度为 70 km/h，于 2019 年开通运营，是全球首条商业运营智轨线路，如图 2-9 所示。

图 2-9 宜宾智轨

根据《2022 年世界城市轨道交通运营统计与分析综述》数据显示，截至 2022 年年底，全球有 78 个国家和地区的 545 座城市开通了城市轨道交通系统，总里程为 41 386.12 km。从城市层面来看，截至 2022 年年底，全球有 111 座城市开通的轨道交通运营总里程超过 100 km，其中中国 28 座城市（2022 年新增 1 座）；全球共有 25 座城市开通的轨道交通运营总里程超过 300 km，其中我国有 10 座城市（2022 年新增 1 座）：上海、北京、莫斯科、成都、广州、首尔、深圳、杭州、武汉、伦敦 10 座城市开通的轨道交通运营总里程超过 500 km，其中上海以 936.16 km 的总里程居世界第一。

世界范围内地铁和轻轨的分布相对集中，有轨电车的分布相对广泛。图 2-10 列出了全球轨道交通总里程以及分制式前 10 名城市的情况，其中，地铁、轻轨、有轨电车里程排名前 10 城市的里程之和，占各自总里程的比例分别为 29.0%、29.4%、16.4%。

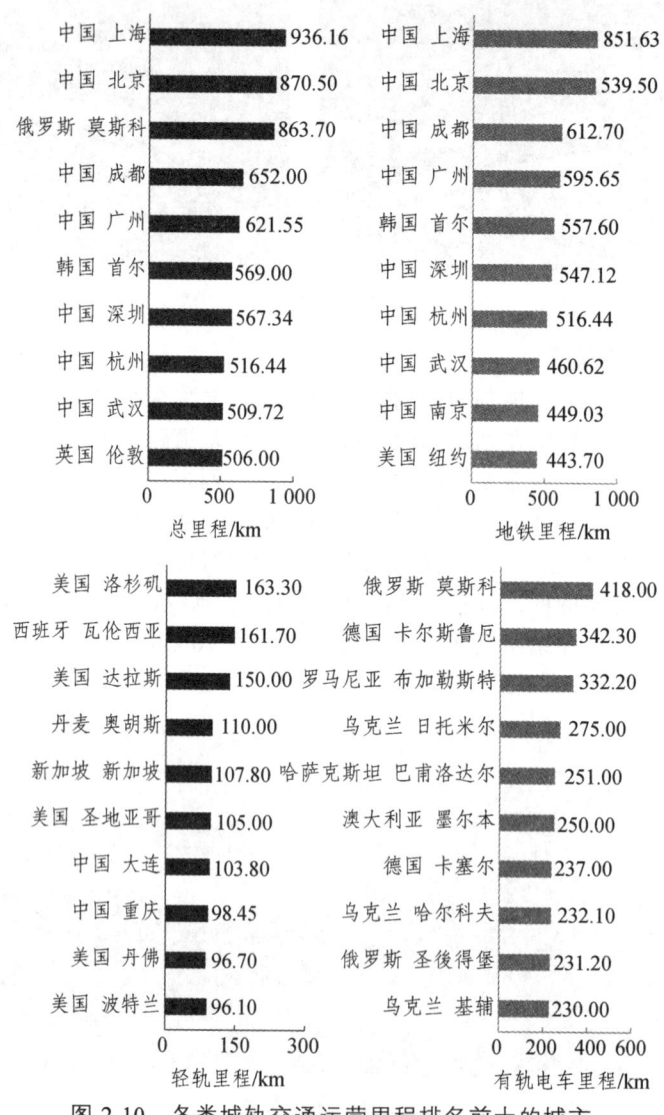

总里程/km
- 中国 上海　936.16
- 中国 北京　870.50
- 俄罗斯 莫斯科　863.70
- 中国 成都　652.00
- 中国 广州　621.55
- 韩国 首尔　569.00
- 中国 深圳　567.34
- 中国 杭州　516.44
- 中国 武汉　509.72
- 英国 伦敦　506.00

地铁里程/km
- 中国 上海　851.63
- 中国 北京　539.50
- 中国 成都　612.70
- 中国 广州　595.65
- 韩国 首尔　557.60
- 中国 深圳　547.12
- 中国 杭州　516.44
- 中国 武汉　460.62
- 中国 南京　449.03
- 美国 纽约　443.70

轻轨里程/km
- 美国 洛杉矶　163.30
- 西班牙 瓦伦西亚　161.70
- 美国 达拉斯　150.00
- 丹麦 奥胡斯　110.00
- 新加坡 新加坡　107.80
- 美国 圣地亚哥　105.00
- 中国 大连　103.80
- 中国 重庆　98.45
- 美国 丹佛　96.70
- 美国 波特兰　96.10

有轨电车里程/km
- 俄罗斯 莫斯科　418.00
- 德国 卡尔斯鲁厄　342.30
- 罗马尼亚 布加勒斯特　332.20
- 乌克兰 日托米尔　275.00
- 哈萨克斯坦 巴甫洛达尔　251.00
- 澳大利亚 墨尔本　250.00
- 德国 卡塞尔　237.00
- 乌克兰 哈尔科夫　232.10
- 俄罗斯 圣彼得堡　231.20
- 乌克兰 基辅　230.00

图 2-10　各类城轨交通运营里程排名前十的城市

根据中国城市轨道交通协会统计，截至 2024 年 6 月 30 日，我国（不包含港、澳、台地区）累计有 58 个城市投运城轨交通线路 11 409.79 km，其中，2024 年上半年新增城轨交通运营线路 194.06 km。2024 年上半年有城轨交通新线、新段或延长线开通运营的城市 10 个，分别为无锡、长春、南京、绍兴、青岛、合肥、成都、宁波、长沙、苏州 10 市。2024 年上半年共新开通运营车站132座，其中有1座车站仅为新车站投运，不涉及线路长度增加；新增运营线路6条，新开后通段或既有线路的延伸段4段。

对城轨全自动运行线路进行统计，全球达到GoA4（无人值守下的列车自动运行）运行等级的线路，运营里程达2 384.70 km，我国的运营里程达716.83 km。截至2022年年底，我国共有15座城市开通运营了全自动运行线路30条，其中2022年新增线路17条。在新一轮的规划建设中，北京地铁3号线和12号线，深圳地铁12号线、13号线、14号线和16号线，南京地铁7号线等20条线路已确定采用全自动运行技术，全自动运行线路规模呈现快速增长的态势。

因此，建立符合城市特色的全自动运行管理规范，探索适合中国国情的全自动运营模式，才能促进我国轨道交通多制式发展，成为交通强国。

2.1.2　城市轨道交通系统组成

城市轨道交通是一个复杂的技术系统，其技术涵盖土建、机械、电气、电子信息、环境控制、运营管理等领域。因此，城市轨道交通系统是由一系列相关设施和设备组成的，主要包括：线路及轨道工程子系统、通信信号子系统、供电子系统、车辆子系统及完成客流集散任务的城市轨道交通车站等。

1. 线　路

城市轨道交通线路按照其在运营中的功能不同，可以分为正线、辅助线和车场线。

（1）正线。

正线是指贯穿所有车站、区间，供列车载客运营的线路。正线中，车站两端墙内方的线路为站内线路，称为车站正线；两相邻车站相邻端墙间的线路范围为区间正线，如图2-11所示。

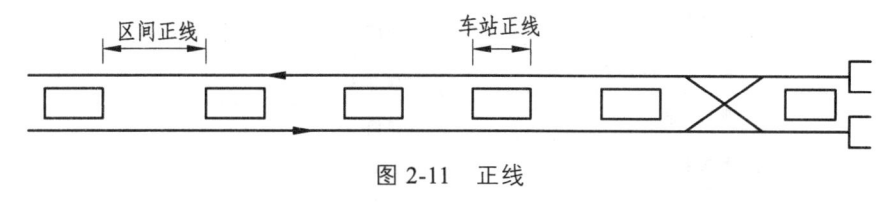

图2-11　正线

城市轨道交通系统的正线采用上下行分行，实行右侧行车惯例。《地铁设计规范》（GB 50157—2013）中规定：南北向线路应以由南向北为上行方向，以由北向南为下行方向；东西向线路应以由西向东为上行方向，以由东向西为下行方向；环形线路应以列车在外侧轨道线的运行方向为上行方向，以内侧轨道线的运行方向应为下行，成都地铁7号线环线如图2-12所示（部分站名在实际运营时有变）。由于正线行车速度高、密度大，线路标准要求高，一般采用60 kg/m以上类型钢轨进行敷设。

（2）辅助线。

为保证正线正常运营，合理调度列车运行而配置的线路为辅助线，根据其功能不同，可分为折返线、渡线、存（停）车线、联络线、出入段线等，如图2-13所示。

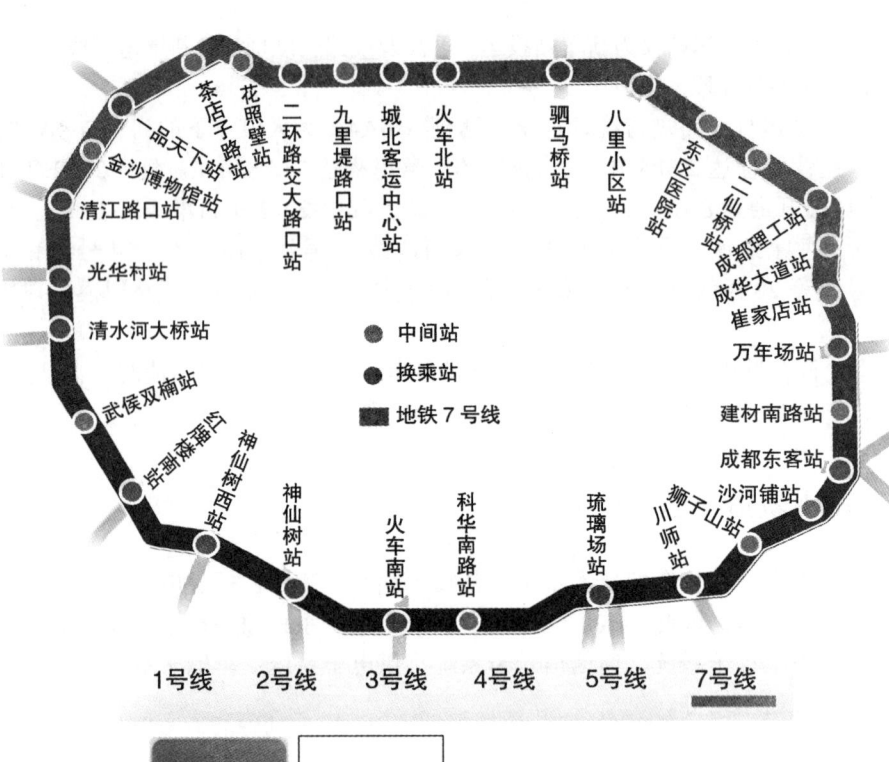

图 2-12　成都地铁 7 号线环线示意图

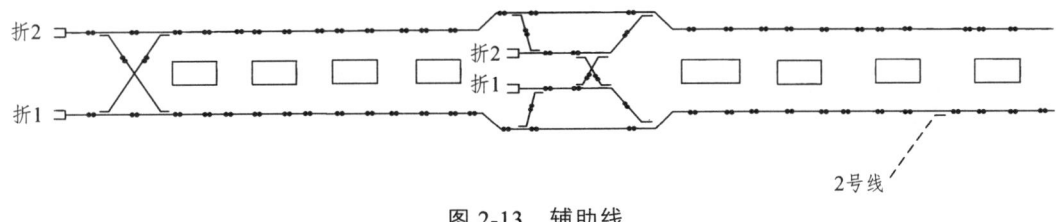

图 2-13　辅助线

① 折返线。

折返线是指在同一条线路内，运营列车往返运行时掉头转线而设置的线路。折返线通常设置在线路两端的终点站或者准备开行折返列车的中间区域站，如图 2-14 所示。

② 渡线。

渡线是用道岔将同一线路上、下行线路及折返线连接起来的线路，又分为单渡线（见图 2-15）和交叉渡线（见图 2-16）。

渡线可以满足改变列车运行方向的需要，但在中间站利用渡线进行区间列车折返时，需占用正线进行作业，对于列车的运行间隔影响较大，会导致线路通过能力下降。因此，只有在一些非正常情况下，才会采用渡线进行一些小交路的运行，作为调整列车运行的手段。

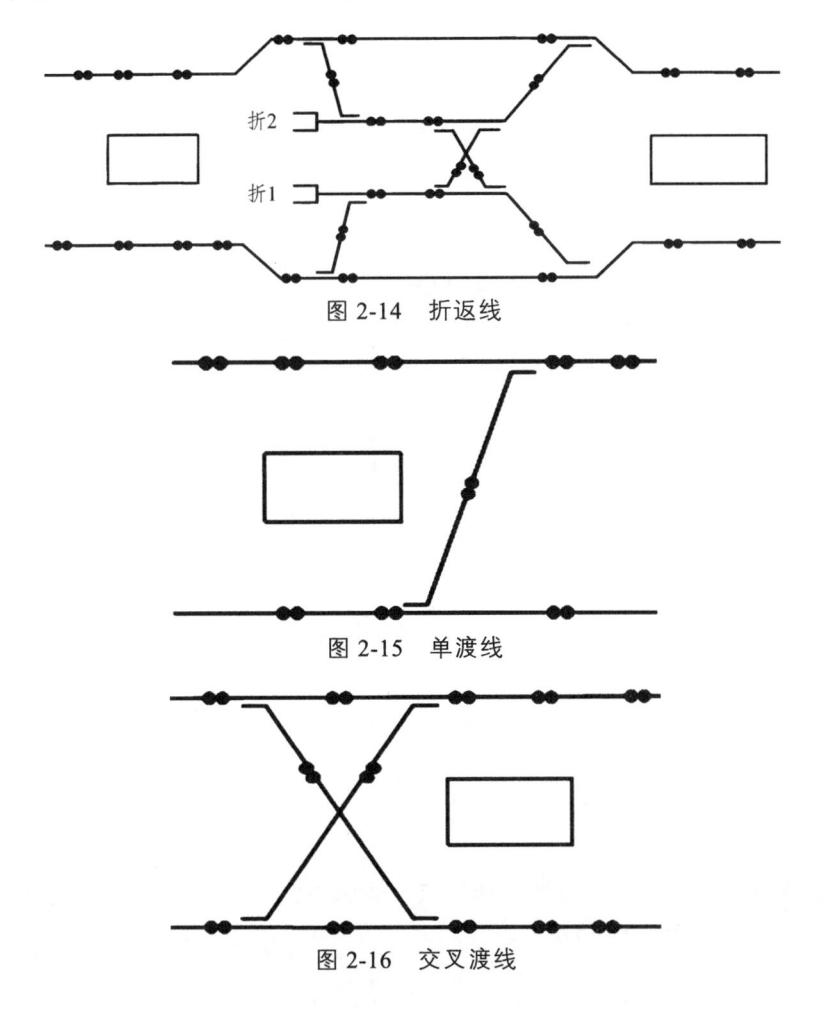

图 2-14　折返线

图 2-15　单渡线

图 2-16　交叉渡线

③ 存（停）车线。

为了故障列车能尽快退出正线运营，应每隔 3～5 个车站设置存（停）车线，供故障列车临时存放或检修之用。

④ 联络线。

联络线是两条单独运营线路的连接线，可实现同种制式的线路列车过轨运行（见图 2-17）。

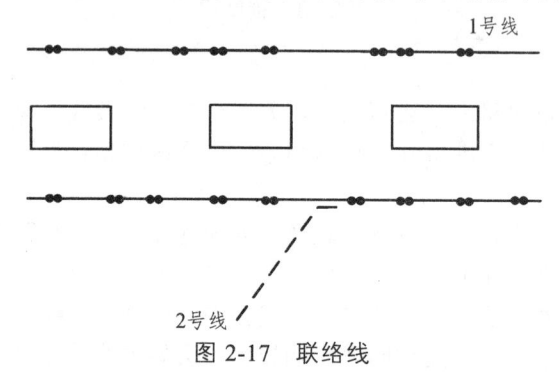

图 2-17　联络线

⑤ 出入段线。

出入段线，又称为出入场线，是连接正线与车辆段的线路，供列车出入车辆段使用（见图 2-18）。

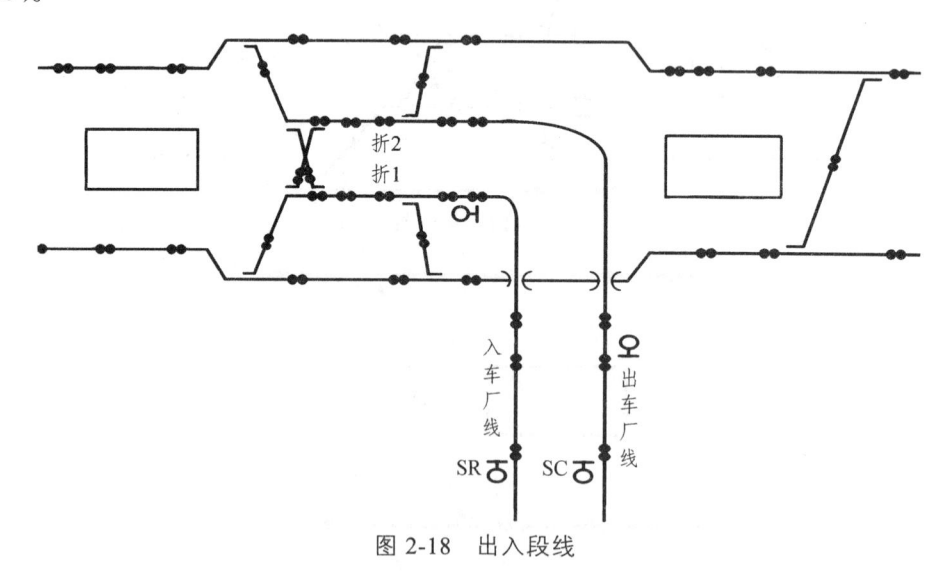

图 2-18　出入段线

（3）车场线。

正线是供列车载客运营的场所，而车辆段（车场）是供列车检查、维修和非运营时间停放的场所。车场线就是指车辆段内场区作业、停放列车的线路，根据其作用的不同分为：停车线、检修线、试车线、洗车线、牵出线等。

① 停车线。

停车线是车辆的停放线，按一线一列位或一线两列位设计，其数量应满足该运营线路配属列车的存放需要，如图 2-19 所示。

图 2-19　停车线

② 检修线。

检修线是车辆在各种不同修程时停放的专用线路。一般设有检修坑道和维修平台，如图 2-20 所示。

图 2-20　检修线

③ 试车线。

试车线是在车辆段内设置的对车辆进行动态性能试验的线路，其线路标准通常与正线一致。一般用于新车调试或维修后的列车调试，如图 2-21 所示。

图 2-21　试车线

④ 洗车线。

洗车线是安装有洗车设备的线路，用于车辆自动清洗。在洗车线上列车以低于 5 km/h 的速度通过洗车设备，完成车体清洗作业，如图 2-22 所示。

图 2-22　洗车线

⑤ 牵出线。

牵出线是用于场内列车的转线作业的线路。

2. 轨　道

轨道是城市交通列车运行基础，是一个整体性工程结构，主要由钢轨、轨枕、连接零件、道床、防爬设备以及道岔等组成，如图 2-23 所示。

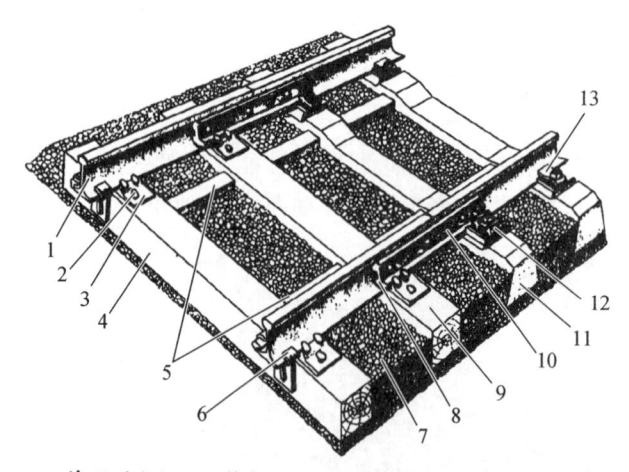

1—钢轨；2—普通道钉；3—垫板；4，9—木枕；5—防爬撑；6—防爬器；
7—道床；8—双头夹板；10—螺栓；11—钢筋混凝土轨枕；
12—扣板式中间联结零件；13—弹片式中间联结零件。

图 2-23　有砟轨道的基本组成

注：图中扣件是为示例之用，并非现场线路中的实际使用情况。

（1）钢轨。

钢轨直接承受并传递城市轨道交通车辆传来的压力、冲击和震动，引导车轮运行方向；钢轨的断面形状为"工"字形，由轨头、轨腰和轨底组成（见图2-24）。钢轨头部呈弧形以适应轮轨的接触，同时，应有足够的面积和厚度，能够耐磨并具有抵抗挠曲的能力。轨腰应有足够的高度，以提高钢轨抵抗挠曲的能力。轨底应有足够的厚度和宽度，以保证其稳定性。

在我国，钢轨的类型（或强度）以每米长度的质量（kg）表示，我国钢轨的主要类型有75 kg/m、70 kg/m、60 kg/m、50 kg/m等几种。钢轨的长度应长一些好，这样可以减少接头的数量，使列车运行平稳并可节省接头零件和线路的维修费用，但是，由于加工条件和运输条件的限制，一根钢轨的轧制长度是有限的。我国钢轨的标准长度有12.5 m、25 m、50 m和100 m四种。

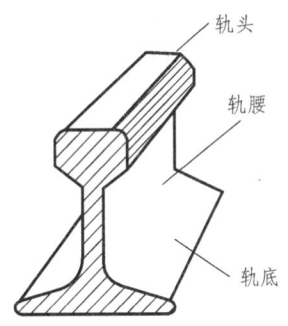

图2-24 钢轨断面形式

（2）轨枕。

轨枕的作用是支承钢轨，并将钢轨传来的压力传递给道床，保持钢轨位置和轨距。轨枕应具有必要的坚固性、弹性和耐久性，并且造价低、制作简单、铺设及养护方便。

轨枕类型随轨距、道床种类及使用处所不同而异。正线隧道内线路一般采用短轨枕或长轨枕的整体钢筋混凝土道床，车场线采用普通钢筋预应力混凝土轨枕，在道岔范围内少数区段采用木枕。隧道的正线及辅助线的直线段和半径大于等于400 m的曲线段，每千米铺设短枕数为1 680对，半径为400 m以下曲线地段和大坡道上每千米铺设轨枕数为1 760对。车场线每千米铺设轨枕数1 440根。

（3）道床。

道床是轨道的重要组成部分，是轨道框架的基础。道床通常指的是轨枕下面，路基上面铺设的石砟（道砟）垫层。其主要作用是支撑轨枕，把轨枕上部的巨大压力均匀地传递给路基面，并固定轨枕的位置，阻止轨枕纵向或横向移动，大大减少路基变形的同时还缓和了车轮对钢轨的冲击，便于排水。

道床分为普通有砟道床和混凝土整体道床（也称为无砟道床）。有砟道床通常由定粒径、级配和强度的硬质碎石堆集而成，在次要线路上，也可以使用级配卵石或粗砂。整体道床常为现浇钢筋混凝土结构，常用在不易变形的隧道内或桥梁上。

（4）道岔。

道岔是一种使城市轨道交通列车从一股道转入另一股道的线路连接设备。它的基本形式有3种，即线路的连接、交叉、连接与交叉的组合。常用的线路连接有各种类型的单式道岔和复岔，交叉有垂直交叉和菱形交叉，连接与交叉的组合有交分道岔和交叉渡线等。常用的道岔有单开道岔、三开道岔、交叉渡线道岔和复式交分道岔等。

（5）扣件。

钢轨扣件是联结钢轨与轨枕的中间零件，要求联结可靠、结构简单、便于拆装，还要具备弹性、减振和绝缘等性能。不同类型的轨枕和有砟、无砟轨道使用的扣件不同。混凝土轨枕扣件，有扣板式、拱形弹片式和弹条式等类型的扣件。最常见的为弹条式扣件，它们包括螺纹道钉、螺母、平垫圈、弹条、轨距挡板、挡板座和橡胶垫板等零件。

3. 车辆

城市轨道交通车辆作为城市公共交通旅客运载工具，不仅要保证车辆运行的安全、准点、快速，还要为乘客提供良好的服务条件，使乘客乘车舒服、方便，并考虑对城市景观和环境的影响。城市轨道交通车辆可分为 A 型车、B 型车、C 型车、D 型车、单轨胶轮车、L 型直线电机车辆等。

车辆类型应根据当地的预测客流量、行车密度、线路条件、供电电压、车辆与备品来源、技术发展、产品价格和维修能力等因素，综合比较后选定。城市轨道交通车辆尽管形式不同，但均可由车体、转向架、制动系统、风源系统、电气传动控制系统、辅助电源、通风采暖及空调、内部装饰及设备、车辆连接装置、受流装置、照明系统等组成。

（1）车体。

车体是城市轨道交通车辆重要的组成部件之一，设置在转向架上。除了载客之外，几乎所有的机械、电器、电子等设备都安装在车体的上部、下部及内部，驾驶室也设置在车体中。车体应满足隔音、减振、隔热、防火等方面的需求以及尽可能保证乘客安全的作用，因此车体应具备足够的刚度、强度，自重要轻量化。

（2）转向架。

转向架是城市轨道交通车辆重要的组成部件之一，是支撑车体并负担车辆沿轨道走行的支撑走行装置。转向架的结构及各部参数是否合理直接影响车辆的运行品质、动力性能和行车安全。

（3）制动系统。

使车辆根据需要减速，直至在规定的距离内停车须由制动系统来实现。制动系统由制动控制系统和制动执行系统组成。制动系统可分为摩擦制动、电气制动和磁轨制动等形式。摩擦制动又称机械制动，分为闸瓦制动和盘型制动；电气制动分为能耗制动和再生制动；磁轨制动是用电磁铁与钢轨间的作用力实施制动的。

（4）风源系统。

城市轨道交通车辆的转向架上的空气弹簧、机械制动、门的开闭等都需要压缩空气来实现，所以必须有风源系统。风源系统一般由电动空气压缩机、除油除湿装置、散热装置、压力控制装置、管路等组成。

（5）电气传动控制系统。

电气传动控制系统由电气控制系统及电气执行系统组成。电气传动控制由控制信号发生、控制信号传输的电子器件及控制电器组成。电气执行系统由牵引电动机组成。

电气传动控制系统分为直流控制系统和交流控制系统。所谓直流控制系统就是采用直流牵引电动机的控制系统，所谓交流控制系统就是采用交流电动机的控制系统。

（6）辅助电源。

城市轨道交通车辆上照明、通风、空调、控制等用电均由辅助电源供给。辅助电源早期为电动发电机组，现多采用逆变电源。

（7）通风、采暖及空调。

城市轨道交通车辆运输大量乘客，必须设有通风装置，一般采用机械通风。在地面高架及运行在较冷地区的车辆，还设有采暖电热器，一般由供电线路直接供电。为提高舒适度，车辆一般设有空调装置。

（8）内部装饰及设备。

车辆内部装饰及设备要求美观、舒适、隔音、减振、安全、防火。内部装饰包括内部的墙板、顶板、地板及驾驶室布置等。设备包括车窗、车门及机构、座椅、扶手、吊环及乘客信息装置等。

（9）车辆连接设备。

轨道交通列车多辆编组，车辆之间设有连接装置。连接装置由车钩及缓冲器、电气联结及风挡、渡板组成。车钩及缓冲器作用是连接车辆及减少车辆间的纵向冲撞。为便于相邻车辆间乘客的流动、调节客流的疏密，现代车辆之间采用全贯通式连接，设有风挡及渡板。

（10）受流装置。

受流装置就是接受供电的装置。一般城市轨道交通车辆采用直流供电，分 750 V 和 1 500 V 两种。直流 750 V 供电采用第三轨供电，在车辆的转向架上装有受流器；直流 1 500 V 供电采用架空线接触网式供电，车辆采用受电弓受流。

（11）照明系统。

城市轨道交通车辆照明系统包括内部照明和外部照明两部分，其中内部照明又分为驾驶室照明和客室照明两部分。驾驶室照明由驾驶室照明灯、阅读灯及相应开关组成。客室照明是列车在运营过程中为乘客提供的舒适的视觉照明，包括客室正常照明和客室应急照明。外部照明包括头灯、尾灯及运行灯，头灯用于列车运行中的前进照明，便于驾驶员对前方路况及信息进行观察；尾灯显示列车尾部所在的位置；运行灯用来显示列车运行状态的指示灯。头灯、尾灯和指示灯都不能通过开关进行控制，其亮熄与列车运行状态有关。

4. 供　电

供电子系统是城市轨道交通各系统的动力能源和心脏，为轨道交通各机电设备提供安全可靠的电力供应，满足各系统的供电要求，它主要包括主变电所（对于集中供电方式）、牵引供电系统、变配电系统、电力监控系统和杂散电流防护系统。供电系统的功能包括：接受并分配电能，降压整流及通过接触网传输直流电能、降压及动力配电，各级供电网络在正常、事故和灾害情况下的控制、测量、监视、计量和调整，安全操作连锁功能和故障保护。

（1）供电方式分类。

高压供电源系统是城市电网对城市轨道交通系统内部的变电所的供电方式。高压供电电源方式有 3 种：集中式供电、分散式供电和混合式供电。

集中式供电：沿城市轨道交通线路，根据用电容量和线路的长短，设置专门的主变电所。主变电所有两路独立的 110 kV，由主变电所变压为内部供电系统所需的电压级，一般为 10 kV 或 35 kV。由主变电所构成的供电方式为集中式供电。我国上海、广州、香港即采用此种供电方式。

分散式供电：沿城市轨道交通线路沿线直接由城市电网引入多路电源，电源电压等级一般为 10 kV，供给各牵引变电所。分散式供电应保证每座牵引变电所和降压变电所皆能获得双路电源。

混合式供电：混合式供电是前两种供电方式的结合，以集中式供电为主，个别地段引入城市电网电源作为集中式供电的补充，使供电系统更加完善和可靠。北京地铁 1 号线和 2 号线即为此种供电方式。

（2）供电子系统组成。

① 电源系统。

主变电所将城市电网的高压（110 kV）电能降压后以相应的电压等级（35 kV 或 10 kV）供给牵引变电所和降压变电所。为保证电的可靠性，一条城市轨道交通线路一般设置两座或两座以上的主变电站。

② 中压网络。

中压供电网络（35 kV 或 10 kV）把主变电站的电能输送到各牵引变电所和降压变电所。纵向把主变电站（或开闭所）和牵引、降压变电所连接起来，横向把各个牵引变电所、降压变电所连接起来。

③ 牵引变电所和接触网。

牵引变电所将主变电站送来的中压（35 kV 或 10 kV）电能经过降压和整流变成牵引车辆所用的直流电能（DC 1 500 V 或 DC 750 V）后送至接触网。接触网再将牵引变电所的直流电能（DC 1 500 V 或 DC 750 V）传输到在线路上移动的轨道交通车辆上的用电设备。架空接触网，又分为架空柔性接触网与架空刚性接触网，一般在地下区间采用架空刚性接触网。

牵引网包括接触网、钢轨回路（包括大地）、馈线和回流线。

④ 降压变电所。

将主变电站送来的中压电能（35 kV 或 10 kV）经过降压变成 380 V/220 V 低压电能，向车站和线路区间的动力、照明负荷和其他用电设施供电。

当该车站设有牵引变电所时，一般和牵引变电所合建为牵引降压混合变电所。当车站规模较大时，为了减少低压供电电缆和满足供电质量要求，可能需要增设一座或两座降压变电所，增设的降压变电所称为跟随式降压变电所。

⑤ 电力监控系统。

电力监控系统又称 SCADA（Supervisory Control and Data Acquisition）系统或者远动系统。它对城市轨道交通供电系统主变电所、牵引变电所、降压变电所等不同类型变电所内的高压 110 kV 设备、中压 10 kV/35 kV 设备、直流 750 kV 或 1 500 kV 设备、低压 400 V 设备、交直流电源屏、排流柜、钢轨电位限制装置等对象进行监控，实现对各种设备的控制、信息采集、数据分析处理、远程维护、统计报表、事故报警、画面调阅、历史数据查询等功能。

5. 通　信

为保证城市轨道交通系统列车运行的安全、可靠、准点、高密度和高效率运行，实现运输的集中统一指挥及行车调度自动化和列车运行自动化，城市轨道交通系统必须配备专用的、完整的、独立的通信系统。

城市轨道交通通信系统是一个既能传输语音信号，又能传输文字、数据和图像等各种信息的综合业务数字通信网。

城市轨道交通通信系统的主要作用体现在以下三方面：

（1）通信系统与信号系统共同完成行车调度指挥，通信系统为信号系统尤其是 ATC（列车自动控制系统）提供传输通道。

（2）通信系统是城市轨道交通内部公务业务联系的主要通道，使城市轨道交通各个子系统之间密切联系，以提高整个系统的运行效率。

（3）通信系统是城市轨道交通内外联系的通道。

城市轨道交通通信系统一般设置专用通信、警用通信、商用通信三大通信系统。商用通信系统是地面公众通信系统在地铁的延伸部分，通过设置移动电话引入系统将地面各运营商的移动通信业务引入地铁，使乘客在进入地铁后仍然能享受与地面一样的公众移动通信服务。警用通信系统是城市公安通信网络在地铁的扩展部分，为保障轨道交通警用各管理部门业务的正常开展，实现轨道交通安全运营以及打击各种犯罪行为。对专用通信系统的使用是地铁指挥列车运行、组织运输生产、提高运营管理效率和服务质量的重要手段。

城市轨道交通专用通信系统主要按业务划分子系统，主要由传输系统、无线通信系统、公务电话系统、专用电话系统（也称调度电话系统）、闭路电视监视系统（CCTV）、广播系统、时钟系统、信息网络系统、乘客信息系统（PIS）、通信电源及接地系统、集中网管系统等 11 个子系统组成。

6. 信 号

传统的信号系统即以地面信号显示为依据，司机按行车规则操纵列车运行。目前，世界各国的城市轨道交通的信号系统大都采用 ATC 系统。ATC 系统主要包括 ATS（Automatic Train Supervision，列车自动监控）、ATP（Automatic Train Protection，列车自动保护）、ATO（Automatic Train Operation，列车自动运行）3 个子系统。它是一套完整的控制、监督、管理系统，位于管理级的 ATS 模块较多地采用软件方法实施联网、通信及指挥列车安全运行；发送和接收各种行车命令的 ATP 系统确保列车的安全运行；车载 ATP 设备接收轨旁 ATP 设备传递的信号指令，经校验后送至 ATO 系统完成部分运行的操作功能。3 个子系统既相对独立又相互联系，完整的 ATC 系统能确保列车安全、快速、短间隔地有序运行，ATC 系统设备分布于控制中心（Central Control）车站、轨旁及车上。

在控制中心内计算机系统、中心数据传输系统、控制台及 CRT 显示、信息管理系统及调度表示盘等，其控制及表示信息通过数据传输系统与车站及轨旁的信号设备连接；轨旁设备通过车站数据传输系统与车站 ATC 系统相连，车站的 ATC 系统通过 ATP 子系统发出列车检测命令检查有无列车，并向车上送出 ATP 限速命令、门控指令及定位停车的位置指令；车上 ATC 系统通过 ATP 命令的数据和译码，控制列车的运行和制动，完成定位停车。

（1）ATP 系统。

ATP 系统主要用于对列车驾驶进行防护，对与安全有关的设备或系统实行监控，实现列车间隔保护、超速防护等功能。ATP 系统的工作原理是：将信息（包括来自联锁设备和操作层面的信息、地形信息、前方目标点信息和容许速度信息等）不断从地面传至车上，从而得到列车当前容许的安全速度，以此来实现对列车速度的监督及管理。

ATP 系统的功能如下：自动检测列车的位置，实现列车间隔控制，以满足规定的通过能力。连续监视列车的速度，实现超速防护。当列车实际速度大于允许速度时，施加常用制动；当列车速度大于最大安全速度时，施加紧急制动，保证列车不冒进至前方列车占用的区段。

（2）ATO 系统。

ATO 系统主要用于实现地对车控制，即用地面信息实现对列车驱动、制动的控制。由于使用 ATO 系统，列车可以经常处于最佳运行状态，避免了不必要的、过于剧烈的加速和减速，因此可显著提高旅客舒适度，提高列车准点率及减少轮轨磨损。通过与列车再生制动配合，还可以减少列车能耗。

ATO 系统的优点是可缩短列车间隔，提高线路的利用率和行车的安全可靠性。ATO 系统的功能包括：控制列车在允许速度下运行，并自动调整列车的速度。列车在区间或站外停车后，一旦信号开放，即可自动启动。系统控制列车到达站台的最佳制动，使列车停于预定目标点。停站结束后，保证车门关闭后，列车能自动启动。当列车到达折返站时，自动准备折返。

（3）ATS 系统。

ATS 系统主要是实现对列车运行的监督，辅助行车调度人员对全线列车运行进行管理。它可以显示全线列车运行状态，监督和记录运行图的执行情况，为行车调度人员的调度指挥和运行调整提供依据，如当列车偏离运行图时及时作出反应等。通过 ATO 接口，ATS 还可以向旅客提供运行信息通报，包括列车到达、出发时间、列车运行方向、中途停靠点信息等。

ATS 系统的功能包括：自动显示列车车次、运行位置和信号设备工作状态，自动或人工办理进路；编制和管理列车运行图，自动调整运行计划，自动描绘或复制列车运行实绩图，进行列车运行模拟仿真；进行车辆维修周期管理，向旅客向导系统提供信息，对运行数据自动统计和制表等。

7. 车　站

城市轨道交通车站是客流的节点，是城市轨道交通的重要组成部分，也是列车到发、通过、折返、临时停车的地点，同时具备乘客集散、候车、上下车、换乘等功能。因此，城市轨道交通也是客运组织工作的主要场所。为满足安全、迅速、方便地组织乘客进出站的运营要求，车站同时又是城市轨道交通运营设备的集中设置地。

为方便乘客乘车，车站一般都应设置在交通枢纽或沿城市主要交通干道的路口，以及市区居民集中的地点、商业繁华地段、体育中心、文化中心、旅游中心以及主要工业区等大型客流集散点，并保持合理的站间距，最大限度地吸引乘客，以保证服务质量。同时，还应综合考虑城市地下管网、地理地质条件、地面建筑物障碍等因素，合理选定其具体位置。

2.2　城市轨道交通车站类型

2.2.1　按修建位置来分

城市轨道交通车站按车站与地面相对位置不同，一般情况下可分为：地下车站、地面车站、高架车站。但有的城市轨道交通车站还存在半地下站及半高架站的类型。

1. 地下站

（1）全地下站。

全地下站是由于地面建筑已固定，或是要节省地面空间，车站主体结构全部埋藏于地下。车站通过出入口及通道吸引客流，其中按埋藏深度又可分为浅埋式和深埋式车站两种。

全地下车与地面交通完全分离，且不占城市地面与地上空间，基本不受地面气候的影响。但其运营成本较高，改造、调整与维护均较困难，由于建在地下，其工程造价较高，如图2-25所示。

图2-25　地下车站

（2）半地下站。

由于地质条件及周围建筑环境限制，或节约建设成本，只能将车站的站台及站线埋藏于地下，而其他结构部分修建于地面或高架，此类型车站称为半地下站。

2. 地面站

（1）全地面站。

全地面车站是指车站的主体结构全部设置在地面层。地面车站的造价低、施工简便、运营成本低，线路调整与维护较容易。但由于占用地面空间，运营速度难以提高（有部分平交道口），乘车环境难以改善。同时也影响城市道路交通，容易受气候影响，且有一定负效应（如噪声、影响景观等）。所以，一般在城乡接合部采用此类型的车站，如图2-26所示。

图2-26　地面站

（2）半地面站。

由于车站周围建筑环境限制，只能将车站的站台及站线修建于地面，而其他结构部分修建于地下或高架，此类型车站称为半地面站。

3. 高架站

（1）全高架站。

高架站所有的主体结构均高于地面，是采用高架结构，设在道路两侧或道路中部上空。由于高架车站位于地面上方，因此其建筑要和城市的风格、周围的环境相协调。其中，高架线路一般建于城市道路的中心线（也可设置在绿化隔离带）。从人行道进入高架车站的楼梯、天桥兼作过街人行天桥之用。由于道路上方面积有限，可考虑将设备用房放在路边。如图2-27所示。

图 2-27　高架站

（2）半高架站。

由于车站周围建筑环境限制，或出于对节约建设成本的考虑，只能将车站的站台及站线修建于高架，而其他结构部分修建于地面或地下，此类型车站称为半高架站。

2.2.2　按车站站台与线路的关系来分

根据站台与线路关系的不同，车站可分为岛式车站、侧式车站和岛侧混合式车站。

1. 岛式车站

位于两条线路之间的站台，称为岛式站台，其车站类型则称为岛式车站，如图2-28所示。

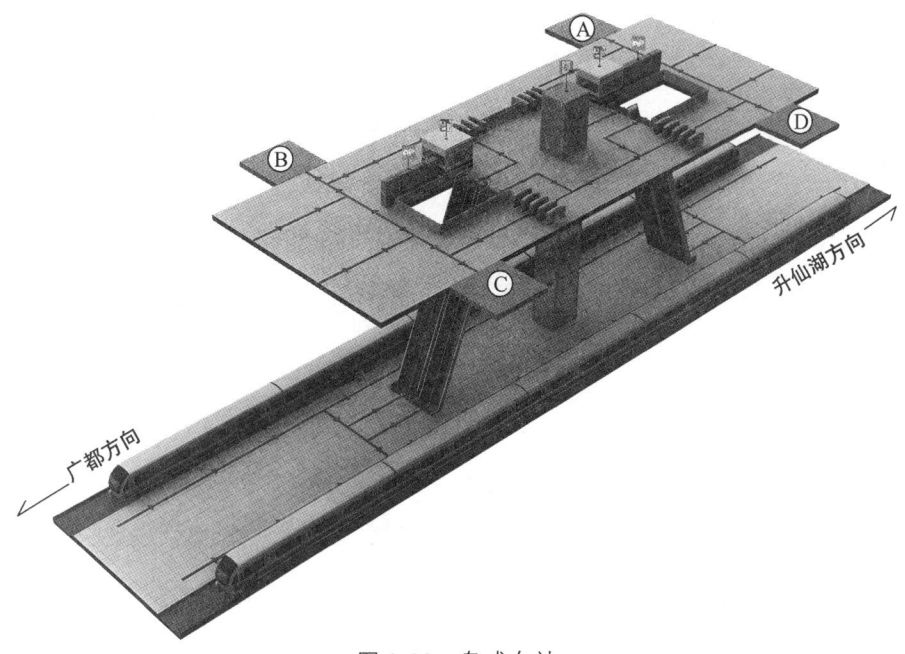

图 2-28　岛式车站

2. 侧式车站

位于线路两侧的站台称为侧式站台，其车站称为侧式车站，如图 2-29 所示。

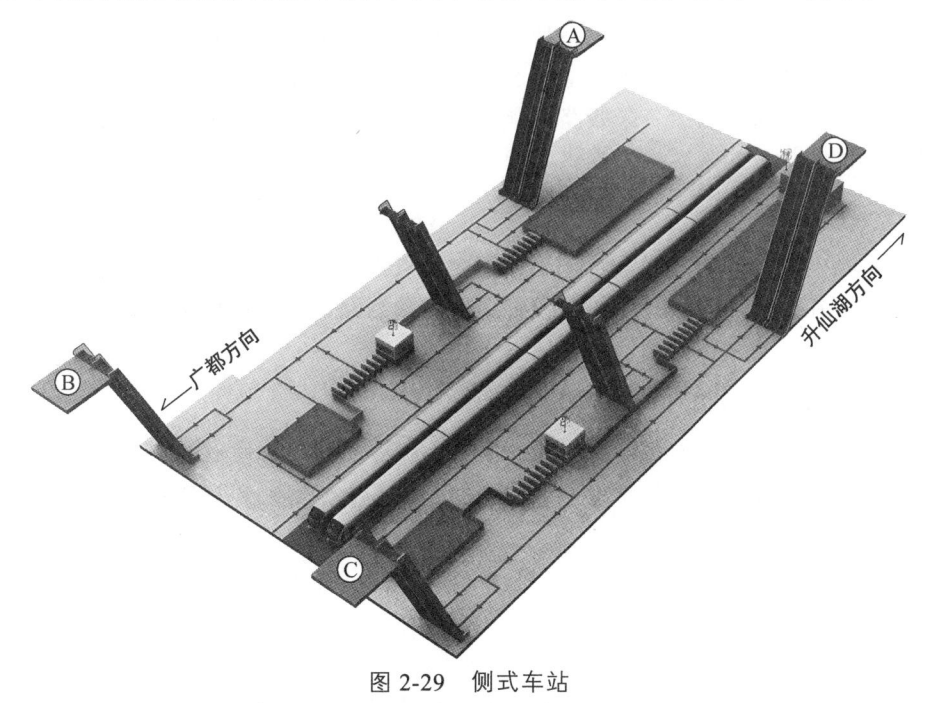

图 2-29　侧式车站

3. 混合式站台车站

既设有岛式站台，又设有侧式站台的车站，称为岛、侧混合式的车站，如图 2-30 所示。

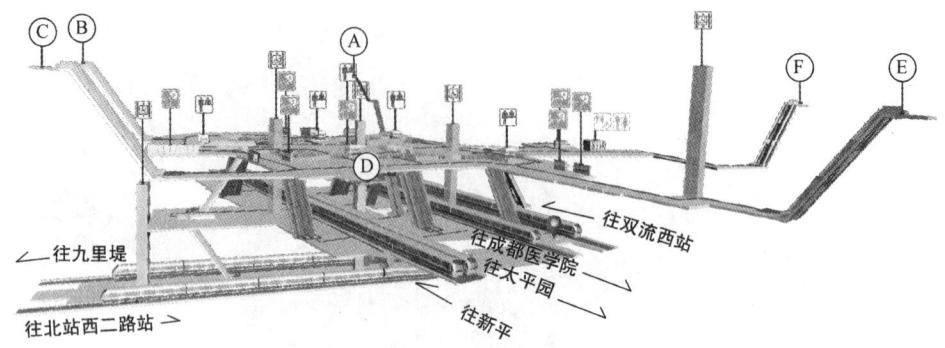

图 2-30　岛、侧混合式车站

2.2.3　按运营功能来分

城市轨道交通车站按运营功能的不同，可分为端点站、中间站、换乘站、大型换乘中心站（城市客运交通枢纽站）。

1. 端点站

端点站即始发站或终点站，是设置在线路两端终点的车站，主要功能是供乘客乘降（乘客上、下车），提供售检票、问询等服务，负责列车停留、折返和少量临时检修作业。

2. 中间站

中间站是线路中数量最多的基本站型，主要功能是供乘客乘降及提供其他服务。
换乘站是指在两条或两条以上轨道交通线交叉点设置的车站。主要功能是乘降、服务、换乘（即乘客可在付费区内由一条线路换乘到另一条线路，最大程度地节省了乘客出站、进站及排队购票的时间，为乘客换乘提供方便）。

3. 换乘站

换乘站是指在两条或两条以上轨道交通线交叉点设置的车站。主要功能是乘降、服务、换乘（即乘客可在付费区内由一条线路换乘到另一条线路，最大程度地节省乘客出站、进站及排队购票的时间，为乘客换乘提供方便）。

4. 大型中心换乘站

大型中心换乘站（城市客运交通枢纽站）一般设在各种交通工具集中换乘的地点，如成都地铁的成都东站、成都南站等车站。主要功能是供乘客乘降、提供服务及承担与其他交通工具的换乘。

2.2.4　按规模大小分

城市轨道交通车站按其修建的规模及客流大小来分，可分为大、中、小型车站。
大型车站的高峰小时客流量为 3 万人次以上；中等型车站的高峰小时客流量为 2 万～3 万人次；小型车站的高峰小时客流量在 2 万人次以下。

2.3 城市轨道交通车站组成

2.3.1 车站结构组成

按照车站建筑的空间位置，车站一般包括出入口及通道、车站主体，如果是地下车站，还应包括风亭及冷却塔等附属建筑物。

1. 出入口及通道

车站出入口是车站的门户，既是地面客流与城市轨道交通车站的衔接口，也是城市轨道管理辖区的分界点，如图 2-31 所示。出入口一般设有防护门，在运营结束后或突发情况下会处于关闭状态。同时，为避免地面积水涌入地下车站，地下站及半地下站出入口设有防洪设施。

通道是联系城市轨道交通车站出入口、站厅层、站台层的纽带，乘客从车站出入口到站厅层、从站厅层到站台层、线路间的换乘均需要通过一定的通道。通道由楼梯、电梯及步行道组成。

图 2-31 地下站出入口（效果图）

2. 车站主体

车站主体作为列车的停车点，不仅要供乘客上下车、集散、候车，也是办理运营业务和运营设备设置的地方。车站主体根据空间位置又可进一步划分为站厅层和站台层；而根据功能则可分为乘客使用空间（即公共区），车站运营管理区域及设备用房区域（即设备区）。

公共区可分为非付费区和付费区。非付费区和付费区由进（出）站检票机和隔离设施分隔。非付费区位于站厅层，设置售票、咨询、商业、服务设施，可以为乘客提供售票、咨询、商业等服务。付费区包括站厅层付费区、站台层和楼扶梯、导向牌等。站厅付费区既是乘客通过闸机或免费通道进入站台候车前经过的区域，也是乘客检票、聚集、疏散的区域。

设备区包括运营管理用房、设备用房和辅助用房，一般分设于站厅和站台的两端部。运营管理用房包括站长室、车站控制室、票务管理室、会议室和公安保卫室等。站长室是站长办公的场所，与车控室相邻；车站控制室内设置综合后备盘、综合监控系统、信号工作站、火灾预警系统、通信电话、广播、打印机、行车备品柜、文件柜等设备；车站票务管理室是现金、车票、票务物资的集散地，主要用于完成票务结账、清点钱箱、结算报表等票务工作；会议室是车站工作人员召开会议的地方，因此往往远离乘客活动区域；公安保卫室是车站警务人员的办公场所，紧邻车控室。设备用房包括环控机械室、配电室、信号机械室等。辅助用房包括卫生间、茶水间、更衣室等。车站用房应根据运营管理需要进行设置，配置必要房间，尽可能减少用房面积，以降低车站投资。

3. 风亭及冷却塔

风亭及冷却塔属于地下车站的组成部分，风亭具有将地面的新鲜空气送入区间隧道内的作用，如图 2-32 所示。冷却塔的作用则是将携带废热的冷却水在塔内与空气进行热交换，使废热传输给空气并散入大气，如图 2-32 所示。

冷却塔 　　　　　　　　　　　　风亭

图 2-32　地下站冷却塔和风亭

2.3.2　车站客运服务设备设施组成

1. 车站乘降设备

（1）乘降设备类型。

乘降设备根据乘降的形式，可分为楼梯、电梯（自动扶梯、垂直电梯）和轮椅升降机，如图 2-33 所示。

（a）步行楼梯 　　　　　　　　　　　　（b）自动扶梯

（c）垂直电梯　　　　　　　　　（d）轮椅升降机

图 2-33　乘降设备

(2) 乘降设备功能。

楼梯是最简单易建的乘降设备，投资低、施工简单、管理方便，但易造成人流交叉干扰，乘客使用不方便。在车站发生紧急情况时楼梯，主要用于车站向外疏散乘客，所以车站楼梯平时应保持畅通，任何物品不得堆放在楼梯处，任何人员不得滞留在楼梯处。

自动扶梯是为减轻乘客疲劳，减少人流交叉干扰，增强车站吸引力，在条件许可（如提升高度不受限制等）的情况下，在出入口与站厅，站厅与站台间均应设置的乘降设备。当发生火灾时，车站的自动扶梯须停止运行，作为步行楼梯来疏散乘客。车站人员应引导乘客正确搭载自动扶梯，对乘客不正确使用自动扶梯的行为应及时制止，以免发生危险。若自动扶梯运行时突然加减速，有异常声音或振动时，应阻止乘客继续搭乘，待无人后停止运行，并通知专业人员维修。自动扶梯一般在扶梯的右下侧设有"紧急停止按钮"（高差较大的自动扶梯在扶梯中部也设有"紧急停止按钮"），一旦在自动扶梯运行中发生乘客失足摔倒或其他紧急情况时，应立即按下"紧急停止按钮"，使自动扶梯停止运行，并采取相应的救护措施。

垂直电梯和轮椅升降机均属于无障碍设计，是供特殊人群使用的乘降设施。车站垂直电梯设置在出入口、站厅层和站台层；轮椅升降机则设置在楼梯旁，乘坐轮椅的残疾人可通过轮椅升降台下到站厅层，再经站厅的垂直电梯下到站台层，在升降机的上端和下端均设有对讲设备，只要按下对讲机上的按钮即可与车站控制室对话，要求工作人员开梯使用。

2. AFC车站终端设备及功能

(1) AFC车站终端设备组成。

自动售检票系统车站终端设备通常由自动验票机、自动售票机、半自动售票机、自动检票机（又称闸机，包括进闸机、出闸机、双向闸机）等组成。

(2) AFC车站终端设备功能。

AFC车站终端设备是轨道交通自动售检票系统面向乘客的操作应用设备，将自动根据票务处理规则对售、检车票进行处理，并生成和保存车票处理的结果及其他管理信息，如图2-34所示。

自动售票机 　　　　　　　　　自动检票机（闸机）

半自动售票机 　　　　　　　　自动验票机

图 2-34　AFC 车站终端设备

  自动售票机（TVM）位于车站的非付费区，乘客可以选择用现金（纸币、硬币）或有足够余值的储值票（一卡通）在自动售票机上购买不同票价的单程车票，有些自动售票机有充值功能。

  半自动售票机（BOM）（也称票务处理机）位于车站的客服中心（设置在站厅层付费区与非付费区之间）为乘客提供售票、兑零、充值及乘客事务处理等服务，如图 2-35 所示，在站务员的操作下，除了发售单程票、储值票外还可以完成车票的有效性分析、补票和给储值票（一卡通）加值等功能。

图 2-35　客服中心

自动检票机（AGM），也称闸机，和车站的隔离设施一起将车站的站厅隔为非付费和付费区，主要有检验车票的有效性、储值卡扣费、单程票回收、收集统计并上传数据等功能。

自动验票机（TCM），也称车票自动查询机，分为固定式验票机和手持式验票机两种，固定式验票机安装在非付费区，用于给乘客检查车票的余值、有效使用时间；手持式验票机是一种移动设备，由车站工作人员随身携带，用来对乘客所持车票进行核查，能方便地在付费区内对有关票卡的有效性进行检验并显示检验结果，为及时解决乘客票务事务提供帮助。

3. 导乘系统组成及功能

（1）导乘系统组成。

导乘系统由导向标识系统及乘客信息系统组成。

导向标识系统是利用语言、文字、数字、符号，采用声学、光学、电器、照明、计算机等现代技术，在出入口、站台、车辆等乘客经过的地方，由广播、电子导向牌、指路牌、线路图、标示文字符号等组成，为乘客提供准确、清晰、醒目、连续的指引以及信息服务的一系列的标识牌。导向标识一般设置在车站外部、站厅、站台、车辆内外部、楼梯、自动扶梯等通道处。

根据导向标识所处的区域不同，可分为站外导向标识和站内导向标识。

站外导向标识是指引乘客从站外进入车站的重要标识，包括站外出入口位置导向、车站开关站时间导向等；站内导向标识是帮助进入车站的乘客找到自己所处的位置或者找到自己所需要得到的服务设施所处的位置等。站外导向标识如图 2-36 所示。

图 2-36　站外导向标识

根据导向标识设置的方式不同可分为吊挂式、贴附式及导向牌。

吊挂式是指导向标识以悬挂的方式进行设置，一般导向灯箱都是吊挂式设置的，如购票、进闸、出闸、候车、出站等导向灯箱；贴附式导向标识指导向标识以贴附在地面、立柱或墙面的方式进行设置，是为补充导向灯箱标识的不连续性而设置的；还有些导向标识是以导向标识牌的方式进行设置。

根据导向标识提供的信息不同，导向标识可以分为方向性、警告性及服务性三类。方向性导向标识：包括列车运行方向、车站出入口方向、购票方向、进出站方向、换乘方向等标志。警告性导向标识：包括乘客停留标志、高电压危险标志、乘客不能进入的区域标志等。服务性导向标识：包括地铁系统线路图、运行时刻表、早晚开行时刻表、车站周围服务公共设施导向标志等。

乘客信息系统（Passenger Information System，PIS）是采用数字电视技术列车自动监控系统技术，利用先进的信息播出方式，向乘客提供客运服务、票务、安全等信息，以引导、规范乘客行为的设备设施。PIS的终端设备有PDP屏、LED（发光二极管）显示屏、LCD（液晶）显示屏、高清晰度电视、触摸式查询机等，如图2-37所示。PIS系统从结构上分为控制中心子系统、车站子系统、车载子系统、网络子系统、广告制作子系统、备用中心等六个子系统。

图 2-37　LED 显示屏

（2）导乘系统功能。

乘客乘车时，可按站内外及列车上的导向标识顺利快捷地完成进站、购票、检票、乘车、换乘、出站等一系列程序，减少站厅、站台的拥挤和混乱，减少乘客在站台的停留时间。因此，导向标识能够给乘客提供方向指引、警告指示及公共信息服务。

在正常情况下，PIS系统为乘客提供列车时间信息、政府公告、出行参考、股票信息、广告等各类相关信息，具体体现在：出入口PIS显示本线和换乘线路实时运营状态信息，换乘通道口PIS显示本线实时运营信息、换乘车站的实时运营信息，检验票口或检验票闸机上方PIS显示检验票机当前的工作状态，站台层PIS显示列车到达时间及列车运行方向等实时运营信息，车内PIS显示包括当次列车开行方向、沿途停靠站点预报信息、换乘信息等。除此之外，还可为乘客提供公益、临时信息，地面重要资讯、地面公交资讯等信息，在火灾等紧急情况下，可中断其他信息，发布各种救援和疏散指示。

4. 广播系统组成及功能

（1）广播系统组成。

车站广播设备是实现集中管理的重要组成部分，广播设备控制台一般设在车站控制室。广播设备分为自动广播和人工广播，广播的方式有：人工语音广播、语音合成广播、音乐广播和多路平行广播等。

（2）广播系统功能。

正常情况下，车站广播可在通道、站厅层和站台层等公共区对乘客进行导向服务，主要包括列车到站开关门广播，文明候车广播，尾班车和关站广播，列车终点站广播，延长服务时间广播，重大活动、计划性施工作业出入口关闭等服务指引类广播和安全提示类广播；在列车运行发生非常情况时，应将正常广播模式调整为应急广播模式，及时向旅客通报相关情况，起到安抚、组织、疏导乘客的作用。应急广播信息发布为预制形式，原则上不允许随意更改或临时增加，紧急情况下临时增加的应急广播，可采用人工广播的形式发布。同时，为组织好行车，应及时将运行信息告知相关工作人员，车站广播还可在设备区向工作人员发布信息。

发布的广播以自动语音广播为主，人工广播为辅。广播应以普通话为基本服务语言，语音广播表达要清晰、规范、准备，车站员工及司机使用人工广播时，应使用普通话，并做到语调平稳、音量适中、读音准确、语言规范。车站广播一般由控制中心集中播报，控制中心可对所有车站的所有区域播音，也可对某一个车站的某个区域有选择地播音。

5. 环控系统组成及功能

（1）环控系统组成。

车站的环控系统是指对站台、隧道、设备及管理用房等处所的环境进行空气处理的系统。环控系统由风系统、车站空调水系统、集中供冷系统及防噪系统组成。

风系统又分为隧道通风系统、空调大系统、空调小系统。隧道通风设备分为区间隧道机械通风（兼排烟）和车站隧道通风两部分。空调大系统是指车站站厅、站台公共区制冷空调及通风（兼排烟）系统。空调小系统是指车站管理及设备用房空调通风（兼排烟）系统。由于地面站、高架站散热散湿条件好，因此无空调大系统，只有空调小系统。

车站空调水系统是指各站为供给车站大、小系统空调用水所设置的制冷系统。

集中供冷系统是指将相邻三到五个车站的空调用冷冻水汇集到某一处集中处理的系统。冷冻水再由二次冷冻水泵和管路长距离输送到各车站，以满足车站所需的冷量。

防噪系统是指安装在站台顶部、车站范围的隧道侧墙，站台下部轨道旁的吸声板，站台屏蔽门及高架轨道交通主要在线路沿线布置的防噪墙等。

（2）环控系统功能。

车站空调为车站内部源源不断地输送经过处理的空气，使之与车站内部其他空气进行热、湿交换，并将完成调节作用的空气排出，来保持车站内稳定的湿度和温度。

噪声是轨道交通的一大缺点。列车在高速运行时轮对钢轨的摩擦是主要的噪声源，尤其是高架轨道交通，此类问题更为突出。目前，行业除了已对车辆构造及轮轨作用体系方面做出改进以外，地下轨道交通采取的主要应对措施是在站台顶部、车站范围的隧道侧墙、站台下部轨道旁设置吸声板以及安装站台屏蔽门。

正常条件下，环控系统可通过就地级、车站级、中央级三级进行控制和通过自动控制系统进行监控，实现设备集中控制和科学管理，通过运行不同环控模式，满足不同场合对设备的运行要求。中央级控制装置设置在控制中心（OCC），OCC工作站可对隧道通风系统进行控制，执行通风系统预定的运行模式或向车站下达大、小系统和水系统的各种运行指令；车站级控制装置设置在车站控制室，负责在正常情况下监视本站的隧道通风，空调大、小系统及水系统，向中央控制传达本站设备信息，并执行中央级控制下达的各项运行指令。在中央级控制工作站的授权下，车站级工作站可作为本车站的消防指挥中心,执行中央级工作站下达的所有防灾模式指令;就地级控制设置于各车站的环控电控室,具有对单台环控设备就地控制的功能。

6. 站台门系统

站台门是沿站台边缘布置,将车站站台与行车轨道区域隔离开,可以消除乘客误落入轨道的危险因素、降低能耗的机电一体化设备。站台门系统主要由玻璃门体、控制系统及电源系统组成。

站台门可分为半高式站台门、全高式站台门和屏蔽门。半高式站台门门体高 1.2~1.5 m,门体上方空气可以自由流通,通常设置在地面站或高架站;全高式站台门门体为全高设计,高 2.5~3 m,但顶部或底部开通,空气可自由流通,通常设置在没有空调的地下站;屏蔽门门体高 2.8~3.2 m,能将车站站台公共区与轨行区隔离,降低车站空调系统的运行能耗,减少列车运行噪声及活塞风对车站站台候车乘客的影响,为乘客提供一个更加舒适、安全的候车环境;同时能防止人员跌落轨道导致意外事故发生,为实现无人驾驶创造条件,如图 2-38 所示。

图 2-38 站台门

(1)站台门组成。

站台门由滑动门、固定门、应急门、端门组成。一对滑动门和左右两侧各一个固定门合称一个站台门标准单元。滑动门是乘客上下列车的主要通道,与车门同步开门或关门;应急门主要在列车进站无法对准滑动门时作为乘客疏散通道,保证列车停在任何位置时均有至少 1 道列车客室门对准应急门,如图 2-39 所示。

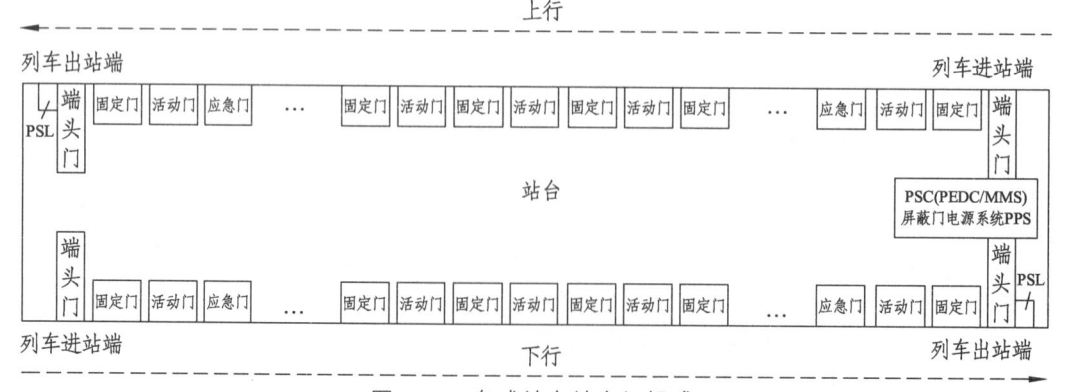

图 2-39 岛式站台站台门组成

(2)站台门基本功能。

① 站台门具有障碍物的监测及处理功能,并有障碍物故障报警功能,即滑动门在关闭过程中如遇到障碍物,一般会在停止关闭 3~4 s 后再次自动尝试关闭,如连续三次尝试关闭均

失败，则保持最后所处状态（游离状态），并且门头灯闪烁。

② 门头指示灯、PSC 柜（站台门控制系统柜）可以显示站台门的运行状态和报警信息，即正常情况下站台门常开时门头灯红灯常亮；关闭或开启过程中站台门门头灯红灯闪烁；站台门关闭时站台门门头灯熄灭。

③ 站台门的滑动门、应急门、端门均可在站台侧用专用钥匙或在轨道侧用手动解锁装置手动开启；通过站台上的 PSL（就地控制盘）进行整列开、关门操作，通过 LCB（就地控制盒）可对发生故障的门机进行隔离旁路，进行隔离维修。

（3）站台门控制优先级。

站台门控制系统包括系统级、站台级及就地级三级控制，三级控制方式从高到低依次为：就地级操作、站台级操作、系统级控制。

在正常运行模式下，站台门处于系统级控制状态，此时，列车、列控系统之间存在联锁关系，列车进站停准停稳后，列控系统会发出允许开门的命令，自动开启车门和站台门。列车停站时间到，列控系统则会发出允许关门命令，确认各种安全因素后，关车门和站台门。

站台级操作是指利用站台门就地控制盘（PSL）进行站台门控制，PSL 设于列车运行正方向的头部端墙处，提供站台门开门、关门、互锁解除等主要的控制功能。

就地级操作是通过站台门上的 LCB 钥匙和方形钥匙开关站台门。LCB 有四种操作模式：自动、关门、开门、隔离。"自动"位：此时该道滑动门接收信号系统（SIG）、PSL 盘或 IBP 盘的控制指令自动进行开、关门作业。"关门"及"开门"位：此时该道滑动门不再执行来自信号系统（SIG）、PSL 盘或 IBP 盘的控制指令，用于就地关闭或打开滑动门，且其安全回路被旁路。"隔离"位：此时该道滑动门不再执行信号系统（SIG）、PSL 盘或 IBP 盘的控制指令，但其安全回路未被旁路。

7. 照明系统组成及功能

（1）照明系统组成。

照明设备由正常照明、应急照明和广告照明组成。正常照明分为运营照明及夜间照明。

（2）照明系统功能。

运营照明是保证车站正常运营的照明，有公共区域的一般照明、标志照明、广告照明、诱导照明及设备管理用房照明；夜间照明又称为节电照明，是指运营结束后，为了保证车站的夜间作业能够正常进行，对公共区执行的节电照明（如关闭广告照明及标志照明等）和设备管理用房的照明。照明设备要求亮度差别不能太大，有安全和舒适的感觉，光色和安装位置不能和信号图上混淆。

应急照明是车站正常照明发生故障时，为疏散乘客提供的必要照明，通常由蓄电池提供，正常照明停电的同时应急照明就会立即启用，一般可维持工作半小时左右。

车站照明控制可分为车站控制室遥控和就地控制两种方式。车站控制室一般设有一般照明控制盘，通过按钮控制降压站内照明柜便可以实现对站台、站厅一般照明、节电照明和区间隧道照明的集中控制。就地控制又分为集中控制和分散控制，集中控制是指在降压站内可对各类照明根据需要进行集中的控制；分散控制是指各设备及管理用房进门处设有就地开关箱或盒，可控制相应的设备及管理用房的一般照明。

8. 闭路电视监控系统（CCTV）组成及功能

（1）闭路电视监控系统组成。

闭路电视监控系统由车站电视监控系统及控制中心集中监控系统两大部分组成。车站闭路电视监控系统主要由站厅、站台摄像机，监视器和控制键盘，视频交换机柜及测试监视器和控制键盘等部分组成。控制中心集中监控系统是闭路电视监控系统的上层管理部分，负责对全线各个车站的 CCTV 系统进行集中监控和管理。

（2）闭路电视监控系统功能。

闭路电视监控系统能够及时地向有关人员提供各车站各部位的安全情况和客流动态，传达列车停站、启动，列车门开启、关闭等信息，以帮助工作人员实时监视列车的运行情况及乘客的安全。

9. 火灾报警系统（FAS）组成及功能

（1）车站级 FAS 组成。

车站级 FAS 由控制盘、车站级图形命令中心及各种外围设备组成。控制盘是系统的中央大脑，综合处理各种数据信息，作出火警判断，发出声、光报警，启动相关消防设备动作并监视其状态。车站级图形命令中心是 FAS 系统的人机交互界面，通过图形化的方式展示车站的消防设备布局、火灾报警信息以及消防联动状态。外围设备是由火灾探测设备（如感烟探测、感温探测及复合型探测等）、报警设备（如光、声报警等）及灭火设备（如喷水、喷气等）组成，如图 2-40 所示。

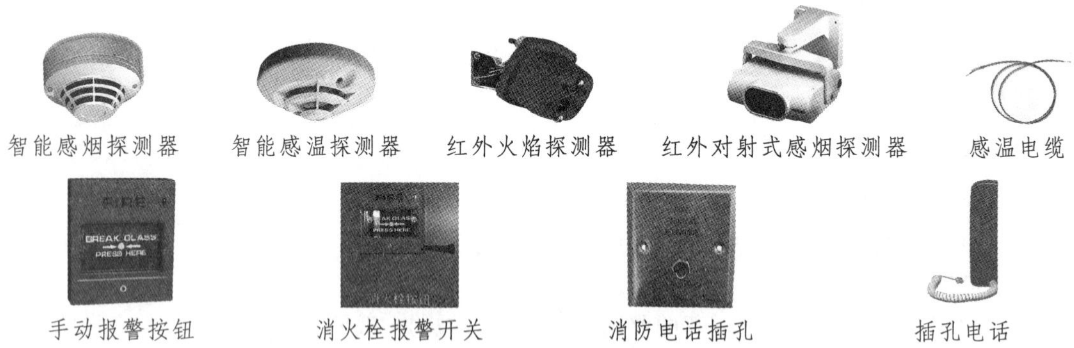

智能感烟探测器　智能感温探测器　红外火焰探测器　红外对射式感烟探测器　感温电缆

手动报警按钮　消火栓报警开关　消防电话插孔　插孔电话

（a）外围设备

（b）FAS 主机

图 2-40　FAS 系统相关设备

（2）火灾报警系统功能。

火灾报警系统能在第一时间内，将探测器监测到的火灾情况及时传输给报警系统和自动灭火系统。自动报警系统以灯光信号和报警铃声的形式及时反映到控制面板，提示值班人员。而自动灭火系统在得到信号后，切断所有可能加剧燃烧的工作设备，如空调、通风机组的电气线路。同时，接通消防专用设备的工作电路，启动有关消防设备，如排烟风机、挡烟垂壁、管道排烟阀、消防泵、喷淋装置。关闭电动防火门、防火卷帘门，接通火灾事故照明灯、疏散标志灯，打开 AFC 闸机，打开门禁系统控制的相关区域门，将广播系统和 PIS 系统转到紧急模式等。

火灾报警系统能最大程度减少火灾带来的财产损失和人员伤亡，是轨道交通必不可少的设备设施。

10. 给水与排水系统

城市轨道交通车站的给水与排水系统（简称给排水系统）由给水系统和排水系统组成。给水系统用来保证车站内的生产生活及消防用水，直接利用市政自来水作为水源。排水系统用来保证车站、车辆段的生活、生产污废水，结构漏水，洞口雨水等能就近排入市政排水管网。

（1）车站给水系统。

车站给水系统由生产生活给水系统、消火栓给水系统、自动喷水灭火系统组成。

① 生产生活给水系统。

车站生产生活给水系统是从市政给水管网的不同管段（或环状管网）引入两根进水管，在站内形成环状管网。平时一开一闭，定期轮换供水，以平衡管网压力，并防止因单根管道故障而影响供水。生产生活给水管进入车站后呈枝状分布，主要供给车站工作人员饮用水、盥洗水、厕所用水及站台、站厅层冲洗用水和冷却塔补给水。

② 消火栓给水系统。

地下车站采用生产生活和消防分开的给水系统。地下车站及地下区间隧道的消火栓给水系统为环状管网。地下站厅吊顶内设 DN150 的环状给水管道，站台板下设一根 DN150 的给水管道，站厅及站台板下的给水管道在车站两端设竖向连通管，这样又构成竖向环状管网。上下行区间隧道内，在行车方向的右侧各设一根 DN150 的给水管，并在区间联络通道处连通，站厅两端各设两根竖管和区间的给水管相接，这样车站及前后各半个区间形成一个环状管网给水系统，如仅引一路市政给水，需要设消防水池一座。这样就构成了地下车站及区间的生产、生活及消防共用的安全可靠的环状管网给水系统。

区间消防干管长度不超过 50 m 的应预留栓口，每 5 组消火栓栓口间设检修蝶阀。区间不设消灭栓箱，仅预留栓口，在进入区间车站站台端部适当位置分别设置区间专用消防器材箱。

③ 自动喷水灭火系统。

自动喷水灭火系统是一种利用固定管网、喷头能自动作用喷水灭火，并同时发出火警信号的灭火系统。它利用火灾时产生的光、热、可见或不可见的燃烧生成物及压力信号等传感器传感信号而自动启动，将水洒向着火区域，用来扑灭火灾或控制火灾蔓延。

湿式自动喷水灭火系统，主要由水泵及稳压设备、湿式报警阀、信号阀、水流指示器、管线阀门、喷头末端试水装置等组成。

（2）车站排水系统。

① 车站废水排放系统。

车站废水排放系统主要是将车站结构渗漏水、冲洗水及消防废水集中到废水泵房，排入城市污水排水系统。

② 车站局部废水排放系统。

车站局部废水排放系统是将自动扶梯下基坑、折返线车辆检修坑及车站盾构端头井等低洼处的集水，通过排水泵排入城市雨水排水系统。

③ 区间废水排放系统。

区间废水排放系统是将区间隧道的结构渗漏水、冲洗水及消防废水，通过线路排水沟集中到线路坡度最低点的排水泵房，排入城市雨水排水系统。

④ 车站污水排放系统。

车站污水排放系统主要是将车站生活污水集中到污水泵房内的污水池内，由潜污泵提升后排入城市污水排放系统。

⑤ 洞口雨水排放。

列车出入隧道洞口，其线路坡度坡向洞口外为下坡时，其排水沟的水能自流排入城市排水系统时，则不设雨水泵站。当洞口坡度坡向洞口内部为下坡时，则在适当地点设置排雨水泵站。

第 3 章
PART THREE

城市轨道交通车站布局设计

3.1 城市轨道交通车站布局原则

城市轨道交通车站一般设置在市区居民集中的地点、沿城市主要交通干道的路口、商业繁华地段以及主要工业区等人流集中的地点，同时车站也是城市轨道交通信号设备、控制设备、电气设备等集中的场所。因此城市轨道交通车站的出入口及通道、站厅、站台及站内的客运服务设施的布置对车站的客运组织工作有很大的影响。

根据《地铁设计规范》（GB 50157—2013）与《城市轨道交通工程项目规范》（GB 55033—2022）的要求，车站设计要符合规划、满足需要、合理布局、保障乘客安全。

3.1.1 总体布局原则

（1）车站的总体布局应符合城市规划、城市综合交通规划、环境保护和城市景观的要求，按照安全、适用、技术先进、经济合理的原则，综合考虑工程地质、水文地质、地面建筑、城市道路、地下管线、地下构筑物及施工时交通组织之间的关系。

（2）车站总体布置应根据线路特征、运营要求、地上和地下周边环境及车站与区间采用的施工方法等条件确定，尽量减少房屋拆迁、管线迁移和施工时对地面建筑物、地面交通及市民生活的影响。

（3）车站竖向布置应根据线路敷设方式、周边环境及城市景观等因素，可选取地下多层、地下一层、路堑式、地面、高架一层、高架多层等形式，与城市轨道交通车站合建或连通的物业开发区、过街通道等公共设施的防火措施，应满足车站的要求，发生灾情时应保证系统的相对独立性和可靠性。

（4）换乘车站应根据城市轨道交通线网规划、线路敷设方式、地上及地下周边环境、换乘客流量大小等因素，不仅要考虑近期车站的功能实现，还应兼顾远期换乘方案的便捷和远期实施的可操作性，可选取同车站平行换乘、同站台平面换乘、站台上下平行换乘、站台间的"十"形、"T"形、"L"形、"H"形等换乘及通道换乘形式。

（5）车站出入口与风亭、冷却塔的位置尽量与外部环境协调，应根据周边环境及城市规划要求进行布置。车站出入口附近，应根据需要与可能，设置非机动车和机动车的停放场地。

出入口位置尽可能靠近人口密集区和商业区，最大限度地吸引和疏散客流；风亭和冷却塔的位置应满足功能要求，并应满足规划、环保、消防和城市景观的要求。

（6）车站在设计时应贯彻以人为本、绿色环保的思想，在解决好通风、照明、卫生等问题的基础上，还要积极采用新技术、新工艺、新材料，实现车站智慧乘客服务、智慧运输组织，为我国2035年进入世界先进智慧城轨国家前列、中国式智慧城轨乘势领跑发展潮流做努力。

3.1.2 平面布局原则

（1）依据站内的空间结构及设施的情况进行合理布局，力求减少乘客走行距离，避免流线交叉干扰，避免流线迂回，方便乘客进站，考虑紧急疏散的需求，保证乘客迅速出站。

（2）站内应设置足够的管理用房和设备用房，客运服务设备设施的设置应以乘客流动顺畅为原则，方便乘客办理乘车的手续及满足乘客其他出行需求，力求经济合理、节约用地。

3.1.3 车站设计阶段

车站设计工作分为规划方案与工程可行性研究（前期）、总体设计、初步设计、施工图设计四个阶段，主要由线路、建筑、结构三个专业负责。其中，建筑与结构专业的工作在四个阶段逐步深入，各阶段工作的主要差异体现在设计深度和设计内容细化方面，整个车站设计工程中最详细的是施工图设计阶段。各阶段工作的具体内容如下。

1. 规划方案及工程可行性研究阶段

（1）基础资料收集：主要包括气象、水文、地形地质、使用方法要求、规划设计条件、人防部门要求等方面的内容。

（2）客流资料分析：主要包括车站进出站客流、列车乘降客流、换乘客流预测资料分析。

（3）组织现场踏勘：要求掌握车站周边环境、土地利用性质、交通设施情况等。

（4）收集既有车站资料：对换乘站，还需收集换乘车站既有、在建或者规划线路、车站资料。

（5）车站布局设计：主要进行车站总平面布局、分层平面布局设计，明确换乘形式与换乘关系等。

2. 总体设计阶段

（1）建筑分析设计资料：分析车站预测客流，明确周边道路红线、周边用地现状及规划条件。

（2）结构分析设计资料：掌握分析初步勘察的地质资料、地下管线敷设资料、地下既有结构控制点、周边现状道路与周边情况等。

（3）总体设计方案：深化上阶段设计方案，落实车站站位并提出初步换乘方案，明确出入口基本位置。本阶段还需要对多种车站方案以及换乘方案进行同深度比较，并给出推荐方案。

（4）站内布局设计：落实协调各设备系统布局，确定车站内部用房位置、大小，明确站台、站厅层布置图设计方案。

（5）结构施工推荐方案：根据建筑车站位置、结合线路条件、水文地质条件，选择相应施工方案，落实施工现场条件，根据施工工法落实结构形式。该阶段需要对多种结构施工方案进行比选，并给出推荐方案。

（6）总体方案专家评审：邀请相关专业专家，对总体方案进行审定，给出评审修改意见。

3. 初步设计阶段

（1）总体方案深化：根据总体方案专家评审意见，深化推荐设计方案，重点深化内容包括控制性总尺寸，车站中心里程，站台层车站中心线处±0.00与绝对高程、轨顶高程的关系，出入口、风亭、冷却塔、停车场棚、公厕、道路、广场、绿化布置等，地下管线、周边环境与设计的关系。

（2）总体方案站内部分深化：进一步明确车站形式、层数、面积、埋深（或高度），站台、站厅及其他各层布置，人防与防火防烟分区、客流组织、楼梯与自动扶梯、付费区与非付费区、自动售检票、公用电话、无障碍设施设计，换乘方式及实施情况。该阶段可以开展方案比选。

（3）站内空间及设施计算设计：根据各设计年限预测客流情况，完成站台宽度、侧站台宽度、通道宽度、楼梯宽度、自动扶梯宽度及数量计算等。

（4）结构初步设计：包括结构选型、耐久性设计、工程材料、抗震措施、变形缝、施工缝、后浇带设置原则等。

（5）结构设计关键参数计算与分析：包括计算原则、荷载及其组合、计算模式及计算参数的确定、施工阶段及平时使用期间的稳定性分析及强度计算、结构裂缝宽度计算，偶然荷载作用下的结构计算（地震、人防）、主要计算结果及分析等。

（6）特殊或不良地质条件结构施工方法分析：例如隧道通过不良地质地段或可液化地层的施工方法，基础托换、超接近施工方法，土层中盾构区间隧道的联络通道施工方法，地质结构作为高层建筑或城市桥梁基础的方法等。

（7）结构初步设计方案：除结构设计方案外，还应考虑防水设计图、变形缝、施工缝、特殊部位处置措施图等。

4. 施工图设计阶段

施工图设计文件是工程实施的依据，应根据已审批的初步设计文件和补充测量及详细地质勘察资料编制。其为施工提供需要的图表和必要的设计说明，详细说明施工时应注意的具体事项和要求。建设项目需要编制施工图设计投资预算报告，并按项目要求进行。

（1）明确结构设计主要内容：包括设计使用年限、抗震设防等级、人防抗力标准、混凝土结构裂缝控制要求、设计荷载及组合、设防水位、耐火等级、基坑保护等级、地面沉降控制要求等。

（2）提出工程材料和构造要求：包括混凝土的强度等级和抗渗等级，从耐久性设计角度对水泥、掺合料、骨料的特性、配比及水胶比等提出要求；钢筋和钢材的种类，焊条类型；管片螺栓紧固件的机械性能等级，钢筋连接器的性能等级等；变形缝、施工缝、后浇带的设计原则，钢筋的锚固、搭接要求、钢筋的净保护层厚度要求等。

（3）提出施工注意事项及技术要求：包括地下水处理原则，明挖基坑的土方开挖、架、拆撑要求，支撑（锚杆）的设计轴力及预加轴力值；矿山法隧道的开挖方法，步长、台阶长度或导洞间拉开的距离要求；混凝土的浇注和养护、地层加固、明挖隧道两侧及顶部回填、暗挖隧道衬砌背后压浆的要求；隧道断面的预留净空余量，施工误差控制，钢结构的加工、组装及就位精度，管片的制作及拼装精度，矿山法隧道的允许超挖量和预留围岩变形量；施工限载、施工步序和构件浇注顺序的说明；地面沉降控制措施；不良地质地段，与既有建、构筑物处于超接近状态施工的技术措施及采用特殊方法（基础托换、冻结法等）的施工要求。

（4）结构施工图设计：主要包括结构总图、结构断面图、各构件配筋断面图、格栅拱钢筋图、车站梁、柱钢筋图、钢梁、钢管柱、钢拱架结构图、节点构造详图、内部结构图、结构防水图、围护结构图、监控量测测点布置图、人防结构图、施工步序图、地层加固图、预埋件详图、预留孔洞洞边配筋图等设计。

（5）施工图具体设计：包括车站形式、规模及通过能力、层数、面积与埋深、人防与防火防烟分区、建筑等级、火灾危险等级、耐火等级、抗震等级、人防等级、无障碍设计。

（6）车站装修设计：包括设计依据、屋面做法、墙体材料（防水防潮处理）、门窗（玻璃）选型、装修范围、装修标准及原则、装修概况、装修做法表、装修做法材料表。

（7）建筑施工图纸设计：主要包括总平面图、各层平面图（包括每一层的房间布置、走廊通道、楼梯电梯位置、设备用房等）、立面图、剖面图、详图（包括节点大样图、门窗大样图、楼梯大样图等）及其他专项平面图（如：公共区装修平面图、设备区装修平面图、消防平面图、给排水平面图、电气平面图等）。

3.2 城市轨道交通车站布局设计影响因素

影响城市轨道交通车站布局的因素有很多，涵盖了交通需求、城市规划、土地利用、运营管理等多个方面。

3.2.1 交通需求对车站布局设计影响分析

1. 城市轨道交通需求概述

城市轨道交通的交通需求包括出行需求、覆盖需求、便捷性需求、时间效益需求、舒适性需求、安全性需求、可持续发展需求等。这些需求是社会经济发展、居民生活方式和对交通服务质量的要求共同作用的结果。了解和满足这些需求是设计和规划城市轨道交通系统以及车站布局的重要依据，旨在提供便捷、高效、安全和环保的出行体验。

（1）出行需求。

出行需求是城市轨道交通的基本需求之一。乘客需要通过轨道交通系统进行日常出行，包括上下班、上下学、购物、娱乐等各种活动。交通需求的具体表现包括高峰期和平峰期的出行人数和出行时间分布等。

（2）覆盖需求。

乘客希望城市轨道交通能够覆盖他们的出行需求范围。覆盖需求包括城市范围的广度和轨道网络的密度。乘客的期望是轨道交通能够连接城市重要区域、住宅区、商业中心、工业区等，以满足各个区域的人口出行需求。

（3）便捷性需求。

便捷性需求是乘客对城市轨道交通的一个重要期望。乘客期望轨道交通系统的线路布局合理，车站分布均匀，能够方便地接驳其他交通方式，并且能够提供便捷的步行、换乘和出行条件。

（4）时间效益需求。

时间效益需求是指乘客希望城市轨道交通能够提供快速、高效的出行体验。乘客希望在尽量短的时间内到达目的地，减少等待时间、换乘时间和乘车时间，提高出行效率。

（5）舒适性需求。

舒适性需求是指乘客对城市轨道交通乘车环境的期望，如乘客希望车厢宽敞、通风良好，座位舒适，并提供良好的停靠、乘降和换乘设施以及舒适的出行体验。

（6）安全性需求。

安全性需求是城市轨道交通乘客最核心的关注点之一。乘客希望车站和车辆提供安全可靠的乘车环境，包括良好的安全设施、疏散通道、紧急处理措施等，以保障乘客的人身安全。

（7）可持续发展需求。

可持续发展需求是近年来越来越重要的一个因素。乘客希望城市轨道交通能够采用清洁能源、低碳技术，减少环境污染和碳排放。乘客对可持续发展的期望主要体现在以下几个方面：首先，希望轨道交通系统能够优化能源利用，减少能耗和资源浪费。其次，要求轨道交通系统减少噪音和振动对周边环境和居民的影响。最后，乘客希望轨道交通能够实现城市绿色出行，减少对私家车的依赖，降低城市交通拥堵和尾气排放。

2. 城市轨道交通需求对车站布局影响分析

（1）客流量对车站布局的影响。

客流量是设计车站布局的重要参考因素。车站布局需要考虑高峰期和平峰期的乘客流量分布。根据乘客流量的大小，可以确定车站规模大小、出入口数量及位置、站台长度及站台的面积等。

影响城市轨道交通车站客流量的因素有多个，具体分析如下：

车站所处的位置：如果车站位于人口密集区域、商业中心、旅游景点或重要交通枢纽附近，那么客流量通常会较大；

城市的人口数量和居住区的分布：人口稠密的地区往往会使得周边车站的客流量较大，尤其是在高峰时段；

换乘站点的位置和线路布局：换乘站点通常会吸引更多的乘客，尤其是当多个线路在同一站点交会时，客流量更加集中；

经济和商业活动水平：在商业活动频繁、办公楼和购物中心众多的地区，车站可能会吸引更多的乘客；

周边设施和服务：车站周边的停车场、自行车停靠点、公交站等是否便利，以及周边的商业设施、学校、医院等服务设施的分布情况，都会影响乘客选择乘坐城市轨道交通的意愿和方便程度。

（2）城市居民出行习惯对车站布局的影响。

城市居民的出行习惯包括上下班通勤选择交通工具的习惯、出行时间选择的习惯以及在选择轨道交通出行时是否习惯换乘、是否倾向于使用无人售票机或自动闸机等。具体分析如下：

上下班通勤是城市居民最常见的出行。通常，居民会选择合适的交通方式前往工作地点，包括城市轨道交通、公交、自行车、步行或驾车等。根据居住地和工作地的距离、交通条件和个人偏好，居民会选择不同的交通工具进行通勤。

公共交通是城市居民出行的常见选择之一。地铁、公交和轻轨等公共交通工具提供快捷、便利的城市内部出行方式。居民会根据需求和出行方便性考虑选择乘坐相应的公共交通工具，同时他们的选择也受到票价、班次和服务质量等因素的影响。

步行和骑行也是城市居民常用的出行方式之一。对于短距离的出行需求，尤其是在密集的城市中心区域，居民更愿意选择步行或骑行，以避免拥堵和节省时间。这种出行方式也有益于身体健康和保护环境。

驾车出行在城市居民出行中扮演着重要角色。一部分居民拥有私家车，并将其作为日常出行的首选方式，特别是对于长距离、多站点的出行需求。然而，城市交通拥堵和停车位紧张等问题也对驾车出行造成一定的局限。

城市居民的出行习惯在一天内的时间分布也有所差异。早上和傍晚是通勤高峰期，很多居民会选择在这段时间出行，造成交通压力和车站客流量的集中。晚上和周末是购物、娱乐和社交活动的高峰时段，居民选择这个时段出行，因此某些地段和车站的客流量也会显著增加。

随着互联网和手机的普及，居民的数字化出行习惯也逐渐养成。居民会使用手机应用程序来获取交通信息，预订出租车、共享单车或预购公共交通票。同时，居民还愿意使用网上购物和外卖服务等，减少了到实体店面消费的出行需求。

因此，了解和研究城市居民的出行习惯对于城市轨道交通车站的布局设计至关重要。通过适应和满足居民的出行需求，可以提供更便捷、高效、环保和舒适的出行体验，促进城市可持续发展和居民生活的提升。

（3）乘客换乘需求对城市轨道交通车站布局设计的影响。

城市轨道交通的乘客换乘需求是指乘客在出行过程中从一条线路换乘到另一条线路的需求以及在换乘过程中的其他需求。轨道交通线路之间乘客换乘的产生主要是由线路网络覆盖不足、出行目的地多样性、直达不便或不可行、交通瓶颈或限制等因素造成的。具体分析如下：

由于城市交通规划的历史原因或者城市扩张的影响，某些地区可能存在交通线路覆盖不足的情况，乘客需要通过换乘才能到达目的地。这种情况下，换乘需求的出现是为了弥补线路网络的不足，提供更全面、便捷的交通服务。

城市中有许多不同的出行目的地，如工作地点、商业中心、居住区、教育机构、医疗设施等。由于这些目的地的分布不均匀，乘客可能需要在不同的线路上进行换乘，以实现最佳的出行路线和时间效益。

城市中存在交通瓶颈点或限制区域，如市中心拥堵区域、历史街区或人行区等特点。乘客可能需要在这些区域附近进行换乘，以避开交通限制或拥堵，继续到达目的地。

乘客对换乘过程中的其他需求有连贯性、准时性、信息可靠性及舒适性等特点，具体分析如下：

换乘过程中，乘客希望换乘过程能够流畅、便捷，避免不必要的等待和转换时间，减少来回的步行距离。

换乘时在到达时间上，乘客希望能够准时到达目的地，换乘不应该对整个出行过程的时间产生显著影响。

乘客在换乘时对信息的准确性和可靠性有很高的期望。乘客希望能够获得准确的换乘信息，包括线路的运营时间、换乘站点的位置和指示标识、列车或车辆的到达时间等，以便能够做出准确的出行决策和计划。

乘客在换乘过程中希望能够有良好的乘车环境和设施，包括宽敞明亮的换乘站台、无障碍设施、舒适的座椅、清洁的车厢以及良好的空调和通风系统等，以获得舒适的乘车体验。

为满足乘客的换乘需求和期望，城市轨道交通车站应考虑到乘客换乘的便利性和连贯性，设置合理的站台布局、导引标识、换乘通道宽度，提供明确的换乘指引，减少乘客的迷失和困惑；在车站和车厢内部提供信息显示屏，向乘客展示准确的列车到达时间、换乘指引、线路运营情况等，满足乘客对于信息的需求，帮助他们做出合理的出行决策；在车站之间加强协调和联动，确保换乘的衔接顺畅，减少乘客等待和转换时间。

（4）出行的可达性对车站布局的影响。

车站布局需要与周边交通综合体相结合，确保乘客能够方便地到达车站，并为他们提供便捷的步行和换乘条件。

城市轨道交通乘客出行的可达性是指乘客能够便捷地到达城市轨道交通系统的站点，并能够顺利乘坐到目的地的程度。它是衡量城市轨道交通系统对于乘客出行需求的满足程度的重要指标。可达性的含义包括以下几个方面：

① 线路覆盖范围：可达性首先与城市轨道交通线路的覆盖范围相关。乘客希望轨道交通系统的线路覆盖到城市的各个重要区域和人口密集地区，以满足乘客的出行需求。较广范围的线路覆盖可以提供更多的出行选择，并减少乘客到达轨道交通站点的交通耗时和成本。

② 车站和站点布局：可达性还与车站和站点的布局相关。乘客希望轨道交通系统的站点分布合理，覆盖到城市的主要出行节点和目的地，如商业中心、住宅区、教育机构、医疗设施等。合理的站点布局可以减少乘客的步行距离，提高出行效率。

③ 站点道路连通性：乘客希望轨道交通站点与周边的道路交通系统和其他公共交通模式有良好的连通性，便于乘客从车站出发或到达车站。这涉及站点的道路接驳、人行道、自行车道、停车设施等，以确保顺畅的换乘和出行体验。

④ 站点便利设施和服务：轨道交通站点的便利设施和服务也影响着可达性的体验。例如，乘客希望车站内有良好的导向标识，车站设施齐全，有自动售票机、电梯和无障碍设施等，并提供咨询服务以提供方便、舒适的乘客体验。

⑤ 信息传递和公告：为保证良好的可达性，还需要轨道交通系统能够提供准确、实时的信息传递和公告服务，包括列车到达时间、列车运行情况、换乘指引等，以帮助乘客做出合理的出行决策。

综上所述，乘客的可达性对车站站位的选择和设置、车站客运服务设备设施的位置设计、车站周边停车场的设计和设置均有很大的影响。

3.2.2　城市规划与土地利用因素

1. 城市空间布局

城市的空间布局及城市规划对车站布局有重要影响。车站布局需要与城市发展的主导方向和区划规划相符，使得城市功能区和轨道交通系统相互结合，实现便捷的城市交通。

2. 土地利用

城市轨道交通车站在城市内部的位置选择和布局需要考虑土地的利用效率，最大程度地利用可用土地资源，并与周边活动中心、商业区、住宅区等关键地点相连接。

3. 城市形态

城市的形态特征也会影响车站布局。例如，城市是否呈现集中化的中心区域和较为分散的郊区，以及城市的地理条件和地形地势等都会对车站布局产生影响。在集中化中心区域，车站布局可能更加密集，以满足高密度的人口需求；而在郊区，车站布局可能较为分散，以覆盖更广泛的地区。

4. 基础设施和交通网络

车站布局也需要与城市的基础设施和交通网络相配合。需要考虑与其他交通方式的衔接，如公交车站、公共自行车停靠点等，以提供便利的换乘条件。此外，还需要考虑与其他城市轨道交通线路的连接，以实现更便捷的线网互通。

3.2.3　运营管理因素对车站布局设计影响分析

1. 安全与保障

车站的布局需要考虑乘客安全和便利性。例如，在布局中需要充分考虑应急通道、紧急出口、灭火设备等安全设施的设置，以保障乘客的安全。

2. 运营效能

车站布局也需考虑运营效能，包括车站容量、换乘效率和车站间距等因素。合理的车站布局可以提高车站的运营效率，减少乘客的等待时间，提高服务质量。

3. 运营成本

布局方案还需要考虑运营成本的效益。车站布局要尽量减少不必要的设施和空间，降低建设和运营维护的成本。

3.2.4　社会经济因素对车站布局设计影响分析

1. 经济效益

车站布局需要与城市的经济发展相匹配。应考虑车站布局对周边经济活动和商业发展的促进作用，为商业区、商场等核心商业地点提供良好的交通连接。

2. 社会影响及公众意见

车站布局决策还需要综合考虑公众的意见和利益。例如，需要听取乘客、居民和广大群众的意见，考虑他们的需求和期望，以确保布局设计的合理性和公众能够接受。

综上所述，影响城市轨道交通车站布局的因素包括交通需求、城市规划与土地利用、操作与运营管理以及社会经济等多个方面。要设计科学合理的车站布局，需要综合考虑各个因素之间的相互关系，确保满足乘客出行需求，优化城市交通效能，促进城市的可持续发展。

3.3 城市轨道交通车站各组成部分布局设计

3.3.1 车站站位设计

3.3.1.1 站位选择

车站的站位设计在车站的总平面布局设计中居头等重要的地位。一般根据车站与城市道路的关系分为跨十字路口、偏路口一侧、两路口之间和在道路红线外设置的方式。

1. 跨路口设置车站

此种站位是指车站跨主要道路相交的十字路口，并在路口各角都设有出入口，乘客从路口任何方向进入车站均不需要穿马路，增加了乘客乘车的安全性，减少了路口的人流和车流的交叉干扰，同时也与地面公交线路衔接好，乘客换乘公交车也比较方便。跨路口设置车站如图3-1所示。

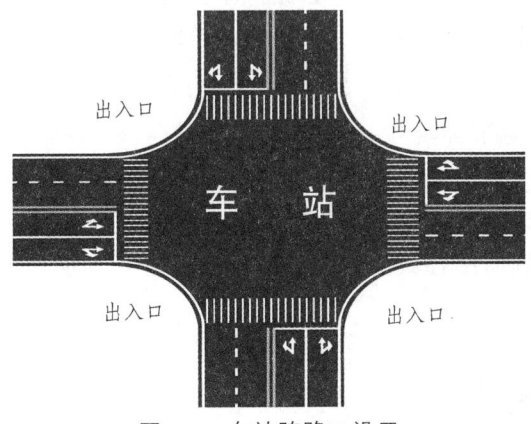

图 3-1 车站跨路口设置

2. 偏路口设置车站

此种站位是车站在路口的一侧设置。车站不易受路口地下管线的影响，可减少车站埋深、施工对交叉口交通的干扰以及减少地下管线的拆迁，降低了工程造价。

3. 两路口间设置车站

当一条道路的两路口都是主路口，相距较近且此条道路的横向公交线路及客流较多时，需要将车站设于两路口之间，以兼顾两个路口聚集的客流。

4. 近道路红线外侧设置车站

将车站建于道路红线外侧的建筑区内，可避免破坏路面，减少地下管线拆迁以及对地面交通的干扰，充分利用城市地面土地，一般在地面道路外侧无较大建筑物或无地下工程时采用。此外，当道路红线外侧有空地或危房时，可与危旧房改造结合实施。

3.3.1.2 影响站位的因素

1. 与线路及线网规划同步考虑

车站是整条线路及线网的节点，其站位关系到线路及线网的功能布局是否合理。在进行站位规划设计时，应将车站和线路作为整体进行考虑。在一定程度上，线路的走向应该服从车站布置要求。

2. 站间距的大小也会影响站位

站间距设置会对乘客吸引、出行时间、运营组织、沿线土地开发、与其他交通方式衔接及城市空间结构布局产生重大的影响。大站间距可以降低工程和运营成本，而小站间距则可以促进沿线客流吸引、增大沿线开发利益。站间距过长或过短，都会降低城市轨道交通网络的舒适性和有效性，增加乘客在出行时花费的时间。

3. 考虑与各种交通方式的换乘

城市轨道交通需要重视与其他各种交通方式间的协调，尽量将车站设置得靠近各类大型客流集散点，如停车场、大型公交车站、公路汽车客运站、火车站及机场附近，条件允许时尽量把城市轨道交通线路引入城市客运交通枢纽，考虑一体化设计，以便更好地服务乘客，提高城市居民出行效率。

4. 结合城市地面和地下环境

站点的位置选择需要考虑城市地面和地下环境。地面环境主要指车站周围的商业区、商务区、居民住宅区、大型公共场所等；地下环境包括工程地质、水文地质、地下管线和构筑物等状况。站位规划需结合城市功能，综合利用地上、地下空间，充分发挥土地的利用效率。

3.3.2 车站结构设计

车站结构形式的选择，受沿线水文、地质条件、所处环境、地面建筑物、地下构筑物、道路交通条件等因素的制约，并需要考虑功能需求、施工方法的综合影响。车站结构形式方案的选择不仅要满足城市轨道交通工程的使用功能，也要有利于地上、地下有效空间的合理开发利用，并兼顾考虑施工给周围环境带来的不良影响。

根据车站功能的需求，不同的建设位置、车站用房需求、不同施工方法、地形环境差异将导致不同的车站结构形式。表3-1是在总结现有城市轨道交通车站案例的基础上，得出的一些常见车站形式。

表 3-1 城市轨道交通车站典型结构形式

建设位置	站台形式	
高架车站	高架二层岛式	高架二层侧式 高架站厅分离侧式
	高架三层岛式	高架三层侧式
地面车站	地面层岛式	地面层侧式
地下车站	地面厅+地下单层岛式	地面厅+地下单层侧式
	地下二层标准岛式 地下二层站厅分离岛式 地下二层分离岛式 地下二层异形岛式 地下二层双岛式	地下一层标准侧式 地下二层标准侧式 地下二层分离侧式 地下二层异形侧式
	地下三层标准岛式 地下三层非标准岛式 地下三层叠岛式	地下三层标准侧式 地下三层叠落式侧式
	地下多层岛式	地下多层侧式
	地下二层（多层）侧—岛式	

下面将对这 19 种典型车站的结构形式布局特点进行简单介绍。

3.3.2.1 高架站

高架车站的结构形式与车站的站位、站台形式、客流量、地面交通状况及周边环境等因素有关，随着各车站轨顶高程的不同，会形成不同车站高度及规模。车站位置因线路走向的不同，有设于城市交通干道中央的，也有设于城市交通干道一侧的。站台形式分为岛式和侧式两种，因为有利于城市架空桥道铺设，一般以侧式站台为主。

1. 岛式车站

（1）高架二层岛式车站（半高架站）。

车站地面层为站厅层，地上二层为站台层。乘客由地面进入站厅，然后通过乘降设备向上进入站台层。该站型车站功能分区明确、管理方便，客流组织流畅，车站和区间土建投资低。该站型的车站往往处于路中，乘客进出站需要穿越车站两侧道路；部分车站位于路侧，一侧乘客可由路侧地面进站，另一侧的乘客则需穿越道路，对周边环境影响较大。

该车站形式适用于郊区及对周边环境要求不高，路侧地块内或路中有条件设置地面厅的情况。

（2）高架三层岛式车站（全高架站）。

该站型地面一层为城市道路交通层，地上二层为站厅层，地上三层为站台层。在交通干道中央的车站，为了使城市地面车辆通行流畅、视线无阻挡，一般车站下部架空，使下部空间有畅通感。尽可能将设备用房布置于道路外侧，使车站主体显得更加简洁、明快。车站功能好，车站和区间土建投资低，综合投资低，但对周边环境有一定影响，社会效益较差。

该车站形式适用于线路位于城市郊区线路，且对周边环境要求不高的情况。

2. 侧式车站

（1）高架二层侧式车站（全高架站）。

该站型地面层为城市道路交通层，地上二层为站台层，站厅设于站台两侧。该站站厅站台同层，两者之间的联系无须通过楼扶梯、电梯等乘降设备，有利于乘客快速疏散；相邻区间采用高架形式，线间距小，车站和区间土建投资低，综合投资低。该站型采用双向扩展的大平层形式，建筑体量大，服务跨线乘客的功能较差，对周边环境影响较大。

该车站形式适用于：线路位于城市郊区线路，且对周边环境要求不高，两侧有条件设置站厅的情况。

（2）高架三层侧式车站（全高架站）。

该站型地面一层为城市道路交通层，地上二层为站厅层，地上三层为站台层。乘客进站时先由路旁楼、扶梯上天桥进入站厅，再由站厅内两组平行于站台的楼、扶梯上站台。部分设备用房可独立设置于路边或路中绿化带内，将管理用房、售检票厅及跨线通道设于站台层下夹层内，并控制在桥梁结构一跨内，可充分利用高架结构梁下高度；既解决了跨线联系及站内管理问题，车站规模及体量也可得到有效控制，线路高度也可降低，是城市高架线路常用的车站形式。

该车站形式适用于线路在城市郊区，且对周边环境要求不高的情况。

（3）高架站厅分离侧式车站（半高架站）。

站台位于道路上方，而站厅、设备用房与站台分离，设于道路两旁红线外，乘客进入地面站厅检票后，通过楼扶梯上到天桥，进入站台。车站高架部分只有站台，结构简单、体量小、高度适中、对道路景观影响小；车站用房分设道路两旁，并可根据两侧用地将车站用房与路侧街面建筑合建。该站型不能满足乘客跨线功能，乘客通过一座垂直于站台的天桥进出站台，站台上客流分布的均匀性相对较差。

该车站形式适用于线路位于路中，站内客流量不大，车站道路两侧有建设用地或有条件与道路两侧建筑合建的车站。

3.3.2.2 地面车站

当城市轨道交通（尤其是轻轨交通系统）线路在市区边缘或郊区时，由于地面交通量不大，为降低成本，可以考虑将车站设置在地面。地面车站一般分单层、双层或结合周围环境进行开发的多层车站，其形式主要根据功能要求和环境特点确定。地面车站主要是解决好乘客进出车站的流线，在此基础上，应尽可能简洁，缩小站房面积，降低车站造价。

1. 地面单层侧式车站（全地面站）

该站型车站的站台层和站厅层均位于地面。该站型施工时间短而投资较小，用于人口密度较低的路线上。其主要是基于既有的街道，线路设计相对简单，重点是处理与道路交通的关系和先行权的问题，重点要考虑乘客及行人穿越道路时的干扰以及安全问题。该车站形式适用于线路位于城市郊区线路上对周边环境要求不高、客流量较小的车站。

2. 地面二层侧式车站（半地面站）

该站型为：地面是站台层，地上二层是站厅层。站厅和车站用房位于高架建筑物，跨过下方的地面站台。乘客到站后，要先利用楼、扶梯或垂直电梯到达高架的站厅，通过进站闸机后再沿另外的楼、扶梯或垂直电梯到达地面站台，这类车站也称为"跨线式车站"或"桥上车站"。相邻区间采用高架转地面形式，线间距小，车站位于地块内，车站和区间土建投资低，综合投资低，对周边环境影响较大，社会效益较差。

该车站形式适用于城市郊区线路上对周边环境要求不高、相邻区间敷设方式有变化或站后设停车场的情况。

3.3.2.3 地下车站

地下车站的结构设计应以"结构为功能服务"为原则，根据总体线路的纵坡设计、周边环境和车站的功能等因素，会形成不同的车站规模，具体有两层结构、三层结构甚至多层结构。

1. 岛式车站

（1）地面厅+地下单层岛式车站（半地下站）。

该站型地下一层为岛式站台，站厅层设在地面，也被称为半地下车站。该类车站线路埋深浅，工程投资小；车站站厅位于地面，空间宽敞明亮，可以较好地进行采光；可以不设常规的车站进出口，在地面站厅的两侧可以多设置几处大门供乘客进出，可以减少乘客的走行距离，在紧急情况下，乘客可以被迅速疏散至站外；车站的设备和管理用房等可以移至地面上，以节约投资，具体如图3-2所示。

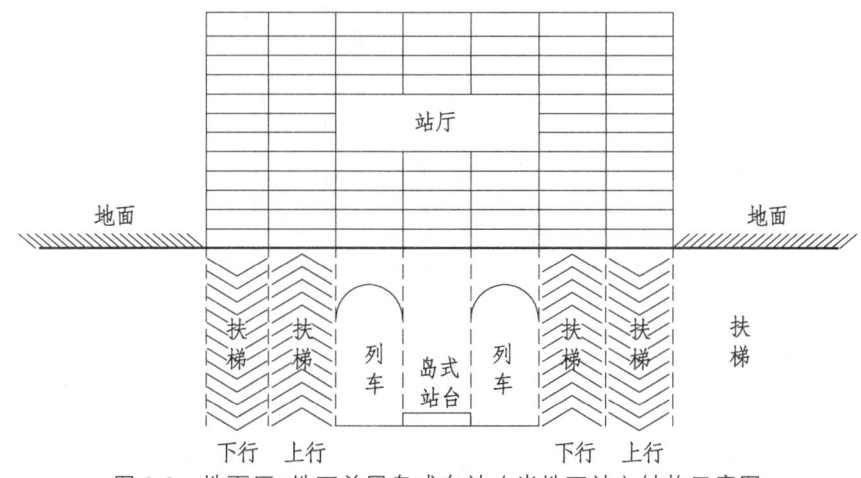

图3-2 地面厅+地下单层岛式车站（半地下站）结构示意图

该车站形式适用于：在郊区道路一侧绿化带或道路中央隔离带下修建的轨道交通线路，相邻区间线路埋深浅，且穿越规划地块，地面有条件与规划地块结合设置地面厅的情况。

（2）地下二层标准岛式车站（全地下站）。

这是国内最常用的一种车站形式，地下一层为站厅层，地下二层为站台层（见图3-3）。该站型能充分利用已开挖的空间，站厅（公共区）开阔，出入口开口设置灵活，有利于售、检票设施的布置，功能分区灵活、合理；站台利用率高，乘客流动较快。

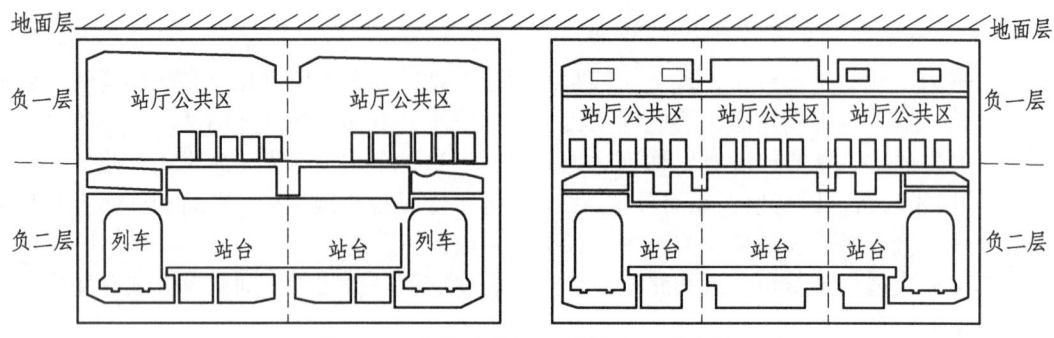

图 3-3 典型的地下二层标准岛式车站

（3）地下二层站厅分离岛式车站（全地下站）。

该站型地下一层为纵向互不通视且不联通的两个站厅层，地下二层为站台层（见图 3-4）。为吸引客流，车站的站位通常会跨路口设置，若车站上方的市政管线埋深较深且较难改移，或车站上方有其他影响施工的建构筑物，如高架桥、河流等，为避免车站埋深过深，可考虑将站厅分隔开，留出空间以躲避市政管线或其他设施。站厅分为互不联通的两个小站厅，都设有出入口及楼梯，通过两站厅都可进出车站或上下站台。这种类型的车站功能稍差，客流组织和运营管理较为不便。

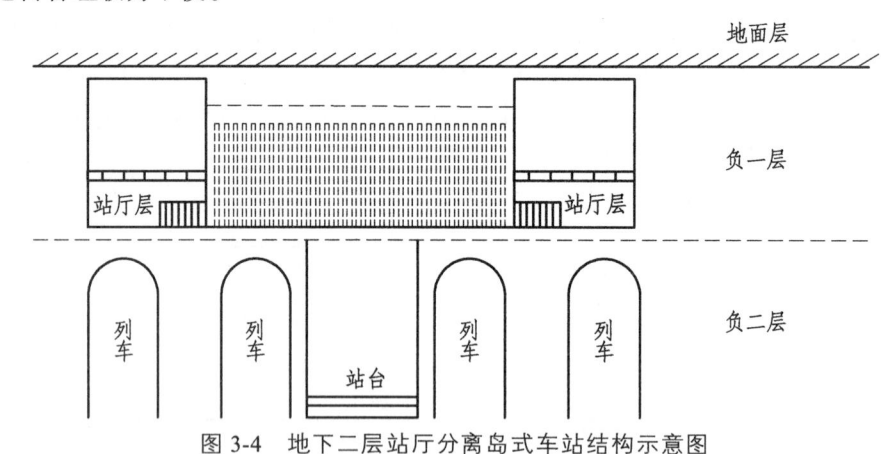

图 3-4 地下二层站厅分离岛式车站结构示意图

（4）地下二层站台分离岛式车站（全地下站）。

该站型的地下一层为横向互不通视但可互相联通的两个站厅，地下二层为分离的站台层（见图 3-5）。这种车站形式主要是受到桥桩区域的影响，将车站纵向一分为二，中间采用 2~3 条横向联络通道来实现两个分离站台之间的联通，其上层站厅同样也被分割为两部分。这样能使桥桩位于车站结构两部分的中间，可以有效地避开桥桩的影响。车站在房间布置上有一定的重复，因车站被分为几个单独的小厅，小系统机房、楼梯和电缆间等有一定的重复；车站的客流组织和运营管理稍有不便；车站建筑面积较大，横通道数量较多，加之桥桩保护等，使得车站整体造价较高。

（5）地下二层异形岛式车站（全地下站）。

地下一层为站厅层，地下二层为站台层。功能基本与地下二层标准岛式车站相同，但由于线路受周边条件限制，车站无法布置为标准形式，而采用"弧形"或"楔形"布置。

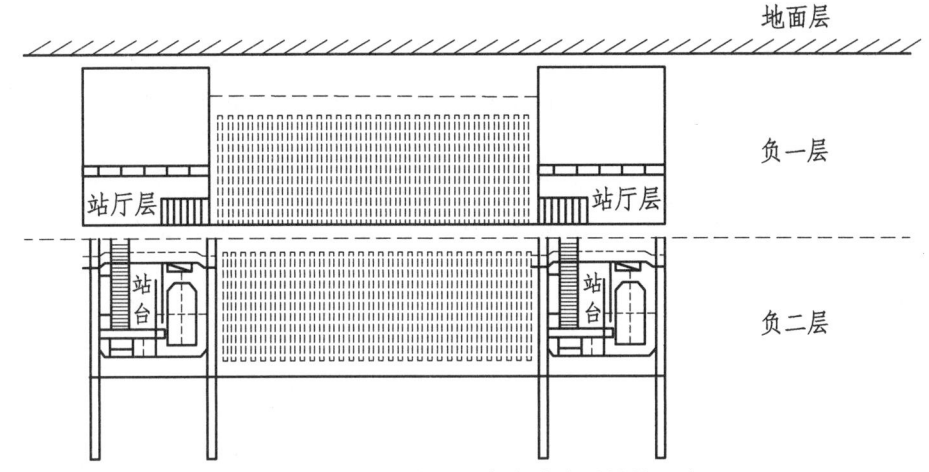

图 3-5 地下二层站台分离岛式车站结构示意图

该车站形式适用于：线路受限于周边条件，无法采用标准布置，只能采用异形布置的情况。

（6）地下二层双岛式车站（全地下站）。

该站型受线路条件控制，根据运营要求及换乘需要，设计为地下双层双岛式车站。地下一层为站厅，地下二层为双岛式站台（见图3-6）。

双岛式车站采用同台换乘，换乘功能好，综合投资较低；但区间施工难度大，车站断面大，实施时对交通影响较大。其适用的情况为换乘线路采用左、右平行设置，车站同期（分期）实施。

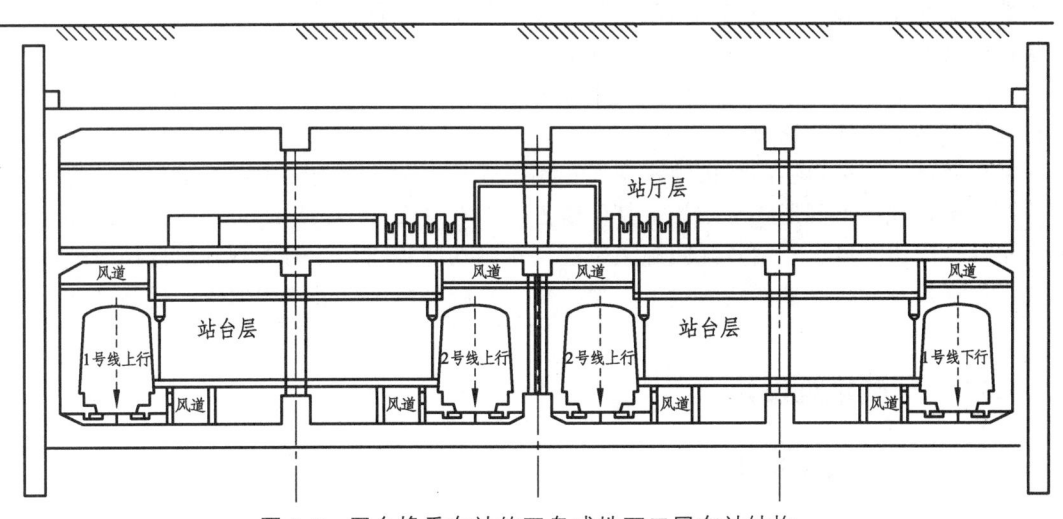

图 3-6 同台换乘车站的双岛式地下二层车站结构

（7）地下三层标准岛式车站（全地下站）。

该站型地下一层为站厅层（或设备层），地下二层为设备层（或站厅层），地下三层为站台层。相邻区间埋深较深，采用盾构法或矿山法施工，车站投资较大，综合投资较高。

（8）地下三层叠岛式车站（全地下站）。

该站型地下一层为共用站厅层，地下二、三层为站台层。根据线路布置情况又分为近远期线路上下平行设置和近远期线路上下重叠设置两种情况。其适用于近远期同期实施的车站。

同线上下平行同台设置，与其他线路之间的换乘则需要采用上下站台换乘，即乘客可以通过二、三层之间的楼扶梯完成不同线路之间的换乘，换乘功能较好，综合投资低；同线上下重叠设置的线路，乘客在不同线路之间的换乘可通过同台实现换乘，换乘功能好，综合投资低。

（9）地下多层岛式车站（全地下站）。

该站型一般受线路埋深条件或地质条件的限制，同时根据设站的需要，设计成地下多层车站，如三条及以上线路的换乘站。线路埋深深，可采用盾构法或矿山法施工；车站规模大，投资高。

该车站形式适用于相邻区间过大江、大河，或受地质条件限制等情况或多条线的换乘站。

2. 侧式车站

（1）地下二层标准侧式车站（全地下站）。

该站型地下一层为站厅层，地下二层为站台层。站厅中部为公共区，两端分别为管理用房及设备用房区，公共区分为两个付费区和一个非付费区，在付费区内沿纵向布置楼扶梯与站台连通，站台层中部为公共区，两端布置设备用房。

（2）地下三层标准侧式车站（全地下站）。

一般该站型地下一层为站厅层，地下二层为设备层，地下三层为站台层。线路线间距小、埋深较深，车站投资较大，综合投资较高。

（3）地下三层叠落侧式车站（全地下站）。

该站型地下一层为站厅层，地下二、三层均为站台层。站台层均采用侧式站台形式且上下重叠，多在车站腹地不足或线路由于特殊原因需要上下垂直设置时使用，如避开建筑物或构筑物的桩基，或者是为了将来方便扩建成同台换乘站而使用。线路上下平行设置，断面较小，对周边环境影响较小，但区间实施难度大。该车站形式适用于线路受条件限制，须上下平行设置以减少占地的情况。

上面简述了几种典型的城市轨道交通车站形式，实际工程建设中还有更多车站形式。通过分析不难发现，不同形式车站均有其优缺点。在车站设计中，应综合考虑线路条件、工程地质条件、周边环境、车站及区间施工工法及车站功能等因素，因地制宜地选择合理的车站形式，在满足车站各种功能的前提下，尽量减小工程规模，降低工程造价，提高社会效益。

3.3.3 车站建筑设计

3.3.3.1 建筑规模设计

1. 车站规模分级

在进行车站总体布局前，要确定车站的规模。车站规模指车站的外形尺寸大小、层数及整个车站的建筑面积等。车站的规模主要根据远期预测高峰小时客流量、所处的位置、车辆编组长度、车站用房的面积以及该区域的远期发展规划等因素综合确定。其中客流量是最重要的因素，主要是根据车站设计客流量来确定车站的规模。一般可以参照车站的日均客流量和高峰小时客流量来综合确定。

另外，车站的客流与其所处的位置有密切关系。一般而言，城市中心区往往是城市的经济、政治和文化等公共活动最集中的地区，其客流量大于市区其他地区，而市区其他地区的客流量又大于市郊区域。

由于车站所在地区不同（居民区、商业区、有文娱设施的地区，如体育场或游客集中地区等），客流集中程度也有差异。一般可通过远期超高峰客流量来测算、评估客流规模。新线开通时，线网乘客人数会急速增加。乘降量大的站，运营初期能力应有一定弹性。

2. 车站规模设计原则

车站规模直接决定了车站所能满足的客流需求与总体造价，车站规模太大，则不经济，而规模太小又不能满足运营的需求和远期的发展，造成使用上的不便和改扩建的困难。因此应以追求最佳性价比为目标，合理控制车站规模，充分利用车站主体结构空间，适当压缩附属结构规模。

考虑到中远期客流需求预测难度大，对车站规模的把握也存在较大困难。其中，最难以把握的是换乘站。对于换乘车站，为控制近期建设规模，同时预留充足的换乘条件，可根据既有线路建设情况和近远期建设规划，将车站按不同要求进行换乘预留。

（1）与既有线路换乘的车站，须进行既有车站的换乘节点改造，改造工程的设计应尽量减少对既有车站结构的改造和对运营的影响。

（2）与在建线路换乘的车站，如果有预留节点的要充分利用，同时工程应尽量减少对在建线路车站结构的改造。

（3）与近期建设线路换乘的车站，原则上两站同期实施或预留换乘节点，保证远期站的设计深度与近期站同步。

（4）与远期建设线路换乘的车站，原则上只预留换乘接口条件，远期线路穿过部位的结构应预先考虑远期结构穿越的安全性。

（5）重要换乘车站、大型客流集散点附近的车站，其规模应在客流计算的基础上适当加大。

3.3.3.2 建筑组成设计

1. 出入口

车站出入口是车站的门户，是地面客流与城市轨道交通车站的衔接口，也是城市轨道管理辖区的分界点。需要乘坐轨道交通的乘客只有通过出入口才能进入车站，到达站台，乘坐轨道交通列车实现自己的出行。同样，需要出站的乘客也必须通过出入口离开车站，到达目的地或换乘其他交通方式。因此，出入口的设计应以最大限度地吸引客流为目的。

（1）出入口类型。

根据地铁车站出入口的布置形式、位置、使用性质不同，出入口有如下分类。

按平面形式分类：

① "一"字形出入口：指出入口、通道"一"字形排列。这种出入口占地面积小，结构及施工简单，布置比较灵活，进出方便，比较经济。由于口部较宽，其不宜修建在路面狭窄地区。

② "L"形出入口：指出入口与通道呈一次转折布置。这种形式进出方便，结构及施工稍复杂，比较经济。由于口部较宽，其不宜修建在路面狭窄地区。

③ "T"形出入口：指出入口与通道呈"T"形布置。这种形式进出方便，结构及施工稍

复杂，造价比前两种形式高。由于口部比较窄，适用于路面狭窄地区。

④ "π" 形出入口：指出入口与通道呈两次转折布置。由于环境条件所限，当出入口长度按一般情况设置有困难时，可采用这种形式。这种形式的出入口，乘客要走回头路。

⑤ "S" 形出入口：指出入口与通道呈三次转折布置，乘客走行距离较远。受环境条件所限，当出入口按一般情况设置有困难时，可采用该形式。

⑥ "Y" 形出入口：这种出入口布置常用于一个主出入口通道有两个及两个以上出入口的情况。这种形式布置比较灵活，适应性强。

当出入口设在路口处时，路面距离较为狭窄，一般多采用上述的 "T" 形与 "L" 形出入口，根据实际情况也可增添 "Y" 形出入口的布置。根据《地铁设计规范》(GB 50157—2013) 的要求，地下出入口通道应力求短、直，通道弯折不宜超过 3 处，角度不宜小于 90°。地下出入口通道长度不宜超过 100 m，超过时应采取能满足消防疏散要求的措施。

按口部围护结构形式分类：

① 敞口式出入口：口部不设顶盖及围护墙体的出入口称为敞口式出入口。出于对行人安全的考虑，除入口方向外，其余部分设栏杆、花池或挡墙加以围护。敞口式出入口应根据当地情况，采取措施妥善解决风、沙、雨、雪、口部排水及踏步冻冰防滑问题。

② 半封闭式出入口：口部设有顶盖、周围无封闭围护墙体的出入口称为半封闭式出入口。其适用于气候炎热、雨量较多的地区。

③ 全封闭式出入口：口部设有顶盖及封闭围护墙体的出入口称为全封闭式出入口。它有利于保持车站内部的清洁环境，便于车站运营管理。在寒冷地区多采用这种形式的出入口。

按口部修建形式分类：

① 独建式出入口：独立修建的出入口称为独建式出入口。独建式出入口布局比较简单，建筑处理灵活多变，可根据周围环境条件及主客流方向确定车站出入口的位置及方向。单独设置的车站出入口的位置一般选在城市道路两侧、交叉口及有大量人流的广场附近，出入口宜分散、均匀布置，以最大限度吸引乘客。

② 合建式出入口：设在不同使用功能的建筑物内或贴附修建在建筑物一侧的出入口称为合建式出入口。合建式出入口应结合车站周围地面建筑布设情况进行修建，出入口与建筑物如同步设计及施工，其平面布置及建筑形式容易取得协调一致；如不同步进行，设计及施工将会受到一些条件的限制，造成一定的难度。合建式出入口包括出入口与路边建筑合建、出入口通道与地下人行过街通道结合两种。

（2）出入口位置。

出入口应设置在道路两边红线以外或城市广场周边较为明显的位置，出入口外一定距离内一般都设有一定数量和类别的导向标志，以吸引客流，并引导乘客的出行。

单独设置的车站出入口的位置选在城市道路两侧、交叉口及有大量人流的广场附近。出入口宜分散均匀布置，以便最大限度地吸引乘客。如果车站设在地面街道十字路口下方，出入口应分别设在十字路口的四个角。如果是车站是两条以上道路交叉口下方，为避免乘客和行人横穿马路，一般应在各个角都设置出入口，如果车站位置在社区附近，则出入口尽量设在靠近社区出入口的位置，最大程度方便居民乘车。

例如：南京新街口地铁站设有 24 个出入口，如图 3-7 所示。

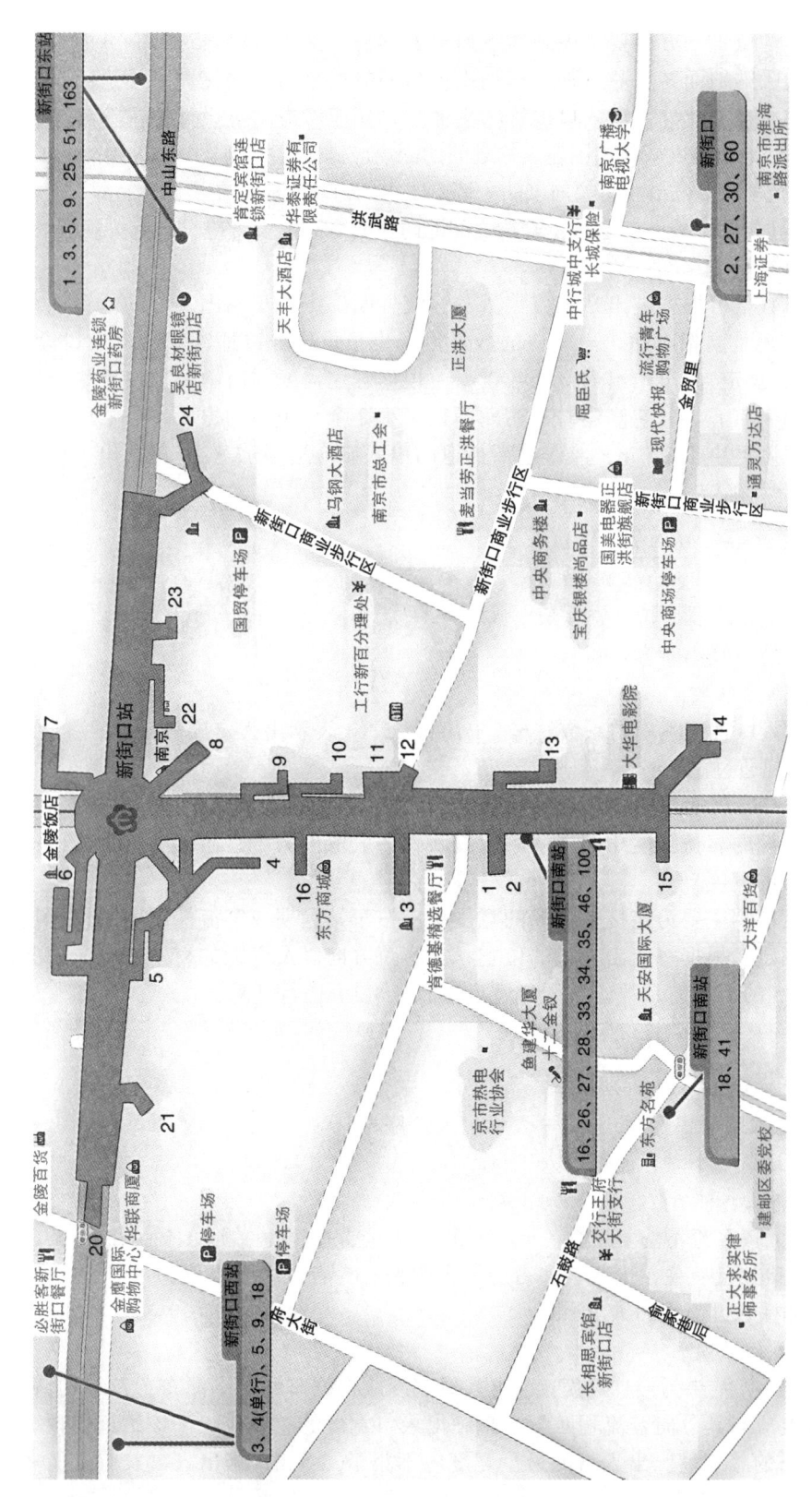

图 3-7 新街口站出入口设置情况

车站出入口的位置一方面要考虑到地下通道的顺畅，又不宜过长；另一方面也要考虑均匀地、尽量多地吸纳地面客流。另外，车站出入口还应尽量与地面交通车站、停车场靠近，形成较佳的换乘组合。此外，出入口被称为生命线，还应考虑防灾设计要求。

车站出入口和地面通风亭与周围建筑物之间的距离应满足相关规范中防火距离的要求；如有困难时，应按规范采取分隔措施，如加设防火墙、防火门窗。不应设在易燃、易爆、有污染源并挥发有害物质的建筑物附近，与上述建筑物之间的防火安全距离设置应符合有关规范的规定。

（3）出入口数量。

车站出入口数量可根据进出站客流数量及客流方向确定。车站出入口的位置确定以后，不管是地下车站还是高架车站，出入口的数量设置也很重要。以地铁车站出入口设置为例，《地铁设计规范》规定："车站出入口的数量，应根据客流需要与疏散要求设置，浅埋式车站不宜少于4个出入口。当分期修建时，初期不得少于2个。小站的出入口数量可酌减，但不得少于2个。宽度不小于2.5 m，兼作过街街道的出入口应适当加宽。"车站出入口宽度可以用式（3-1）来计算确定。

$$B_n = \frac{M \cdot a \cdot b_n}{C \cdot N} \tag{3-1}$$

式中　B_n——出入口楼梯宽度（n表示出入口序号），m；

　　　M——车站高峰小时客流量；

　　　a——超高峰系数；

　　　b_n——出入口客流不均匀系数（b_n = 1.1 ~ 1.25，n表示出入口序号）；

　　　C——楼梯通过能力；

　　　N——出入口数量。

车站超高峰期的客流强度用超高峰系数反映，一般取值为1.1 ~ 1.4。

（4）出入口的宽度。

出入口的宽度（主要为连接楼扶梯的宽度）应按车站远期或客流控制期的预测超高峰小时客流量计算确定。根据每个出入口的位置、主客流方向以及可能的突发性客流情况，应分别乘以1.1 ~ 1.25的不均匀系数。出入口宽度按式（3-2）进行计算：

$$B_{mn} = \frac{M \cdot a \cdot b_n}{C_1 \cdot N} \tag{3-2}$$

式中　B_{mn}——出入口楼梯宽度，m、n表示出入口序号；

　　　M——车站高峰小时客流量，人次/h；

　　　a——超高峰小时系数，取1.2 ~ 1.4；

　　　b_n——出入口客流不均匀系数（n表示出入口序号）；该系数取1.1 ~ 1.25，其取值与出入口数量有关，出入口多者应取上限值，少者宜取下限值；

　　　C_1——楼梯通过能力，人/h·m；

　　　N——出入口数量。

式（3-2）的计算结果为楼梯净宽度，出入口宽度应根据车站的平面布置及结构情况确定。每个出入口宽度应与其分向客流相匹配，车站出入口宽度的总和应大于该站远期预测超高峰小时客流量所需的总宽度。出入口的最小宽度应不小于2.5 m，当出入口兼有过街功能时，其宽度应根据城市过街客流量进行增加。当出入口与站厅高差较大时，宜设置自动扶梯。

（5）出入口文化。

对一座城市来说，城市轨道交通车站出入口是车站的门户，同时作为城市公共交通的重要节点，其不仅关系到城市轨道交通的整体形象，更要彰显地方特色、时代风貌，承载文化底蕴和城市发展理念。因此，城市轨道交通车站的出入口除了功能设计需要科学先进外，还需要具备美观大方、体现城市特色等艺术特点。

例如：武汉地铁 11 号线东段光谷七路站出入口穹顶以"盛世花开"为设计主题，天花板上以白色的线条勾勒出抽象的马蹄莲花瓣的形象，两个椭球形穹顶与光谷的马蹄莲建筑交相呼应，构成了武汉地铁站标志性建筑——"光谷之眼"，如图 3-8 所示。

图 3-8　武汉地铁 11 号线东段光谷七路站出入口

2. 出入口通道

连接出入口与车站站厅之间的通行道路称为出入口通道。

（1）出入口通道分类。

① 地道式出入口通道：设在地面以下的出入口通道称为地道式出入口通道。浅埋地下车站，当出入口与站厅地面高差较小，坡度小于 12% 时可设置坡道，坡度大于 12% 时宜设置踏步，如高差太大，可考虑设置自动扶梯。深埋地下车站，出入口通道内应设自动扶梯。出入口通道长度不宜超过 100 m，超过时应采取能满足消防疏散要求的措施，有条件时宜设置自动步道。

② 天桥式出入口通道：设在地面高架桥上的出入口通道称为天桥式出入口通道。通道上可设楼梯或自动扶梯，具体可根据当地气候条件进行选择，做成敞开式（两侧设栏杆或栏板）、半封闭式和全封闭式。

（2）出入口通道设计。

出入口通道宽度应根据各出入口已确定的客流量及通道通过能力确定。如出入口通道与城市人行过街道合建，其宽度还应另加过街人流所需的宽度。出入口通道内如设有楼梯踏步或自动扶梯，该出入口通道的宽度根据其通过能力加宽。

地下车站宜采用地道式出入口通道，高架站多采用天桥式出入口通道。地道式出入口深埋一般会受城市地下管网的埋深影响，天桥式出入口通道设计应考虑城市景观及地面车辆限高问题。

出入口通道通常设计为净高 2.6 m，通道或天桥宽度不小于 2.4 m，地面宜做成不小于 5‰ 的纵坡，以利排水。含过街功能的出入口通道结构宽度宜适当加大，通道净高（装修面至吊顶底）不应小于 2.8 m。尽量避免车站出入口与消防通道合建，若条件困难，确需合建时，上、下行自动扶梯宜紧靠设置并布置在远离道路一侧。

3. 站　厅

站厅层的作用是将进出车站的乘客迅速、安全、方便地集和散，它是一个过渡空间。因此站厅应依据车站内部结构及设施配置情况合理布置管理用房、设备用房及站厅内的客运服务设备，应注重和明确功能分区，避免和减少进出客流的交叉干扰，还应考虑突发性客流特点，留有足够的乘客集散空间，为乘客创造快捷的进出站条件。站厅层分为公共区（乘客使用区域）和设备区（运营管理及设备用房区域）。

对于地下站来说，站厅一般设置在站台的上层，对高架站来说，站厅一般设置在站台的下层，地面站的站厅与站台在同一个平面上。通常情况下，无论是高架车站还是地下车站，站厅与站台的空间位置关系都可以被设置成四种形式，即：第一种是站厅设置在站台的一端，如图 3-9（a）所示；第二种是站厅与站台呈十字交叉，设置在站台的下层，如图 3-9（b）所示；第三种是站厅设置在站台两端，如图 3-9（c）所示，一般情况下一端站厅比另一端站厅大些；第四种情况是站厅与站台平行，设置于站台的上层，面积大于站台的面积，如图 3-9（d）所示。注：图中深色区域为站厅。

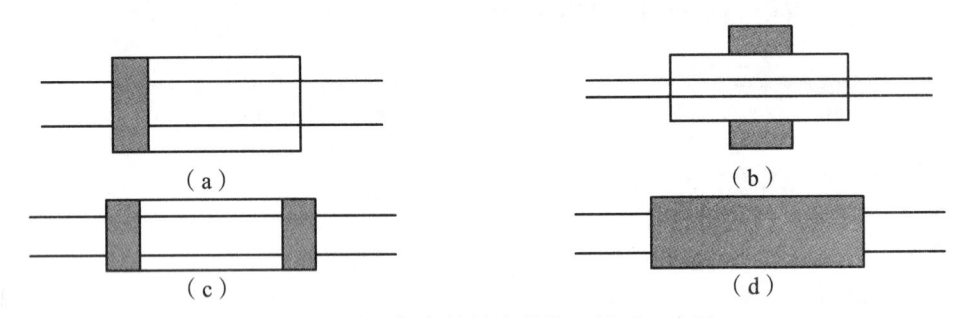

图 3-9　站厅与车站站台的位置关系示意图

（1）站厅公共区。

站厅公共区是乘客集散的区域，由进出站检票机、客服中心及隔离设施分隔为站厅非付费区和站厅付费区。进站乘客在非付费区完成购票后通过检票设备进入付费区；出站乘客则通过检票设备进入非付费区后出站。因此，站厅层公共区的布局主要取决于车站的售检票方式（人工、半自动和自动售检票）。

站厅非付费区内除了设置有必要的售检票设备（如：TVM 和 TCM）外，还可以根据站厅面积大小设置商铺、自助银行、公用洗手间、自动售货机、公用电话等便民设备设施，同时还应合理地布置相应导向标识，布置以不影响乘客流动为首要原则，因此站厅层非付费区的空间一般大于付费区的空间。

自动售检票终端设备应按乘客流动的方向进行布置，应尽量避免流线交叉干扰。站厅层的自动售检票系统终端设备应按乘客进出站的流动方向合理布置，向乘客提供购票、检验车票等服务，图 3-10 为某地铁站站厅层自动售检票终端设备布局示意图。

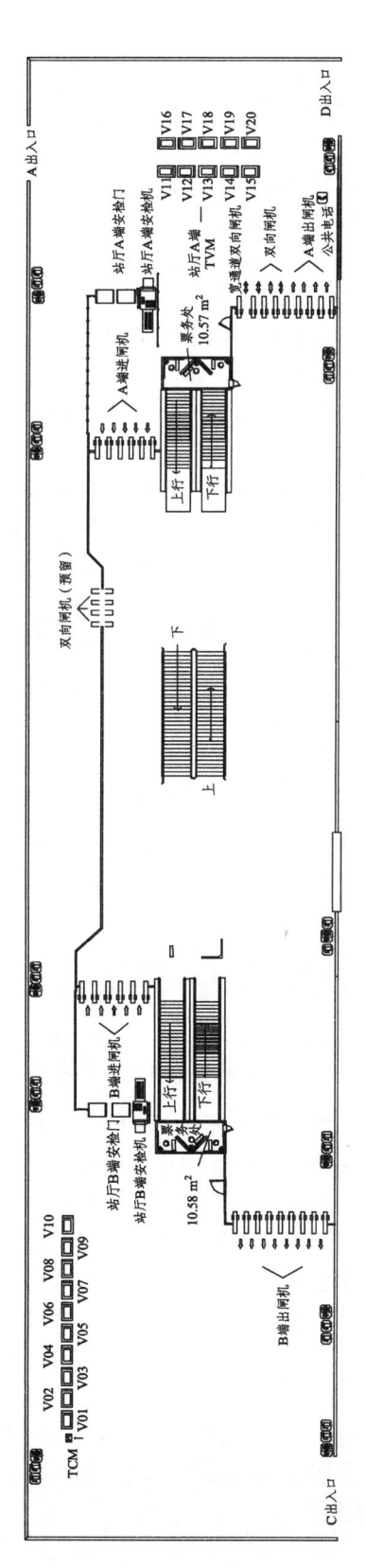

图 3-10 某地铁站站厅层自动售检票终端设备布局示意图

自动售票机的设置应考虑车站每个出入口基本都是双向使用的特点，自动售票机的放置位置及配置数量既要考虑方便出入口乘客购票，也要考虑车站设备的利用率。自动售票机如果设在出入口进站客流一侧，虽然方便了乘客购票，但客流量大时会造成进出客流拥堵；另外，若售票机配置数量太多又分散，将会增加投资，造成一定程度的浪费，所以设置位置根据每个车站站厅层的规模和结构，集中摆放在一个或两个区域，尽量避开直接进站上车无须购票的乘客流线和出站乘客流线。同时，售票区域的面积设置应留有余地，以满足客流高峰时期的需要。

半自动售票机一般放置在车站站厅的客服中心内，可以对付费区和非付费区的乘客提供购票、充值、兑零及处理问题车票等服务。客服中心的设置应不占用通道，在保证流线畅通的情况下，尽可能将客服中心设置在流线的一侧。

自动检票机安装在车站付费区和非付费区的分界处，通过检票机周围设置的隔离栏杆，将非付费区和付费区区分开来，检票机的设计与安装应符合乘客右手持票的习惯。同时，进出站检票机旁还需设置人工开启的栅栏门或边门，便于出现特殊情况和较大行李进出站时使用；检票机应与客服中心（票亭）相邻设置，便于客服中心工作人员对付费区及非付费区乘客进行服务。检票机及客服中心（票亭）尺寸布置如图 3-11 所示。

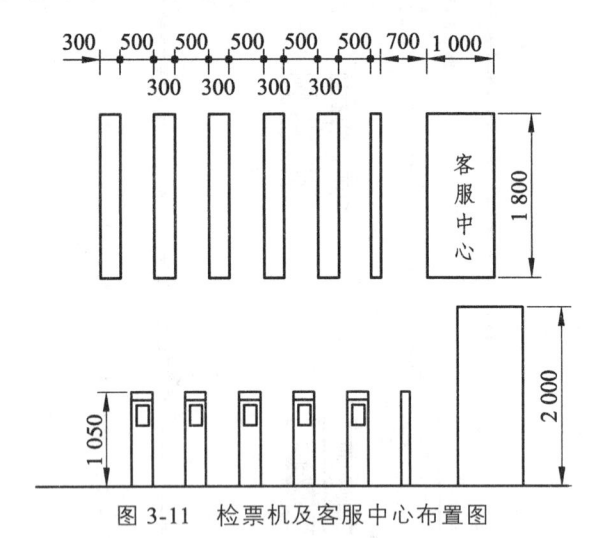

图 3-11 检票机及客服中心布置图

自动验票机是乘客自助查询车票信息的设备，一般安装在车站的非付费区靠近自动售票机附近，为乘客提供车票自动查询服务，可查询车票的有效性、类型及余值。

由于车站一般和城市主要道路重叠，部分站厅还兼具过街通道的功能，但站厅层内在划分付费区和非付费区后，会限制车站不同出入口之间人员的穿行。为了便于各个出入口的联系，可以在站厅的一侧或双侧设置通道。由此，也可以将站厅层分为不能穿行、单侧可穿行、双侧可穿行三类。当站厅被布置为中间付费区、两端非付费区形式时，应有一条净宽不小于 2.4 m 的联络通道。

（2）站厅设备区。

站厅层设备区主要有技术设备用房、运营管理用房及辅助用房。设备区一般情况下分设于车站两端，一端大，一端小，中间作为站厅公共区，如表 3-2 所示为某城市地铁车站站厅设备区 A 端（大）设置的设备用房。

表 3-2　站厅设备区 A 端用房名称

序号	房间名称	门禁	序号	房间名称	门禁
1	环控机房	有	12	会议室	无
2	男更衣室	无	13	女更衣室	无
3	环控电控室	有	14	应急照明电源室	有
4	信号设备室	有	15	民用通信设备用房	无
5	AFC 设备维修室	有	16	AFC 票务管理室	无
6	气瓶间	有	17	通信系统设备用房	有
7	综合监控设备室	有	18	公安值班室	无
8	公安设备室	无	19	站务室	无
9	站长室	无	20	车控室	有
10	空调机房	无	21	空调风室	无
11	银行	无	22	电缆间	无

技术设备用房是为保证列车正常运行、保证车站内具有良好环境条件及在事故灾害情况下能够及时排除灾情的不可缺少的设备用房。它是直接或间接为列车运行和乘客服务的，主要包括车站控制室、防灾中心、环控及通风室、牵引变电所、降压变电所、通信机械室、信号机械室、AFC 票务室、污水泵房、冷冻站、照明配电室以及上述设备用房所属的值班室，工区用房、附属用房及设施等。技术设备用房是整个车站的心脏所在地，除车站控制室外，这些用房大多与乘客没有直接联系，一般可布设在离乘客较远的地方。

运营管理用房是为了保证车站具有正常运营条件和营业秩序而设置的办公用房，由进行日常工作和管理的部门及人员使用，是直接或间接为列车运行和乘客服务的，主要包括站长室、行车值班室、业务室、广播室、会议室、公安保卫室及清扫室等。

辅助用房是为保证车站内部工作人员正常工作生活所设置的用房，是直接供站内工作人员使用的区域。主要包括厕所、更衣室、休息室、茶水间、盥洗室、储藏室等，这些用房均设在站内工作人员使用的区域内。

如表 3-3 所示为某城市地铁车站站厅设备区 B 端（小）设置的用房。

表 3-3　站厅设备区 B 端用房名称

序号	房间名称	门禁	序号	房间名称	门禁
1	车站备品库	无	7	清扫工具间	无
2	照明配电室	有	8	环控电控室	有
3	广告备品库	无	9	车站备用房	无
4	垃圾收集间	无	10	电缆井（强、弱）	无
5	环控机房	有	11	空调风室	无
6	排热风室	无	12	混合风室	无

各个城市轨道交通车站的通风模式、通信信号、供电制式及消防要求不同，车站的设备用房设计也不同，具体要根据每条线的要求进行设计。

车站用房应根据运营管理需要设置，尽可能减少用房面积，以降低车站投资。在车站用房中主要应解决车站控制室及站长室的位置以及消防疏散兼工作楼梯的位置、工作人员厕所的位置。车站控制室要求视野开阔，能观察站厅中运行管理情况，故一般设于站厅公共区的尽端中部，室内地坪高出站厅公共区地坪 600 mm。站长室紧连车站控制室，以便于快速处理应变情况。消防疏散兼工作楼梯位于管理用房的中部，照顾到该梯与站台的位置，避免与其他楼梯发生冲突。厕所位置一般设于管理用房的中部，因为要满足其与污水泵房（设于站台）有直接管道连通的要求。

《地铁设计规范》（GB 50157—2013）中指出，地铁车站应合理紧凑地布置地下车站的设备、管理用房，目的是减少空间浪费，节省工程投资。车站管理用房面积可参照表 3-4 选取。

表 3-4　地下车站用房面积参考表

名称	面积/m²	位置	备注
车站控制室	35～50	站厅层——客流量最多一端	两个站厅时另加设一间 12 m² 副值班室，地面高架站酌情减少
主控设备室	25	站厅层——靠近车站控制室	—
防灾控制室	15～20	站厅层——靠近车站控制室或与它合并	—
AFC 维修室	15	站厅层——靠近公共区域	换乘站的面积不小于 20 m²
售票处	每处 5～8	站厅层	—
信号机械室	30～35	站厅层——靠近车站控制室	—
通信机械室	30～35	站厅层——靠近车站控制室	—
公安通信值班室	15～20	站厅层——与通信机械室相邻或相近布置，设里外套间	—
气瓶间	15×2	站厅层——近降压所、通信、信号设备室布置	—
站长室	15～18	站厅层——设在车站控制室旁	中心站，另加一间 12 m²
站务室	12～15	站厅层——宜靠近站长室	侧式车站站台设两间（面积可适当减小）
会议室	20～30	站厅层——站长室附近	设在站厅管理区内较安静的部位
会计室	20～30	站厅层	—
公安安全室	10～20	站厅层——客流量大的一端	靠站厅层公共区设置，并设观察窗
问询及补票处	每处 2～3	站厅层——靠近售票处	—
行车主值班室	15～20	站厅层——不设车站控制室时设在站厅层	—
清扫员室	8～10	站厅层——接近盥洗室处	—

续表

名称	面积/m²	位置	备注
牵引变电所	320~460	站台层——按需要设在站台层	将10 kV交流电改变为825 V直流电，位于站台其中一侧，每2 km左右设一个
降压变电所	130~210	站台层——一般设在站台层	将10 kV高压交流电改变为380 V和220 V，位于站台其中一侧，每2 km左右设一个
站台门设备及管理室	25	站台层	—
维修列检室	8~12	站台层	宜每站一间，至少3~5站一间
工务用房	15~20	站台层——有配线的车站靠近道岔区	有需要设置
消防泵房	50	设在方便消防人员使用处	—
污水泵房	20	厕所下方或附近	—
废水泵房	20	站台层——站台端部	地下站线路下坡方向端头处
行车副值班室	8~10	站台层	—
乘务员休息室	10~15	站台层	有折返线的车站设置
盥洗室及开水间	10~15	站台层	—
厕所	10~20	站台层——主要管理设备用房区一端	女厕不少于5个坑位，男厕不少于2个坑位、4个小便器。无障碍卫生间应独立设置
环控及通风机室	1 300~2 000	站厅层两端或站台层	无牵引、降压变电所时，可设置在站台层
照明配电室（含蓄电池室）	20×4	每层各端各设一个	—
清扫工具间	2×6	站厅层、站台层各一处	附洗涤池、两个站厅侧式站台另增
工作人员休息室	10~20	无要求	—
更衣室	10~20	无要求	—
冷水机房	100	无要求	—
民用通信设备室	45	无要求	—
电缆井	5×个数	无要求	按需要定个数

高架车站、地面车站与地下车站的车站用房内容基本相同。不过，高架车站与地面车站可利用日光照明，因此照明配电室数量较地下车站少；高架车站与地面车站一般不需设置通风道及风亭，即便需要，其面积也较地下车站小；高架车站与地面车站的设备和管理用房既可设置在车站主体之外又可设在主体之内。

车站用房应尽量集中布置以便于管理。强、弱电用房应分开布置以避免相互干扰；弱电房间围绕车站综合控制室布置，设备用房紧邻负荷中心，以便缩短管线距离，降低车站的投资。

（3）站厅文化设计。

城市轨道交通现阶段已经成为宣传城市风貌和文化历史的窗口，因此在轨道交通车站的站厅空间应根据城市文化特点而有人文景观艺术设计，这样不仅起到装饰美观的作用，更重要的是能够宣传城市文化特色。

例如：成都地铁二江寺车站以二江寺古桥作为主体形象，运用独具特色的二维半艺术造型手法，突出"二江寺"这一站名所凸显的古今交集，再现了成都的古桥文化、商贾文化、码头文化、川西田园风光等。如图3-12所示为二江寺站站厅的文化设计。

图3-12 成都地铁二江寺站站厅文化艺术设计

4. 站　台

站台层是供乘客上、下车及候车的场所，由站台、楼梯（自动扶梯）、设备和管理用房、行车道等组成。站台的范围由车站用房和车站配线进行控制，需要根据车辆编组和车站上下行远期超高峰小时设计客流量来计算站台的长度和宽度，并根据车站需要布置设备和管理用房区。地下车站站台层一般设有厕所、污水泵房、废水泵房、照明配电间、气瓶间、降压（混合）变电所、站台门设备及管理室等。

（1）站台形式设计。

根据线路走向及换乘要求确定站台形式，当前各国绝大多数地铁车站采用的站台形式为岛式站台和侧式站台两种。两种站台形式的优缺点对比如表3-5所示。

表 3-5 岛式站台和侧式站台的优缺点

对比项目	岛式站台	侧式站台
站台使用	站台面积利用率高，可调节客流，乘客有乘错车的可能	站台面积利用率低，不能调节客流，乘客不易乘错车
站厅设置	站厅与站台需设在两个不同高度上，站厅跨过线路轨道	站厅与站台可设在同一高度上，站厅可不跨过线路轨道
设备、设施规模	导向标志，电、扶梯，照明等设备可集中设置；设备数量少，扶梯只需2部，电梯只需1部，建设和运营成本低	设备数量多，尤其是电、扶梯数量多，扶梯需4部，电梯需2部，建设及运营成本大大增加
站内空间	站厅、站台空间宽阔完整	站厅分设时，空间分散，不及岛式车站宽阔
站内管理	管理集中，联系方便	站厅分设时，管理分散，联系不方便
乘客使用功能	站台集中设置，可以避免乘客走错站台，乘客使用方便	站台分散设置，乘客易走错站台，使用不便
乘客中途折返	乘客中途改变乘车方向比较方便	乘客中途改变乘车方向不方便，需经过天桥或地道
喇叭口设置	需设喇叭口	不设喇叭口
对周边地块的影响	增加前后区间喇叭口段的土建工程量，对前后区间地块影响较大	两线并拢，对地块影响小
改扩建难易性	改建扩建时，延长车站很困难，技术复杂	改建扩建时，延长车站比较容易
造价	较高	较低

根据表 3-7 中的对比可以看出：岛式车站空间利用率高，可有效利用站台面积调剂客流；站厅及出入口也可灵活安排，与建筑物结合或满足不同乘客的需要。其缺点是车站规模一般较大，不易压缩。一般说来，侧式车站不如岛式车站站台利用率高，对乘客换方向乘车也会造成不便；但由于站台设置在线路两侧，售检票区可以灵活设置，车站两侧可结合空间开发统一利用，设置单层车站的条件也优于岛式车站，同时在施工难度、综合造价、对环境的影响等方面，侧式站台的相对优势较明显。

（2）站台长宽高设计。

车站站台的有效长度由列车长度决定，列车长度则是车辆长度与编组辆数的乘积。考虑到停车位置的不准确性和车站值班员、司机确定信号的需要，一般需预留 4 m 左右。

计算如式（3-3）所示：

$$L_{站台} = l_{车} \times n_{编} + 4 \tag{3-3}$$

式中 $L_{站台}$——站台有效长度，m；

$l_{车}$——车辆长度,包括车钩长度,m;

$n_{编}$——高峰时段设计最大编组辆数。

站台有效宽度设计时的主要依据是远期预测高峰小时客流量、行车间隔、站台形式、楼梯/扶梯位置等因素确定。由于各站计算出的站台有效宽度值不同。为设计、建设及运行方便,一般确定为 n 个等级宽度标准,如大型车站统一为 14 m,中型车站为 10 m,小型车站为 8 m 等。设计规范对地铁站台最小宽度的规定如表 3-6 所示。

表 3-6　地铁站台最小宽度表

站台形式		站台最小宽度/m
岛式站台		8.0
无柱侧式站台		3.5
有柱侧式站台	自动扶梯	2.0
	自动人行道	3.0

按城市轨道交通车站客流组织经验,站台有效面积每平方米容纳的乘客数量,无站台门的站台应控制在 2 万人左右,有站台门的站台应控制在 4 万人左右,客流密度太大对舒适性和安全性都有影响。

站台高度指站台到轨顶面的高度,与车型有关。站台与车厢地板面同高,称为高站台;站台比车厢地板面低一、二个台阶,称低站台。我国生产的轻轨样车,车厢地板面到轨顶面的高度为 950 mm,车辆第一踏面距轨顶面 650 mm。采用高站台时,考虑到由于车辆弹簧的挠度,在最大乘车效率时,车厢地板下沉的范围在 100 mm 以内,故高站台高度宜低于车厢地板面 50~100 mm 为宜。所以,站台高度为 900 mm 时为高站台,高度为 650 mm 或 400 mm 时为低站台。

(3) 站台的立柱及其防护设施。

站台的立柱是站台建筑的一部分,根据车站规模的大小其设置数量也不尽相同。立柱位置设置应考虑不占用乘客通道,尽量避免遮挡乘客或工作人员的视线,同时车站可以很好地利用立柱的表面积来完成其他功能,如紧急停车按钮、导向标志、宣传牌、广告等的设置。根据站台宽度的不同,有些车站设置双排立柱,有些车站设置单排立柱。

站台上的安全护栏、站台门都是为了保证乘客在站台上乘降安全的需要而设置的,安全护栏和站台门的设置根据车站具体情况而定。站台门虽相对护栏造价要高,但安全程度也更高,适合在地下车站设置;安全护栏虽然造价低,视线也较开阔,但还是存在安全隐患,适合在高架站或地面站设置。

3.3.4　车站主要客运服务设备设施设计

1. 乘降设备设计

(1) 步行楼梯。

楼梯是最常用的一种竖向交通形式,在站台上一般宜纵向均匀设置。在客流不大的车站,当两地面高差在 6 m 以内时，一般采用步行楼梯；大于 6 m 时，考虑乘客因高差较大，行走费力，宜增设自动扶梯。

车站从出入口到立体一层的通道如为步行楼梯时，进站客流与出站客流则混用此步行楼梯，对客流组织不利；有些车站既有步行楼梯也有自动扶梯，自动扶梯有效地对进出站客流进行引导和分离，避免产生对流或拥挤的情况。

步行楼梯的坡度设计很重要，坡度太大会造成乘客的疲劳感和不安全感，坡度太小会增加车站占地面积和施工的工程量。因此应科学地设计坡度，当楼梯台阶数量多时，可在不同阶段设置缓解平台，同时应尽量减少工程量和占地面积。

步行楼梯宽度可以用式（3-4）来计算确定。

$$M = \frac{NK}{n_1 \alpha} \quad (3\text{-}4)$$

式中　M——楼梯宽度，m；

　　　N——预测客流量（上行+下行），人/h；

　　　K——超高峰系数，取 1.1～1.4；

　　　n_1——楼梯双向混行通过能力（楼梯最大通过能力：上行 3 700 人/m·h；下行 4 200 人/m·h；双向混行 3 200 人/m·h）；

　　　α——利用率，选用 0.7。

步行楼梯在车站发生紧急情况时，主要用于车站向外疏散乘客，所以车站楼梯平时应保持畅通，任何物品不得堆放在楼梯处，任何人员不得滞留在楼梯处。

实际使用中，在有条件上、下都设置自动扶梯的情况下，有相当一部分的客流被自动扶梯分担，楼梯的宽度将适当缩小。同时应注意楼梯宽度应符合人流股数（即同一时间内能够通过楼梯的最大人数，按每股人流 0.55 m 进行计算）和建筑模数（为了实现建筑工业化大规模生产而统一选定的协调建筑尺度的增值单位，采用符合建筑模数的宽度有利于构配件的安装吻合和互换性，提高施工效率和质量）。

楼梯应坚固、安全、耐用，并采用非燃材料制成，踏步采取防滑措施。布置楼梯时应参考下列规定：

① 楼梯与检票口在同一方向布置时，扶梯距检票口的间距宜不小于 6 m。

② 楼梯与自动扶梯并列布置时，其相互之间的位置没有规定，一般采取将楼梯下踏步最后一级与自动扶梯工作点取平的方式。

③ 乘客使用的楼梯宜采用 26°～34°倾角，楼梯踏步高度宜为 135～150 mm，宽度宜为 300～340 mm。公共区内楼梯每个梯段踏步数不得小于 3 级，不得大于 18 级，休息平台长度为 1.2～1.8 m。

④ 楼梯最小宽度单向通行时为 1.8 m，双向通行时为 2.4 m。当宽度大于 3.6 m 时，应设置中间扶手，中间应设栏杆扶手，踏步至顶板的净高不应低于 2 400 mm。

⑤ 两层或多层车站应在设备、管理用房区设一部供工作人员和消防人员使用的楼梯。楼梯应设封闭或防烟楼梯间，楼梯最小净宽应不小 1.2 m，封闭楼梯间应符合建筑防火规范中的规定。

《地铁设计规范》（GB 50157—2013）中对楼梯最小宽度的规定如表 3-7 所示。

表 3-7　车站楼梯的最小宽度　　　　　单位：m

名称	最小宽度
单向楼梯	1.8
双向楼梯	2.4
与上、下行均设自动扶梯并列设置的楼梯（困难情况下）*	1.2
消防专业楼梯	1.2
站台至轨道区的工作梯（兼作疏散梯）	1.1

注：*是指在设计中所设的上、下行自动扶梯数量的通过能力均分别能满足上行客流和下行客流的前提下，所考虑的最小允许楼梯宽度。

（2）电梯。

电梯是垂直电梯、倾斜方向运行的自动扶梯、倾斜或水平方向运行的自动揶动人行道的总称。

自动扶梯：每座车站至少有一个出入通道设置自动扶梯；当通道提升超过 6 m 时，宜设置上行扶梯；提升高度超过 10 m 时，宜设置上下行扶梯；站厅层与站台层应设置上下行扶梯；客流量不大且高差小于 5 m，可用楼梯代替下行扶梯。自动扶梯台数确定可用式（3-5）来计算。

$$B = \frac{NK}{n_2 \alpha} \tag{3-5}$$

式中　B——自动扶梯台数；

　　　N——预测下客量（上行+下行，人/h）；

　　　K——超高峰系数，取 1.1～1.4；

　　　n_2——自动扶梯输送能力（可取 8 100 人/h）；

　　　α——自动扶梯的利用率，选用 0.8。

布置自动扶梯时，应参考下列规定：

① 《地铁设计规范》（GB 50157—2013）中规定。车站出入口、站台至站厅应设上下行自动扶梯，当条件有限且整体提升高度不大于 10 m 时，允许有少数的出入口、站台至站厅仅设上行自动扶梯。从人性化角度出发，每座车站至少应有一个出入口以及站台至站厅必须设上下行自动扶梯。

② 出入口地面至站厅的自动扶梯应按近期超高峰小时客流量设置按远期超高峰小时客流量预留；站厅至站台的自动扶梯应按远期高峰小时客流设置。

③ 自动扶梯的有效净宽按 1 m 计算。车站出入口自动扶梯的倾斜角度不应大于 30°，站台至站厅自动扶梯的倾斜角度应为 30°。额定速度不应小于 0.5 m/s，宜选用 0.65 m/s。

④ 自动扶梯连续运行时间，每天不应少于 20 h，每周不应少于 140 h，每 3 h 应能以 100% 制动载荷连续运行 1 h。

⑤ 当站台至站厅及站厅至地面上、下行均采用自动扶梯时，应加设人行楼梯或备用自动扶梯（可逆转式），以便在自动扶梯不能正常运行时，保证站内乘客正常疏散。车站中用作事

故疏散的自动扶梯应采用一级负荷供电。

⑥ 两台相对布置的自动扶梯工作点间距不得小于 16 m；自动扶梯工作点与前面影响通行的障碍物间距不得小于 8 m；自动扶梯与楼梯相对布置时，自动扶梯工作点与楼梯第一级踏步的间距不得小于 12 m。

⑦ 自动扶梯扶手带外缘与平行墙装饰面或楼板开口边缘装饰面的水平距离，不得小于 80 mm；相邻交叉或平行设置的两梯（道）之间扶手带的外缘水平距离，不应小于 160 mm。当扶手带外缘与任何障碍物的距离小于 400 mm 时，则应设置防碰撞安全装置。

⑧ 为避免人、物有被卡住的危险，自动扶梯与两侧物体的交叉处，应设三角警示牌。

⑨ 楼梯和自动扶梯的总量布置除应满足上、下乘客的需要外，还应按站台层的事故疏散时间不大于 6 min 的标准进行验算（消防专用梯及电梯不计入事故疏散用）。《地铁设计规范》（GB 50157—2013）中对楼扶梯最大通过能力的规定如表 3-8 所示。

表 3-8　车站楼扶梯的最大通过能力　　　　　　　　　　单位：人次/h

部位名称		最大通过能力
1 m 宽楼梯	下行	4 200
	上行	3 700
	双向混行	3 200
1 m 宽自动扶梯	输送速度 0.5 m/s	6 720
	输送速度 0.65 m/s	不大于 8 190
0.65 m 宽自动扶梯	输送速度 0.5 m/s	4 320
	输送速度 0.65 m/s	5 265
1 m 宽自动扶梯停运作步梯		2 770
0.65 m 宽自动扶梯停运作步梯		1 390

垂直电梯：一般设置在站厅与站台之间，方便残疾人通过站台乘车。轮椅升降机安装在车站站厅到地面的步行楼梯一侧，提供给坐轮椅的乘客上下楼梯使用。所以垂直电梯及轮椅升降机均属于无障碍设施。

要求无障碍设计的车站至少应有一个出入口设置有一台供残疾人使用的、直通站厅的无障碍电梯；车站付费区内设一部无障碍电梯，运行于站台和站厅之间，供老、弱、病、孕及残疾人使用。

供残疾人使用的垂直电梯应符合下列要求：

① 位置选择及数量：供残疾人使用的垂直电梯可设在一个通行方便的地面出入口内，电梯入口、出口方向尽量不要设在乘客进出的方向上。

如出入口通道内设有踏步，则应另设供残疾人通行的坡道。坡道宽度不小于 1.2 m，坡度不大于 1∶12。供残疾人使用的垂直电梯，连接车站内外的应设置在站厅层非付费区内，连接站台层的应设置在站厅层付费区内。

② 主要尺寸：电梯轿厢尺寸不得小于 1.4 m×1.4 m，电梯门净宽不小于 0.8 m。电梯设候梯厅，其尺寸不应小于 1.5 m×1.5 m。无障碍电梯门前等候区深度不宜小于 1.8 m，当

条件困难时，等候区梯门可正对轨道区，但门前等候区不得侵占站台计算长度内的侧站台宽度。

③ 出入口电梯候梯厅地面应较室外地面高 150~450 mm，必要时应考虑防水淹措施。高差处应设不大于 1∶12 的坡道。

④ 轿厢内设可供残疾人操作的升降按钮，轿厢下部墙壁宜设 400 mm 高的护墙板，正对入口的墙面宜设镜面。

水平方向运行的自动挪动人行道一般设置于换乘走行距离较长的通道，可以减轻携带较大较重行李的乘客在换乘走行时的疲劳。

2. AFC 终端设备设计

车站 AFC 终端设备的配置应满足车站高峰小时客流量的需求，因此其他配置的数量与车站高峰小时客流量及设备的通行能力有关。

（1）理论数量确定。

自动检票机（进出站闸机）、自动售票机的设计能力应当满足城市轨道交通车站高峰小时客流量的需求，数量应按照规划年高峰小时客流量计算确定，并且为车站运营远期高峰小时客流量预留相应空间及安装条件。

在某时段客流方向明显的车站，如果站厅面积狭窄，可根据实际情况在靠近客服中心设置双向闸机；自动验票机数量根据自动售票机现场安装组数确定，一组自动售票机设一台自动验票机。一般情况，客服中心应根据出入口客流情况进行设置，对应出入口的位置设置一个同时为付费区和非付费区服务的客服中心，一个客服中心至少应设一台半自动售票机。

（2）布设方式设计。

① 进站检票机布设方式。

按照进站检票机布设位置与进站客流流线方向之间的位置关系，主要分为平行行人流线布置和垂直行人流线布置两类。

平行行人流线布置：进站检票机的通道平行于行人流线，不需要购票的乘客从车站出入口进入后可直行到达进站检票机处，购买车票后的乘客也可以较快达到进站检票机处；平行行人流线的布置方式在我国的轨道交通车站进站检票机布置方案中有着广泛应用，因为这种布置方式可以方便乘客找到进站检票机位置，避免了不必要的绕行。

垂直行人流线布置：进站检票机的通道垂直于行人流线，乘客从车站出入口进入通道后需要转弯方可到达进站检票机处。采用这种布置方式可以保证各进站检票机都能够得到比较充分的利用，但这种布置方式会使得乘客容易受到其他流线干扰，且会造成乘客排队空间较小。

② 出站检票机布设方式。

出站客流具有明显周期循环性，短时间内会在出站检票机前聚集大量乘客，这也给出站检票机带来了较大的压力。换乘站、与城市客运枢纽衔接的站点一般有着较大的出站客流，出站检票机需要及时将出站客流疏散，避免发生出站大客流，影响车站安全。因此出站检票机的配置数量一般要多于进站检票机，出站检票机的布设位置一般远离楼梯通道口，避免短时间内的排队乘客影响楼梯处乘客的通行。

③ 自动售票机布设方式。

城市轨道交通车站规模直接制约自动售票机数量和售票区的大小。当自动售票区域的空间大小一定时，区域内配置的自动售票设备可以根据需要选择不同的布设形式，因而又形成了自动售票机与乘客流线的相互位置关系。

a. 直线型布设。

直线型布设方式是将自动售票机的人机交互界面位于同一直线上，此种方式主要考虑自动售票终端之间的距离。若距离过小，则易引起相邻队列内乘客之间的相互干扰。因此，乘客舒适度会降低，进而影响售票区域的整体服务水平，同时自动售票机的能力也得不到充分利用。若距离过大，则会造成车站空间配备售票机的数目减少，使售票系统的服务能力受到限制。该种形式主要应用于站厅面积大、乘客流动性不强的车站空间构架。

b. 错位型布设。

错位布置形式是让自动售票机的横向和纵向平面均保持一定的水平位移。这种形式主要应用于车站规模较小、售票空间不足的情况。

c. 背对背布设形式。

背对背布设形式即背向设置的两台自动售票机在中间将购票乘客队列分隔开。该种布设形式一般应用于售票厅中央。

d. 面对面布设形式。

面对面布设形式是将两台自动售票机分列于售票区两侧，乘客队列位于售票区中央位置。该布置形式一般用于专门设置的售票厅内。

④ 半自动售票机（票房处理机）的布设方式。

半自动售票机（票房处理机）布设在客服中心内，应根据客服中心的设置来确定其布设方式，要求其能同时面向付费区和非付费区服务。

3. 站台门设计

站台门是现代化城市轨道交通工程的必备设施，它沿站台边缘设置，将列车与站台候车区间隔离。站台门不仅可以防止乘客跌落或跳下轨道而发生危险，且具有节能、环保功能。其可减少站台区与轨行区之间冷热气流的交换，降低环控系统的运营能耗，从而节约运营成本，且具有缩小车站规模和改善车站环境（降低噪声、减少尘埃）的作用。站台门的设计应注意以下问题：

① 站台门的设计应满足负载强度、气密性等功能要求和经济实用原则，并做到安全、可靠、检修方便、透视、造型美观。站台门的门体材料宜采用金属材料和安全玻璃，站台门不得用作站台公共区的防火分隔设施。

② 站台门的任何部件和最大变形均不得侵入列车行驶动态包络线。

③ 站台门应以站台计算长度（即远期列车编组有效使用长度）中心线为基准对称布置，滑动设置应与列车门一一对应。滑动门的开启净宽度不应小于车辆门宽度加停车误差（±0.3 m），其净高度不应小于 2 m。

④ 对于呈坡度的站台，要求站台门以同坡度垂直于站台面设置。安装站台门的地面在站台全长上的平整度误差不应大于 15 mm，以免影响站台门系统的正常运作。

⑤ 设置站台门的车站站台端部，应设向站台内侧开启且宽度为 1.10 m 的端门，供司机、站台管理人员及区间事故疏散人员使用；沿站台长度方向设内侧开启的应急门，供特殊情况下乘客疏散使用；站台每一侧的应急门不得少于 2 扇。

⑥ 站台门在土建结构的诱导缝、变形缝等处应采取相适应的构造措施。

⑦ 站台门的设备管理室应设在站台层，侧式站台车站也只需设一间站台门设备管理室。

⑧ 站台门应有明显的安全标志和使用标志。

4. 车站照明设计

照明是一个完整车站建筑设计的一部分，其也为乘客能安全地通过车站各部分提供充分的照度。良好的照明标准下，城市轨道交通能够成为一个具有吸引力的交通工具。

（1）车站建筑照明处理方法。

① 以灯具艺术装饰为主，最为常见的是吊灯，一般用在净空较高的深埋车站和地面站，并加以艺术处理。

② 用多个造型简单、风格统一的灯具排列成为有规律的图案，并通过灯具和建筑的有机结合取得良好的装饰效果。如常见的均匀布置的方形白色吸顶灯，可采用不同的图案方式获得整体的装饰效果。这种方式安装方便，光线直接射出，损失很小，技术合理性和经济性明显，在面积大、高度小的车站空间里使用效果很好。浅埋车站的站厅照明可依此方法进行设计。

③ "建筑化"大面积照明艺术处理，是将光源隐蔽在建筑物构件之中，并与建筑构件（如吊顶、墙沿、过梁和立柱等）合成一体的一种照明形式。

（2）照度标准。

照度是常用的度量单位，指单位被照面积接收的光通量，即被照物体表面的光能密度，其符号为 E，单位为 lx（勒克斯）。若光通量为 ϕ，均匀投射面积为 S，则该表面的照度通过式（3-6）计算得到：

$$E = \frac{\phi}{s} \tag{3-6}$$

为保证乘客能顺利通过车站不同地区和乘车过程中的安全，在整个车站中，保持一个相对稳定的照度水平是十分重要的。

城市轨道交通运营各场所正常照明的照度标准应符合现行国家标准《城市轨道交通照明》（GB/T 16275）和《建筑照明设计标准》（GB 50034）的有关规定。

5. 车站标志设计

车站标志是由图形、文字、特定颜色及几何形状组成的标志牌体，目的是向乘客传递安全警告、禁令、指令、宣传及相关引导内容，引导人们寻找抵达目的地的正确路线，是公共空间的重要因素。

根据功能和运营需求，车站内外需要设置充足、明显的导向、事故疏散和服务乘客的标志，以引导乘客在站内外有序流动。标志应全线统一且符合国家标准和国际标准。导向系统必须配合车站的运营模式，在正常情况和紧急疏散情况下，导向标志应均能有效引导乘客顺利离开。

（1）导向标志的设置原则。

① 位置适当。

导向标志应设置于容易被看到的位置，方便人们看到或及时做出抉择。同时，还要在付费区域或非付费区域的交界处，地下建筑延伸到地面的地方以及客服中心、有拐弯的地方进行设置，以避免让人迷路或者不安。

② 有连续性。

将导向标志连续地设置，可以加强人的认知与记忆的程度和深度，直到人们顺利到达目的地，其间不能出现标示视觉盲区。但要注意的是，标示之间的距离要适当安排，过长会缺乏连贯及序列感，过短则会造成视觉过度紧张，可视性差。在无岔路的直通道，一般每20～30 m应重复设置一次，以免乘客产生"是否正确"的疑问。如：某地铁车站为了引导和组织乘客乘车，从进站处到乘车处的所有过程和通道都设有不同功能的导向标志。

因此，导向标志的设置位置从车站外部沿出入口、站厅、站台一直到车辆都是连续不断进行布置的。其布设位置如下：

车站外部——站名牌、站位图、线路图、出入口导向图等。

站厅部——售票、检票方向指示，价格表，车站周围示意图，紧急出入口等。

站台部——车站各种用房标志，时间表、线路图、显示列车到达时刻及目的地等信息的电子导向牌、出入口导向图等。

车辆内外部——车辆运行方向、区间标志（车头、车侧），车号、车辆到站的标志（车内、门上部），禁止靠车门、防止夹手标志，禁止拉动标志，乘务员禁止入内标志等。

楼梯、自动扶梯等通道——方向标志，换乘标志，注意脚下、注意头部标志等。

③ 一致性原则。

标示要尽量布设在一致的位置上，例如固定在天花板上的方向标志，不仅仅是同一个车站，一个城市所有的车站如无特殊理由都应尽量设置在一致的位置，这样人们不需要搜寻整个空间，而只需要注视部分固定的区域即可找到方向标志。

④ 安全性原则。

由于部分车站连接各大商业圈，地下商场人员较多，火灾潜在的危险性较大，所以疏散指示标识的设置对人员的疏散具有重要作用。火灾时的烟雾较轻，容易积聚在空间上方，会遮挡上部的标示或妨碍识别，因此，应在疏散走道或主要疏散地面上或靠近地面的墙上设置发光疏散指示标识。

⑤ 有一定的特殊性（全面性）。

由于地下建筑相对封闭的特点，处于地下空间中的人会需要相对于地上空间更多的信息才能满足需求，如：地上空间的一个简单的出入口标志，在地下，则需要标明所对应的地上的确切位置。

（2）导向标志的设计要求。

① 要醒目。

标示视觉上一定要醒目，重要的标志要能达到对人的视觉有强烈的冲击的程度。例如通过图形上的强烈对比来使人注意。醒目的另外一个方面则是标志上文字、符号等要足够大，以便人们能从一定的距离以外就能看到、读出。但是字的大小是相对的，视具体情况而定，不能盲目地一味求大而忽略了整体的协调性。如果要刺激视觉，使用某些颜色是最直观的一种方法，每种颜色都能给人一种不同感觉，使用鲜明的颜色或者强烈对比的颜色则有突出的意味，但要注意整体的协调。

② 有规范。

标示的规范是指用以表达方向诱导标志信息内容的媒体，如文字、语言、符号等必须使用国家的规范、标准中规定以及国际惯用的符号等，使人们易于理解和接受。

③ 有区别。

导向标示必须和其他类型的标示，如广告、告示、宣传品、商业标志和其他识别标志等区别开来，并且具有优先权。商业广告不能遮挡导向标志，并且在色彩、设置位置等各方面都要顾及导向标志。

④ 要简单便利。

简单是指方向标示上的词句必须精明、明确，用最少的文字和图形来表达复杂的意思，让人一目了然；便利是指人们在正常移动的情况下就能阅读和理解标示上的内容。

⑤ 保证信息质量。

对于公共信息类标识应保证信息的可靠性，应保证与实际情况相符。如：列车时刻发生变化时，应及时更新；如果车站周边的其他交通方式或商业环境发生变化也应及时更新相应的地图等。

⑥ 要考虑乘客个体差异。

车站内导向标志的设置要考虑乘客间的差异，尽量照顾到所有的人群，特别是要保障残疾人、老年人等特殊群体的安全通行和使用便利，如盲道、盲文导向牌等。

每个车站至少有 2 个出入口设有盲道，站内盲道一般距离墙面 50 cm，离专用电梯门框墙面 30 cm；原则上站外红线范围内铺设的盲道须与市政盲道相连；站厅盲道从非付费区通过免费通道进入付费区，再引导至专用电梯或换乘楼梯，由专用电梯站台出口或换乘楼梯引导至列车中部的本线路固定位置候车。盲文导向牌一般设置在盲道经过的楼梯上下两端、转折处的扶手上，免费通道、专用电梯内外，用于传达线路、站名、乘车方向及求助门铃位置等信息。盲文导向牌的设置应符合视觉障碍乘客行走的习惯需求，采用行进方向右侧设置的方式，盲文导向牌底边沿距离地面 1.2 m。

3.3.5　车站防灾设计

城市轨道交通工程应具有针对火灾、水淹、风灾、地震、冰雪和雷击等灾害的预防措施，并以火灾预防为主。具体到车站防灾，主要包括车站的防火设计、防洪（防涝）设计和人防设计。

1. 防火设计

车站应配备防灾设施，在火灾应对方面，应贯彻"预防为主，防消结合"的方针，对于一条线路、一座换乘车站及其相邻区间的防火设计按同一时间发生一次火灾的要求考虑。

（1）防火分区。

《地铁设计规范》（GB 50157—2013）及《城市轨道交通工程设计规范》（DB 11/995—2013）中规定了车站防火分区划分规则。

① 地下车站和高架车站的站台层和站厅层的公共区应划为一个防火分区,地面车站的站台层和站厅层被划分为不同的防火分区。车站用房区应与公共区划分为不同的防火分区。

② 当地下换乘车站共用一个站厅时,站厅公共区面积不应超过 5 000 m²。

③ 地下车站的车站用房区,每个防火分区的最大允许建筑面积不应大于 1 500 m²。建筑高度不大于 24 m 的地上车站,车站用房区每个防火分区的最大允许建筑面积不应大于 2 500 m²;建筑高度大于 24 m 的地上车站,车站用房区每个防火分区的最大允许建筑面积不应大于 1 500 m²;消防泵房、污水和废水泵房、厕所、盥洗、茶水间等房间,其面积可不计入防火面积之内。

④ 地下车站风道等部位应与其他设备房间用防火墙分隔。

⑤ 有物业开发区的车站,物业开发区为独立的防火分区。每个防火分区内设两个独立的、可直达地面的疏散通道。所有的装修材料的选用均按一级防火要求执行,具体见《建筑设计防火规范》(GB 50016—2014)。

⑥ 两个防火分区之间应采用耐火极限不低于 3 h 的防火墙和甲级防火门分隔,在防火墙设有观察窗时,应采用甲级防火窗;防火分区应采用耐火极限不低于 1.5 h 的楼板。

(2)防烟分区。

《城市轨道交通工程设计规范》(DB 11/995—2013)中要求,设置防火分区时需满足下列要求:

① 地下车站的公共区及车站用房区,应划分防烟分区,且防烟分区不得跨越防火分区。站厅层与站台层的公共区,每个防烟分区的建筑面积不宜超 2 000 m²;车站用房每个防烟分区的建筑面积不宜超过 750 m²。

② 防烟分区可通过挡烟垂壁等措施实现,挡烟垂壁等设施的下垂高度不应小于 500 mm,耐火极限不应小于 1 h。

③ 防烟分区分界处应采用隔墙、顶棚下凸出不小于 500 mm 的结构梁,以及顶棚或吊顶下凸出不小于 500 mm 的不燃烧体等挡烟垂壁进行分隔。设有吊顶的地下车站,挡烟垂壁应从吊顶下凸出不小于 50 mm 且升至结构板底。

④ 地面车站应在站台层楼扶梯四周的开口部位设挡烟垂壁(或垂帘);高架站应在站厅层楼扶梯四周的开口部位设置挡烟垂壁。

⑤ 车站公共区内的电梯井道采用安全玻璃作为维护结构时,位于下层的电梯井四周应设挡烟垂壁。

(3)紧急疏散。

根据《地铁设计规范》(GB 50157—2013)可知,车站人员安全疏散应符合以下规定:

① 车站每个站厅公共区应设置不小于 2 个的直通地面的出口。

② 地下一层侧式站台车站,每侧站台不应设置少于 2 个直通地面的出口。

③ 地下车站的车站用房区域安全出口的数量不应少于 2 个,其中有人值守的防火分区应设有 1 个出口直通地面。

④ 出入口应按不同方向设置,当方向相同时,两个出入通道口部净距离不应小于 10 m。

⑤ 竖井、爬梯、电梯、消防专用通道以及设在两侧式站台间的过轨地道不应作为安全出口。

⑥ 地下换乘车站的换乘通道不应作为安全疏散口。

⑦ 站台和站厅公共区内任一点距安全出口的疏散距离不得大于 50 m。

⑧ 公共区内设于付费区与非付费区之间的栏栅应设栏栅门,检票口和栏栅门的总通行能力应与站台层至站厅层的疏散能力相匹配。

⑨ 车站用房区的房间单面布置时,疏散通道宽度不得小于 1.2 m;双面布置时,疏散通道宽度不得小于 1.5 m。

⑩ 车站用房直接通向疏散走道的疏散门至安全出口的距离:当房间疏散门位于两个安全出口之间时,至最近安全出口的最大距离不应大于 40 m;当房间位于袋形走道两侧或尽端时,其疏散门至最近安全出口的最大距离不应大于 22 m。

⑪ 地下出入口通道的长度不宜超过 100 m,超过时应采取满足人员消防疏散要求的措施。

⑫ 车站站台公共区的楼梯、自动扶梯、出入口通道,应满足当发生火灾时,在 6 min 内将远期或客流控制期超高峰小时一列进站列车所载的乘客及站台上的候车人员全部从站台撤离并顺利送达安全区的要求。

在车站设计中需要对车站的容量进行校核,满足应急疏散在 6 min 内完成的要求。对于提升高度不超过三层的车站,乘客从站台层疏散至站厅公共区或其他安全区域的时间,应按式(3-7)计算:

$$T = 1 + \frac{Q_1 + Q_2}{0.9[A_1(N-1) + A_2 B]} \leqslant 6 \text{ min} \tag{3-7}$$

式中　Q_1——远期或客流控制期中超高峰小时一列车进站的最大客流断面流量(取上下行方向中较大者),人;

Q_2——远期或客流控制期中超高峰小时站台上的最大候车乘客,人;

A_1——一台自动扶梯通过能力,人/(min·m);

N——自动扶梯台数;

A_2——疏散楼梯的通过能力,人/(min·m);

B——疏散楼梯的总宽度,m(每组楼梯的宽度应按 0.55 m 的整倍数计算)。

容量校核中的疏散时间 6 min,是包括人的反应时间 1 min 及按最不利情况下站台最后一名乘客能疏散到安全区域的 5 min 时间。目前地下三层车站的设计须满足此要求,超过地下三层时,应根据情况详细分段计算而定,亦必须满足 6 min 内疏散到安全区的要求。校核容量过程中需要注意以下事项:

① 计算中最大客流量应按超高峰小时一列进站列车所载客流量(非一列车满载客流)来取值。

② 根据"当火灾发生时,车站员工应驻留在车站各岗位上以指挥、协助、引导乘客疏散和进行初期灭火自救"的原则,车站站台服务人员不应被计算在内。

③ 疏散楼梯总宽度应按楼梯扶手带中心线之间的间距计算,并按每股人流核算(每股人流宽度为 0.55 m)。

④ 此时车站内所有自动扶梯、楼梯均作上行,其通过能力按正常情况下的 90% 计算。垂直电梯不计入疏散能力内。车站设备用房区内的步行楼梯在紧急情况下也用作乘客紧急疏散通道,并纳入紧急疏散能力的验算。

⑤ 车站站台宽度计算时,应考虑建筑装修和楼梯安全间隙的宽度。

⑥ 车站通道、出入口处及附近区域，不得设置和堆放任何有碍客流疏散的设备及物品，以保证疏散的畅通性。

2. 防洪设计

根据《地铁设计规范》（GB 50157—2013）可知，车站的防洪设计应满足以下标准：

① 地下车站出入口、消防专用出入口和无障碍电梯的地面高程应高出室外地面，并应满足当地防淹要求。

② 地铁车站出入口及敞口低风井等口部的防淹措施，应满足当地防洪排涝要求。

③ 洞口及露天出入口的防淹措施中，高架区间、敞开出入口、敞开风井及隧道洞口的雨水泵站、排水沟及排水管渠的排水能力应按当地50年一遇的暴雨强度计算，设计降雨历时（是指连续降雨的时段）的确定则需要根据具体的降雨特性和排水系统的性能进行综合计算。地面车站、高架车站屋面排水管道的排水设计重现期应按当地10年一遇的暴雨强度计算，设计降雨历时按5 min计算；屋面雨水工程与溢流设施的总排水能力不应小于50年重现期的雨水量；洞口的雨水如不能自流排放到洞口外时，必须在洞口适当位置设排水泵站，并在洞口道床的适当位置设横向截水沟，保证雨水导流至泵站集水池。

④ 地铁工程下穿河流、湖泊等水域时的防淹措施有：对下穿河流和湖泊等水域的地铁隧道工程，当水下隧道出现损坏水体可能危及两端其他区段安全时，应在隧道穿过水域的两端适当位置，设置防淹门或采取其他防水淹措施。跨越通航河流和地面道路、铁路以及各类高架结构工程，其下部净空应满足通航、行车和使用要求。

3. 人防设计

根据《中华人民共和国人民防空法》第二章第十四条"城市的地下交通干线以及其他地下工程的建设，应当兼顾人民防空的需要"，按照《人民防空工程战术技术要求》的规定，对关键部位需要做好重点防护，在拟定的城市次生灾害（如核武器侵袭）威胁下，保障人员和设备的安全，提高整座城市的防空抗毁综合防护能力。

3.3.6 车站环境设计

车站的环境设计是车站建筑、结构工程和设备安装完成以后，在有限空间内对车站建筑的深化和再创造，是对车站最终的使用功能和视觉观感的升华。地下车站常为一个密闭低矮的空间，应注重对这种压抑、沉闷感的改善，增强每座车站的可识别性；对于地面、高架车站而言，应达到更好的城市景观效果，减少视觉污染。

1. 设计原则

（1）装修设计原则。

车站的装修设计应以方便、舒适、洁净、宽敞、高效为目的，以适用、经济、美观、简洁、明快为原则，提供安全、方便及舒适的乘车环境。

车站装修应充分考虑车站的结构造型和空间形态，体现现代交通建筑的特点。既要考虑全线车站的统一性，还要具备可识别性，例如采用一站一景的设计手法。所选择的装修设计手法、材料、色彩应力求与地面环境、车站规模以及站内环境相协调。

装修设计所选用的材料需符合美观、经济、耐用要求，并具有防火（不燃）、无毒、无异味、防滑、防静电、吸尘、吸音、防潮、耐腐蚀、防霉性能，放射性指标应满足国家环保要求，应具有足够强度、硬度，吸水性小，具有便于施工、维修、维护和清洗的性能。地面及楼梯装饰材料选用防滑、耐磨、耐腐蚀性材料。吊顶材料应方便各种管线、灯具等设备的安装和检修。站台层轨行区加喷具有减噪功能的饰面材料。车站照明应选用节能、耐久的灯具，对于采用半敞开式风雨篷的地面车站和高架车站，应选用防尘、防潮、抗风的灯具。

（2）装修设计标准。

车站建筑装修标准一般根据车站规模和等级来确定。一级站多位于城市政治、经济、文化中心和人口集中、商贸繁盛、交通发达的市中心区，客流量大，建筑装修等级应高一些。二级站为一般站，装修等级应为一般标准。三级站多位于城市规划中的郊区，客流量及车站规模较小，其装修标准较低。

2. 车站风格

城市轨道交通车站的风格通常与所在城市的文化背景、站点周边环境以及车站功能定位有关。车站风格可分为古典风格、现代风格、民族风格、地方风格和个人风格。

古典风格的车站主要采用木材、石料、砖等传统建筑材料。通常内外墙面、柱及屋顶等部分有复杂的装饰、彩画、雕刻。古典风格可以创造一种富丽堂皇的宫廷建筑形式，适合应用在具有历史保护价值的古建筑群内建设或其附近建设的车站，彰显车站建筑对历史的尊重。

现代风格的车站的修建材料通常为钢、混凝土、玻璃、有机材料等，墙面、柱、顶等部分的装饰简洁明快。现代风格追求技术效果，如玻璃的透彻、混凝土的可塑性、钢的清秀；强调材料质感、色彩、纹理，适合现代社会的审美情趣，且施工速度快，经济性好，是多数车站采用的风格。

由于各民族都有不同的文化特点和审美情趣，建筑的民族风格特色主要体现在形象方面。车站的地方风格与地理要素相关联。我国幅员辽阔，自然地理条件多样，导致建筑风格多变。例如，寒冷地区的建筑更加厚重、封闭；热带地区的建筑则更加轻巧、通透；干旱地区多为平顶建筑，多雨地区则多设计陡急屋顶。因此地方风格的产生是人们多年来适应当地自然条件的结果。

在建筑设计活动中，设计者或建筑师发挥着重要作用。不同的建筑师有不同的民族、地域、时代和文化背景，其作品不仅反映了这些民族、时代的特点，还反映出其本人特定经历下所诞生的个性，这种个性就是建筑师的个人风格。

3. 车站立面设计

车站的立面设计包括对车站的吊顶设计、立柱设计和地面墙面设计，对于地面车站和高架车站而言，还包括了对车站雨棚的设计。

（1）吊顶设计。

城市轨道交通车站的吊顶，是车站建筑艺术、照明、通风、吸声等方面的综合工程，是车站建筑装修的重点。

① 吊顶的作用。

吊顶可遮挡主体结构大梁、梗肋的施工偏差，其上部空间一般可留 80 cm 供车站照明、通信管线通道或通风道使用。吊顶可架设灯具，既满足照明需要，也可根据建筑艺术要求，做成各种形式，改善车站的空间气氛，克服空间的压抑感，提高乘客的舒适性。根据设计要求敷设吸音材料，不仅满足声处理的要求。同时可起到防渗及防潮的作用。

② 吊顶的构造。

车站集散厅的吊顶有三种形式：平吊顶、人字形和折板式吊顶。有些地方结构本身具有建筑价值，可不设吊顶。吊顶的构造设计要求能防火、防锈、防震、防水、不易积尘、便于清扫和维修，并且具有一定的强度。吊顶尽量做到设计定型化、生产工厂化、施工装配化。

（2）立柱装修。

站台层一般都设有立柱，通常为钢筋混凝土或钢管柱，其横截面形状大致分为圆形、矩形、方形、正多边形几种。柱的外表面均应进行装饰处理，对钢管柱一般采用外贴大理石或预制水磨石、喷刷美术漆的方式进行处理。由于钢筋混凝土立柱的体积相对比较大，故需要通过装修设计减弱其笨重的感觉。

（3）地面及墙面装修。

由于车站不同区域和不同房间的服务要求不一致，其对地面有不同的建筑要求，一般要求地面耐磨、防滑、易清洁、易修复、防潮、美观且具有光泽。在地面装修中，常用的装饰材料有大理石、美术水磨石、缸砖、瓷砖、马赛克、聚氯乙烯砖、橡胶、木地板等。

墙面装修主要是指车站人行通道的侧面墙、中间站厅的内墙面以及站台部分的侧墙墙面的装修。通常采用水磨石及大理石墙面、马赛克墙面、外露混凝土墙面、喷漆墙面等形式。

（4）站台雨棚设计。

站台雨棚是地面车站和高架车站的重要组成部分，设计接口多，功能和景观要求高。站台雨棚功能需要系统考虑遮挡风雨、通风、遮阳、采光、照明、排水以及管线敷设、接触网悬挂等要素。室内绿化配置、旅客咨讯、座椅安排、导向标识系统设计应使车站具有良好的使用环境，避免站台上部空间存在烦琐感。在满足功能的前提下，站台雨棚结构体系尽量通透、轻盈，考虑标准化模块化设计，以便于结构构件的统一制作安装。

站台雨棚应有适宜的空间尺度，不侵入区间高架桥结构建筑限界，满足遮风挡雨以及接触网安装要求；设计上还要兼顾站台外侧安全护栏、站台板、空调候车室以及声屏障布置，形成通风良好、通透明亮、舒适安全的乘降环境。

3.3.7 车站换乘设计

3.3.7.1 换乘设计原则

换乘是城市轨道枢纽的核心功能，枢纽内部设施布局和交通流线组织首先应保证此功能的实现。换乘设计原则主要有：

（1）尽量缩短换乘距离，做到路线明确、简捷，方便乘客。

（2）尽量减少换乘高差，避免高度损失。

（3）换乘客流宜与进、出站客流分开，避免相互交叉干扰。

（4）换乘设施的设置应满足换乘客流量的需要，且需留有扩、改建余地。

（5）应周密考虑换乘方式和换乘形式，合理确定换乘通道及预留口位置。

（6）换乘通道长度不宜超过 100 m，否则宜设置自动步行道。

（7）应尽可能节省造价。

3.3.7.2 换乘设计的主要内容

（1）分析预测枢纽客流集散量和换乘客流量时空分布。

（2）根据换乘车站所在用地区域的土地开发性质、集散客流量大小，以及衔接的客运方式种类和线路数等因素确定枢纽的规模和等级。

（3）分析对换乘站内设施设备资源的需求，提出配置方案。

（4）确定轨道线路间的换乘流线与组织方法，并对轨道交通与市内、对外客运方式的衔接系统进行规划设计。

（5）评估枢纽交通运行服务水平，优化组织与设计方案。

3.3.7.3 换乘方式设计

城市轨道交通系统内线路间的换乘有站台换乘、站厅换乘、通道换乘、站外换乘和组合换乘五种方式。

1. 站台换乘

站台换乘有两种方式：同站台换乘和上下层站台换乘。

（1）同站台换乘。

同站台换乘是指两条不同线路的站线分设在同一个站台的两侧，乘客可在同一站台由 A 线换乘到 B 线。这种换乘方式适用于两条平行交织的线路，为方便客流组织，宜采用岛式站台设计，要求站台能够满足换乘高峰客流量的要求，乘客无须换乘行走，该方式换乘时间最短，但换乘方向受限。该换乘方式的车站可以为双岛式站台，如图 3-13（a）所示；也可以为岛侧式站台，如图 3-13（b）。

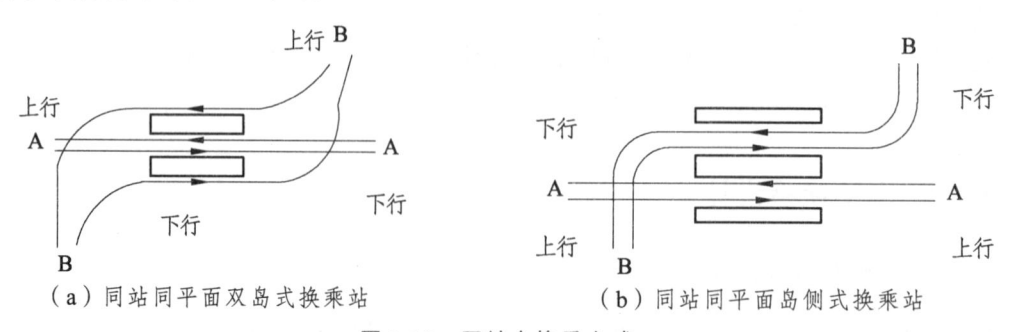

（a）同站同平面双岛式换乘站　　　　（b）同站同平面岛侧式换乘站

图 3-13　同站台换乘方式

双线双岛式站台能满足同站台两条线两个方向的换乘。双线岛侧式站台仅提供两线一个方向的换乘。这两种布置形式的其他换乘方向的乘客还需要通过站厅层或自动扶梯、楼梯进行换乘。

同站台换乘乘客流线最为简便，乘客根据站台上工作人员的引导或者根据站台的导向标识在同一站台的另一侧等候上车，适用于两条平行交织的线路，该换乘方式乘客无须换乘行走，换乘时间最短。

（2）下层站台换乘。

上下层站台换乘是指乘客由车站的一个站台通过楼梯或自动扶梯到车站的另一个站台直接换乘。这种换乘方式要求换乘楼梯或自动扶梯应有足够的宽度，以免发生乘客堆积和拥挤的情况。

根据城市轨道交通线路交叉的情况及两个站台的相对位置，可形成站台与站台的十字换乘（见图3-14）、T形换乘、L型换乘和平行换乘的模式（见图3-15）。

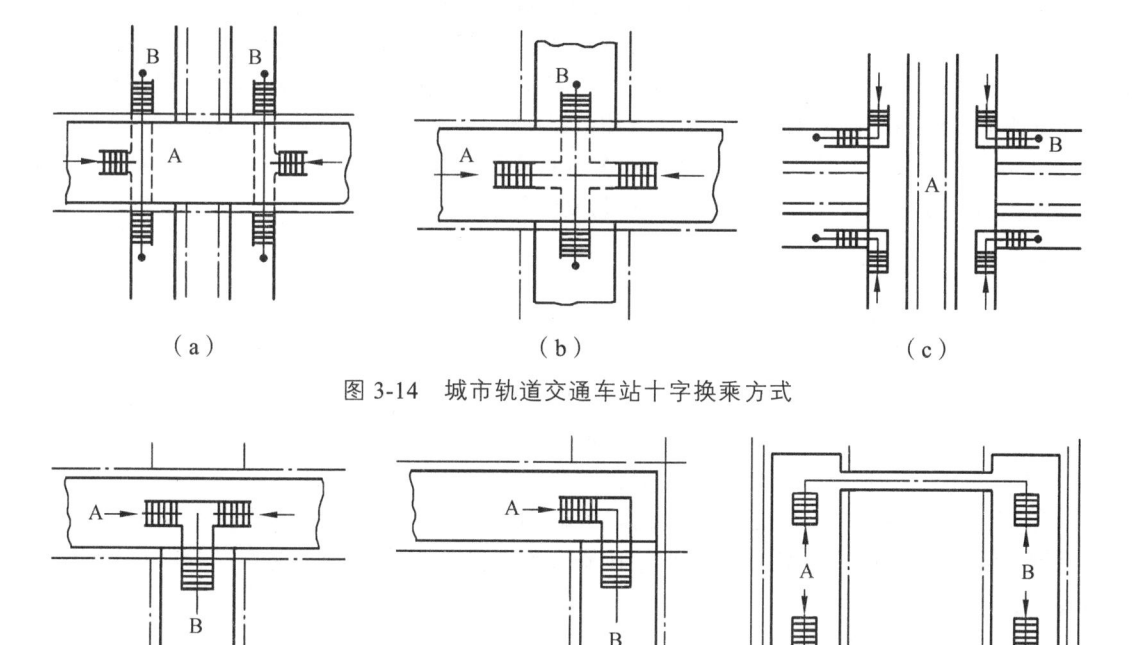

（a）　　　　　　　　（b）　　　　　　　　（c）

图 3-14　城市轨道交通车站十字换乘方式

（a）　　　　　　　　（b）　　　　　　　　（c）

图 3-15　城市轨道交通车站 T 形、L 形、平行换乘方式

上、下层站台换乘乘客流线相对较长，乘客根据站台导向标识及在站台工作人员引导下，选择相应的自动扶（楼）梯上或下，到达需要换乘线路的站台候车及上车。这种换乘方式易造成换乘的乘客随出站的乘客一起乘坐到达站厅的自动扶梯到达站厅，从而使换乘的乘客不能顺利完成换乘的情况。此种换乘方式在目前城市轨道交通车站较为常见，故站台上的人工引导起重要的作用。

2. 站厅换乘

站厅换乘是指乘客由一个条线的站台通过楼梯或自动扶梯到达另一条线站厅或两线共用的站厅，再由这一站厅通到另一条线站台。这种情况下，下车客流朝一个方向流动，从而减少了站台上人流的交织，乘客行进速度快。

两条线共用站厅付费区的换乘方式，在共用站厅付费区的导向标志及人工引导显得极为重要。

两条线不共用站厅的换乘方式，在两条线的站厅付费区均设置较明显的换乘导向标识，并配备一定的工作人员进行换乘引导，换乘乘客走行的距离较长。

3. 通道换乘

两站间设置单独的换乘通道供乘客换乘使用称为通道换乘。当两线车站站台相距较远或受地形条件限制站厅不能直接连接时，可考虑采用这类方案。换乘通道一般设于两站站厅之间，也可以从站台上直接接出。通道换乘设计应注意避免流线交叉。

通道换乘方式布置较为灵活，对两线交角及车站位置有较大的适应性。换乘通道一般应尽可能设置在车站的中部，并避免换乘客流与出入站客流交叉。一般情况下，通道换乘的乘客换乘距离和时间都比前两种换乘方式要长。因此，要注意尽可能减少通道长度，一般不宜超过 100 m，而通道宽度则需要根据换乘客流量进行设计。这种换乘方式有利于两条线路工程分期实施，预留工程少，后期线路位置调整的灵活性大。

4. 站外换乘

站外换乘是乘客在车站付费区以外换乘，实际上就是没有专用换乘设施的换乘方式，一般出现在以下情况中：

① 高架线与地下线之间的换乘，因条件所迫，不能采用付费区内换乘的方式。
② 两线交叉处无车站或两车站相距较远。
③ 规划不周，已建线未做换乘预留，增建换乘设施又十分困难。

采用站外换乘方式，往往是线网规划考虑不周而造成的结果。由于乘客增加一次进出站手续，步行距离长，再加上在站外与其他人流混合，因而十分不便，在线网规划中应尽量避免。

5. 组合换乘

在换乘方式的实际应用中，若单独采用某种换乘方式不能奏效时，则可采用两种或多种换乘方式组合，以达到完善换乘条件、方便乘客使用、降低工程造价的目的。例如，同站台换乘方式辅以站厅或通道换乘方式，实现所有方向换乘；岛式站台的结点换乘方式辅以站厅或通道换乘方式，从而满足换乘能力；站厅换乘方式辅以通道换乘方式，可以减少预留工程量等。组合换乘的目的是增强车站换乘功能，既保证具有足够的换乘能力，又尽量方便工程实施及乘客使用。

3.3.7.4　换乘结构设计

换乘车站设计与一般车站存在差异，主要体现在车站结构形式设计方面。根据换乘车站的平面位置，主要有以下两类结构布局形式。

1. 线路平行布局

（1）水平平行布局。

两条线路车站在同平面平行设置，一般适用站台直接换乘或站厅付费区换乘。当采取双线双岛式或双线岛侧式站台形式时，乘客以同站台换乘为主，也可以通过站厅付费区换乘，如图 3-16 和图 3-17 所示。

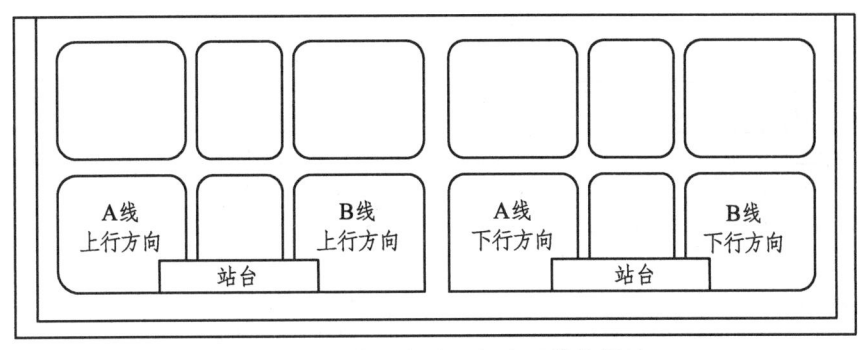

图 3-16 双线双岛式平行布局结构设计

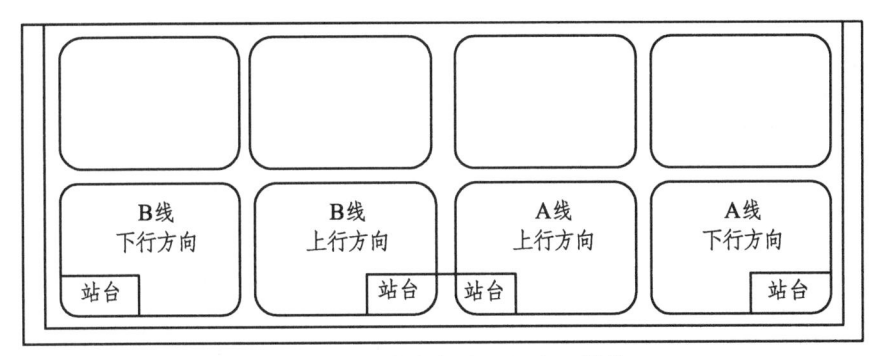

图 3-17 双线岛侧式平行布局结构

（2）"工"字形布局。

当两线车站的站位平行或接近平行布局形式，但又无法采用同站台换乘时，这种车站一般通过连接两个站台之间的通道实现换乘，以站台与站台之间的专用换乘通道和车站构成"工"字形布局，如图 3-18 所示。

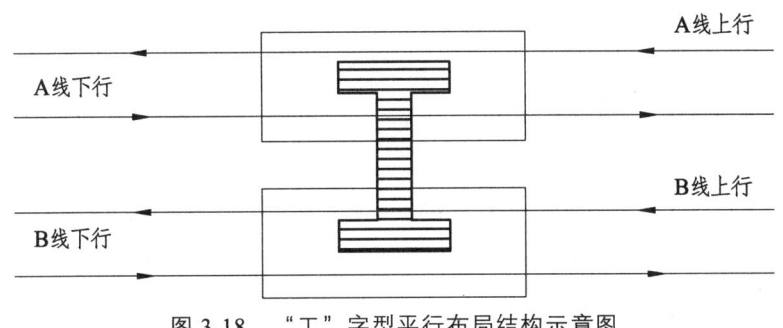

图 3-18 "工"字型平行布局结构示意图

（3）立体平行布局。

两车站上下平行重叠设置，可采用站台直接换乘或站厅付费区换乘。当布局形式为同线路同站台设置时，一般采取站厅付费区换乘。站厅位于站台上部或中间，如图 3-19（a）所示。当布局形式为不同线路同站台设置时，乘客以同站台换乘为主，辅以站厅付费区换乘，其他方向的换乘乘客则需通过站厅付费区完成换乘，如图 3-19（b）所示。

（a）同线路同站台设置结构

（b）不同线路同站台设置结构

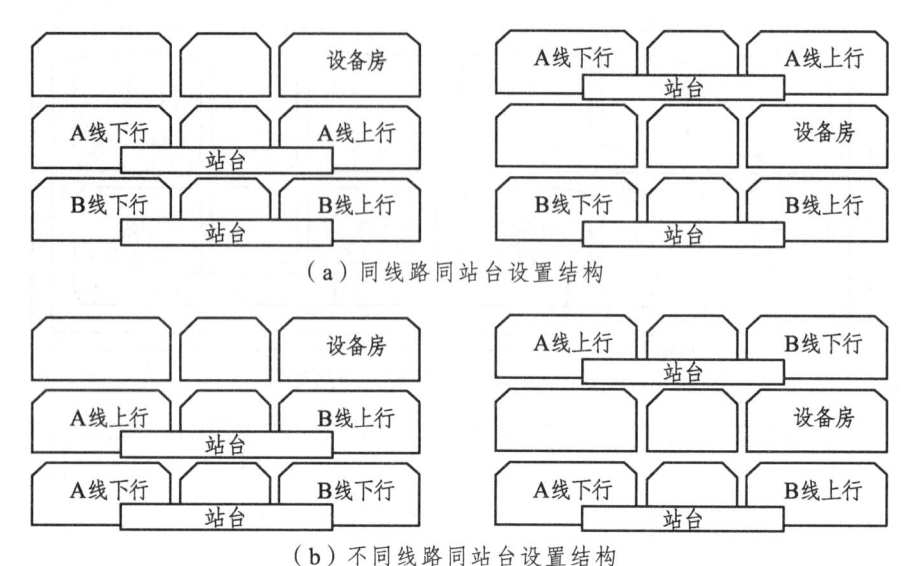

图 3-19　立体平行布局结构示意图

2. 线路相交布局

（1）"L"形换乘。

两个车站平面位置在端部相连构成"L"形，高差要满足线路立交的需要，如图 3-20 所示。这种车站一般在相交处设站厅进行换乘，也可根据客流情况设置专用通道进行换乘。

（2）"T"形换乘。

两个车站上下相交，其中一个车站的端部与另一个车站的中部相连，在平面上构成"T"形，如图 3-21 所示。一般既可通过楼梯或自动扶梯进行站台节点换乘，也可根据客流情况采用站厅换乘或专用通道换乘。

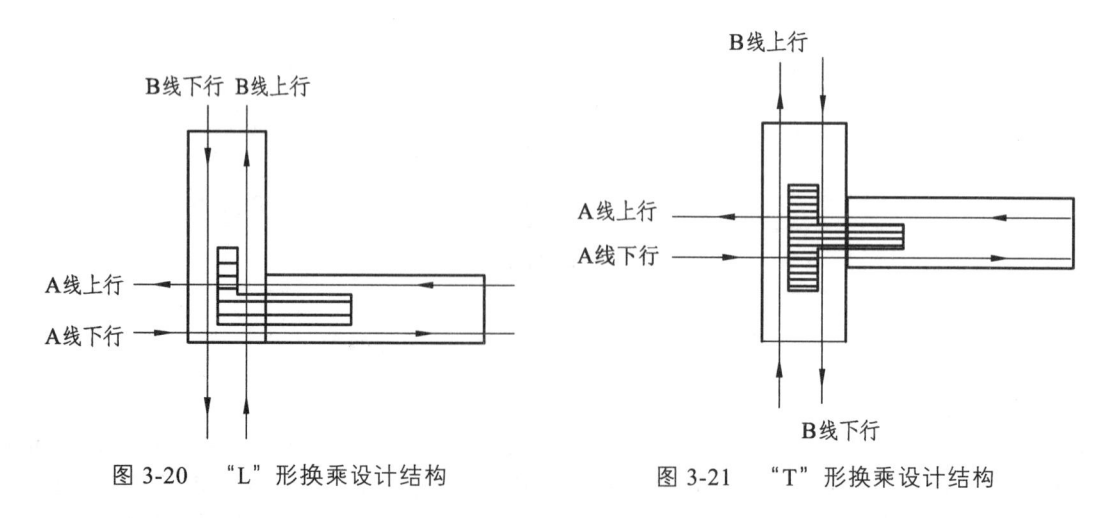

图 3-20　"L"形换乘设计结构　　图 3-21　"T"形换乘设计结构

（3）"十"字形换乘。

两个车站在中部相立交，在平面上构成"十"字形，如图 3-22 所示。这种车站一般采用站台节点换乘或站厅加通道换乘。

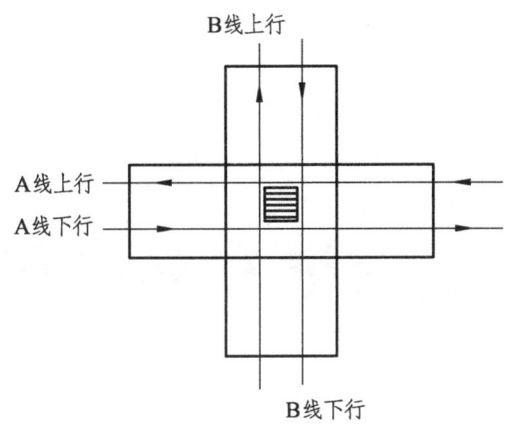

图 3-22 "十"字形换乘设计结构

3. 换乘结构设计要点

换乘结构设计时，要在通常车站设计的基础上考虑以下几个要点。

（1）依据线路走向及客流量大小、车站所处地质条件，确定换乘结构布局。

两条线之间的换乘结构布局一般取决于两条线路的走向和站位条件，在两条交叉的线路上一般采用"十"字形、"T"形或"L"形换乘结构布局；在两条平行的线路上，可选择平行结构布局。

换乘站周围的客流来源和方向是选取换乘结构布局时需重点考虑的因素。一般来说，"T"形、"L"形、"工"字形结构照顾的客流面比较大，可以使车站的客流吸引范围增大，但"十"字形和其他平行布局结构可以提供更好的换乘条件，在换乘客流为主的车站应尽可能采用这些布局形式。

（2）根据预测客流量，计算换乘楼梯（通道）宽度。

计算换乘楼梯（通道）宽度时除采用上述车站（通道）宽度的计算方法外，还应根据换乘客流的特点，加以具体分析考虑。

换乘客流一般属于集中的间断型客流，随着两条线列车的到发而形成。因此，在一段时间内，其换乘客流量除了取决于预测小时客流量外，还与两条线列车的运营间隔有关，在计算换乘楼梯（通道）宽度时，要重点考虑这一因素，并为换乘客流提供足够的条件。

如换乘客流不需重新购票，一般不会形成集聚客流，但由于通道间的输送能力不同，楼梯与通道交接处会形成客流聚集，应在此考虑一定的空间集散条件。

（3）结合车站结构和施工条件，考虑远期预留。

随着施工技术水平的进步，换乘车站的预留逐步从土建全部做成过渡到只预留将来可能施工的条件，即从土建预留到条件预留。这样可大幅度降低初期工程造价，避免投资的浪费。要做到条件预留，必须对近远期的车站方案和工程实施方案进行周密考虑，尤其要考虑远期实施不能影响已运营车站的使用，并确保运营安全。

第 4 章
PART FOUR

城市轨道交通车站布局实例分析

我国城轨交通运营线路规模持续扩大,已投运的城轨交通线路系统制式达到 9 种,其中,地铁占比略有下降,市域快轨发展增速较快,中运能城轨交通系统稳步发展,新型低运能城轨交通系统研制成功并开工建设,城轨交通多制式协调发展。

截至 2022 年年底,中国大陆地区 55 个开通城市轨道交通的城市中,拥有 4 条及以上运营线路,且换乘站 3 座及以上的城市有 26 个,占已开通城轨交通运营城市总数的 47.27%。

我国城市轨道交通建设虽然取得了丰硕的成果,但也存在诸多问题,体现在车站布局、车站建设规模、线路长度、线路延伸、线路敷设方式、工期不合理等方面。在上述诸多问题中,城市轨道交通车站布局相关的问题是城市建设决策部门亟待解决的。

城市轨道交通车站结构复杂,所以车站的布设在城市轨道交通设计中显得尤为重要。首先,轨道车站是乘客与轨道线路的接口,出行者是否选取乘坐轨道交通很大程度上取决于车站布设是否合理。其次,轨道车站的布设形成了轨道线路以及轨道线网,故车站合理性也会影响到线网的合理性,车站的效益也代表了线网的效益。最后,城市轨道交通车站有别于一般车站,多修建于地上或地下,具有建设费用高,一经修建更改较困难等特点。

在此背景下,结合我国城市轨道交通建设的现状以及部分城市地铁车站布局的特点,选择典型城市的部分地铁车站布局作为研究对象,主要采取定性与定量分析相结合的方法,根据现阶段部分典型城市轨道交通车站布局及车站的客流组织方法,分析车站布局对车站客流组织的影响,为今后城市轨道交通车站布局提供规划和分析的基础。

4.1 国内地铁典型非换乘地下站布局分析

4.1.1 站厅和站台不在同一层的全地下站

1. 车站概况

(1) 车站类型及出入口设置。

四河站 Y 型线路分歧站,为地下站,也是独特的双岛式站台车站。车站分为地下二层,负 1 层为站厅层、负 2 层为站台层。四河站设有 4 个出入口(北端为 A、B、D 口,南端为 C 口)。出入口设置位置情况如图 4-1 所示。

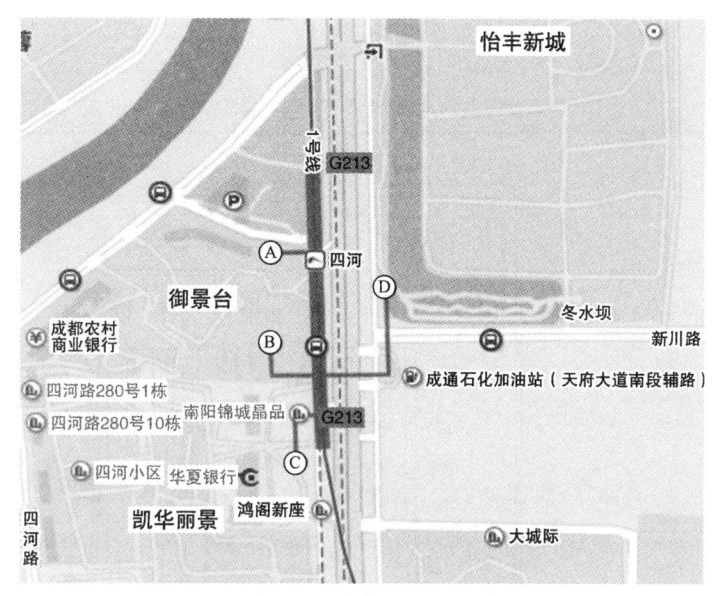

图 4-1　四河站出入口设置情况

（2）客流分析。

车站的布局与客流之间相关性较强，因此在研究车站布局时一定会分析车站的客流特点。车站客流特点包括车站的客流成分组成、客流量变化规律等。

四河站周边楼盘较为集中且相对密集，有怡丰新城、御景台、凯华丽景、水印城等。四河站与华阳站到华阳主城区的距离较近，华阳主城区的部分乘客会选择四河站乘坐地铁，因此，客流以通勤客流和小区常住客流为主。

一般情况下，客流量变化规律在工作日和节假日会有所不同。本书只研究工作日时各车站的客流量变化特点。

经过客流调查可知，四河站工作日日均进站量 15 418 人次，日均出站量 13 946 人次，早高峰进站量 5 877 人次/h，出站量 589 人次/h，晚高峰进站量 725 人次/h，出站量 2 300 人次/h，因此全日分时客流呈单向峰型。

工作日早高峰以进站客流为主，晚高峰以出站客流为主，早晚高峰客流特征较为明显。车站客流主要以 A 口、C 口、D 口进站客流为主。

（3）车站布局。

① 站厅公共区布局。

四河站站厅以出入口所处位置来划分，以站厅公共区东西方向作为中心线，将站厅公共区划分为南端和北端两部分，靠近 A、B、D 口区域为站厅北端，靠近 C 口区域为站厅南端。共设置 TVM 13 台，其中站厅 A 端 7 台、B 端 6 台，进站闸机 10 通道，出站闸机 13 通道，其中包括 1 台双向闸机。共设置 15 部自动扶梯，其中出入口 7 部，付费区 8 部，直升梯 3 部、楼梯 8 部。站厅公共区设备设施具体布局情况如图 4-2 所示。

② 站台布局。

四河站站台处于地下二层，是双岛式站台。站台 1 为上行韦家碾主线方向和支线方向的列车提供停靠及乘客候车和乘降，站台 2 是为下行主线科学城方向及支线韦家碾方向的列车提供停靠及乘客候车和乘降。具体布局如图 4-3 所示。

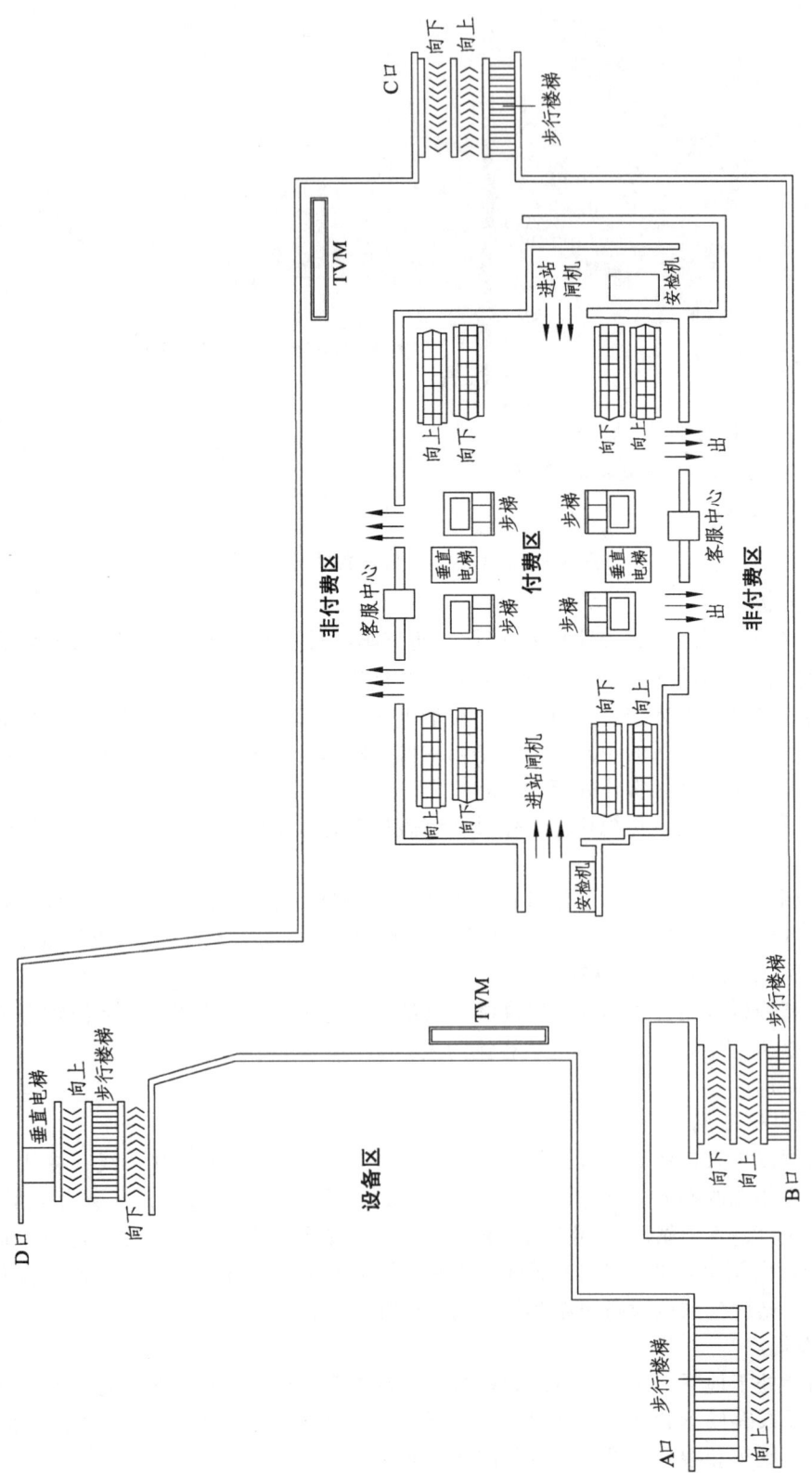

图 4-2 凹河站站厅公共区布局

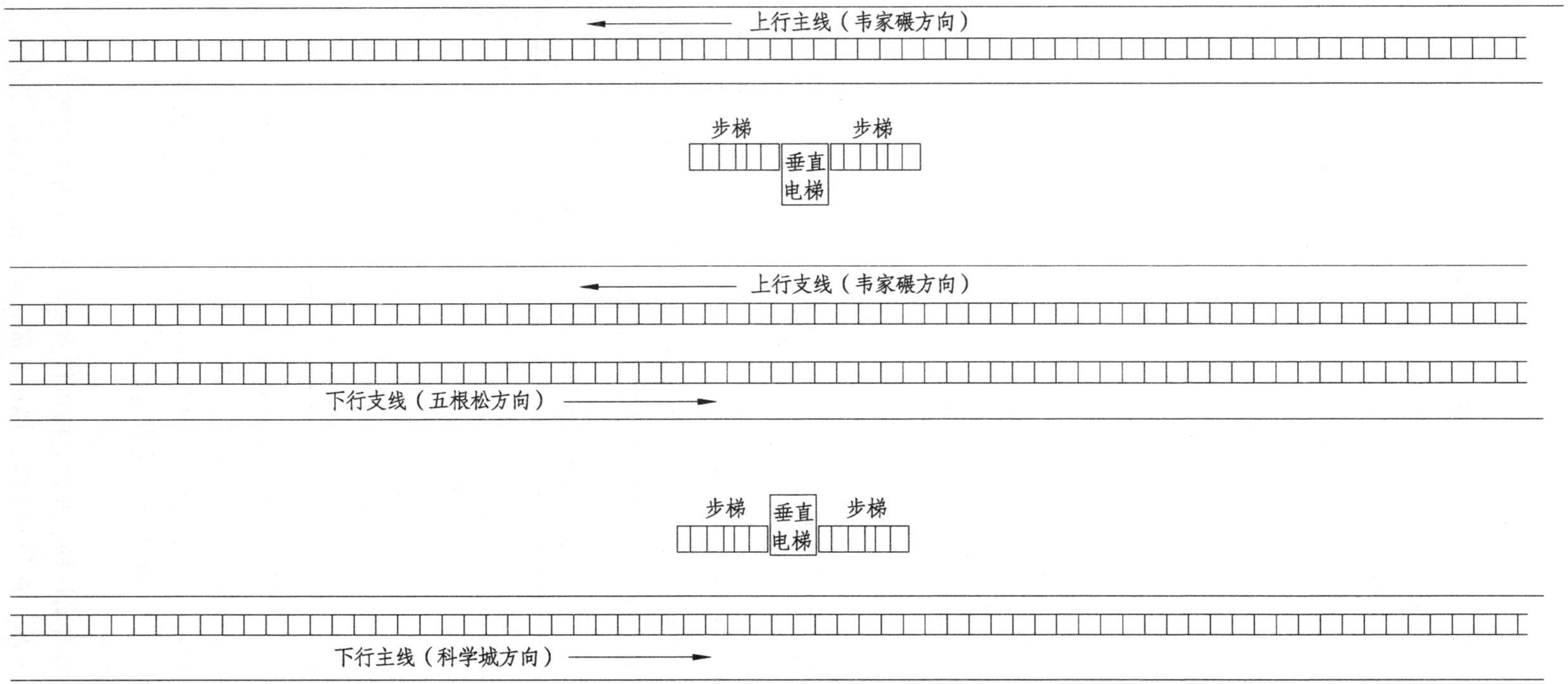

图 4-3 四河站站台布局

2. 客运服务设备设施能力分析

（1）AFC 终端及安检设备能力。

四河站设置 TVM 13 台，其中站厅北端 7 台、南端 6 台，进站闸机 10 通道，出站闸机 13 台，其中包括 1 台双向闸机，所有闸机均支持二维码（刷脸）过闸。设备设施的布置位置、数量及能力情况如表 4-1 所示。

表 4-1　四河站 AFC 终端及安检设备设置及能力

设备名称	位置	数量	合计	能力/（人次/h）	单位通过能力
BOM	站厅北端（近 D 口）	1 台	2	360	BOM 单位小时服务能力为 360 人次
	站厅南端（近 C 口）	1 台		360	
TVM	北端（近 A 口）	7 台	13	2 100	TVM 单位小时服务能力为 300 人次
	南端（近 C 口）	6 台		1 800	
进闸机	北端（近 A 口）	5 通道	10	6 000	进出站闸要每小时通过能力为 1 200 人次
	南端（近 C 口）	5 通道		6 000	
出闸机	北端（近 A/D 口）	7 通道	13	8 400	
	南端（近 C 口）	6 通道		7 200	
安检机	北端（近 A 口）	1 台	2	1 900	落地通道式安检机（大）每小时通过能力为 1 900 人次；普通安检机（小）每小时通过能力为 2 000 人次
	南端（近 C 口）	1 台		2 000	

根据表 4-1 数据及规范中 AFC 终端设备单位小时通过能力标准，可以分别计算出车站北端和南端的进出闸机通过能力、售票能力及安检能力，如表 4-2 所示。

表 4-2　车站南北端安检、售检票能力　　　　单位：人次/h

车站部位	售票能力	安检能力	进站闸机通过能力	出站闸机通过能力
北端	2 460	1 900	6 000	8 400
南端	2 160	2 000	6 000	7 200
合计	4 620	3 900	12 000	15 600

结合车站客流特点，本站高峰进站客流量为 5 877 人次/h（08:00~09:00），单程票使用率为 14%，即工作日早高峰需要购买单程票人数为 910 人次/h，车站售票能力为 4 620 人次/h，能满足客流需求。使用无包通道人数比例为 30%，需要使用安检机人数为 4 550 人次/h，本站安检能力为 3 900 人次/h，故不能满足客流需求。

（2）乘降设备能力。

四河站乘降设备由自动扶梯、垂直电梯步行楼梯组成。此站共设置 15 部自动扶梯，其中出入口 7 部，付费区 8 部，直升梯 3 部、楼梯 8 部，车站楼扶梯数量及分布见表 4-3。

表 4-3 四河站楼乘降设备数量、位置及能力

位置	自动扶梯	步行楼梯	垂直电梯	能力/(人次/h)	规范规定的单位时间通过能力
A 口	1（向上）	1（2.4 m）	—	进：6 960 出：12 360	1 m 宽步行楼梯每小时通过人数下行（进）4 200 人次、上行（出）3 700 人次，双向（进、出）混行则通过人数为 3 200 人次；1 m 宽自动扶梯每小时上、下行通过 6 720 人次；垂直电梯上、下行每小时分别通过 19 500 人次
B 口	2（一上一下）	1（3 m）	—	进：14 100 出：14 100	
C 口	2（一上一下）	1（2.8 m）	—	进：13 520 出：13 520	
D 口	2（一上一下）	1（2.4 m）	1	进：19 500 出：19 500	
站厅至站台上行	4（两上两下）	2（1.5 m，1.5 m）	1	进：19 500 出：19 500	
站厅至站台下行	4（两上两下）	2（1.5 m，1.5 m）	1	进：19 500 出：19 500	

根据表 4-3 数据及设计规范中的乘降设备单位小时通过能力标准，可以分别计算出车站北端和南端的楼扶梯通过能力，如表 4-4 所示。

表 4-4 车站南北端楼扶梯能力　　　　　　　　　　　　　　单位：人次/h

车站部位	站厅至地面乘降设备能力	站厅至站台楼扶梯能力
北端	进：33 420（A、B、D 口）； 出：38 820（A、B、D 口）	进：19 500； 出：19 500
南端	进：13 520（C 口）； 出：13 520（C 口）	进：19 500； 出：19 500
合计	进：46 940； 出：52 340	进：39 000； 出：39 000

结合车站客流特点，根据上表中的数据，本站早高峰进站客流量为 5 877 人次/h（08:00～09:00），出站客流量为 589 人次/h；晚高峰进站客流量为 725 人次/h，出站客流量为 2 300 人次/h。本站的乘降设备能力能满足车站高峰小时进站及出站的客流量需求。

（3）站台容纳能力。

四河站站台为是双岛式站台。站台 1 为上行韦家碛主线方向和支线方向的列车提供停靠及供乘客候车和乘降，称为上行站台；站台 2 是为下行主线科学城方向及支线韦家碛方向的列车提供停靠及供乘客候车和乘降，称为下行站台。根据站台实际面积，以每位乘客平均占用面积为 0.3 m² 来分别计算两个岛式站台的最大容纳人数。具体情况如表 4-5 所示。

表 4-5　四河站站台容纳能力

站台序号	实际面积/m²	最大容纳人数/人
上行站台	1 113	3 710
下行站台	1 109	3 696

根据表 4-5 中数据所示，上行站台最大容纳人数为 3 710 人，而本站早高峰进站客流量为 5 877 人次/h，当列车满载率较高时，站台容纳能力不能满足客流需求。

综上所述，本站实际安检能力低于安检需求能力，上行站台的站台容纳人数低于早高峰进站客流，四河站客流组织的瓶颈点则为安检能力和上行站台容纳能力。因此，在早高峰时段，应做好临时疏导工作。

3. 日常客流组织方法

四河站周边多为居民小区，客流以通勤客流和小区常住客流为主，工作日早高峰以进站客流为主，晚高峰以出站客流为主，早晚高峰客流特征较为明显。早晚高峰期间，客值与值站在公共区做好早晚高峰引导，值班站长、客值各司其职。由于车站客流以通勤客流为主，车站单程票使用率不高，大部分乘客使用天府通卡及二维码进出站，因此售票压力较小。

（1）平峰时段客流组织。

进站乘车的乘客进入到车站站厅非付费区，需在非付费区购买车票后再经过安检进入付费区。然后通过站厅南端自动扶梯，中部升降梯，步梯、站厅北端自动扶梯下楼乘车。站台出站的乘客可通过站台南端自动扶梯，中部步梯和北端自动扶梯，中部升降梯到达站厅出站。图 4-4 和图 4-5 所示为本站日常客流组织平峰时段站厅及站台乘客的进出流线。

（2）早晚高峰客流组织。

高峰时段发生大客流时，原则上按照"由下至上、由内至外"的原则依次进行三级客流控制。

根据本站客运服务设备设施数量及位置布局情况，合理采用客流控制措施。发生大客流时，在各关键点位安排人员卡控；站厅南、西北端票亭均对外开放，共 2 台 BOM，站台安排四名站台协岗进行人流的引导，以此来减小站台能力不足带来的安全隐患。

① 早高峰客流控制措施。

在早高峰时段，于上行站台两端下行自动扶梯与支线站台门之间设置伸缩栏杆，隔离出一个通道，防止候车乘客阻挡下行自动扶梯出口；站台引导主支线候车乘客分散排队候车，均分乘车乘客，保证该车到达华府大道时每个车门均能有一定的上客能力；车站在北端安检点延长安检铁马，做好现场安检排队候车组织；站台工作人员应做好早高峰组织，同时安排工作人员在 C 口做好早高峰现场组织。站厅及站台乘客在早高峰期间的流线如图 4-6 及 4-7 所示。

② 晚高峰客流控制措施。

17:30 在下行站台两端下行自动扶梯与主线站台门（5#、6#、19#、20#）之间设置伸缩栏杆，隔离出一个通道，防止候车乘客阻挡下行自动扶梯出口；于站台引导主支线候车乘客分散排队候车，均分乘车乘客，保证该车到达华阳站时每个车门均能有一定的上客能力。晚高峰期间站台乘客流线如图 4-8 所示。

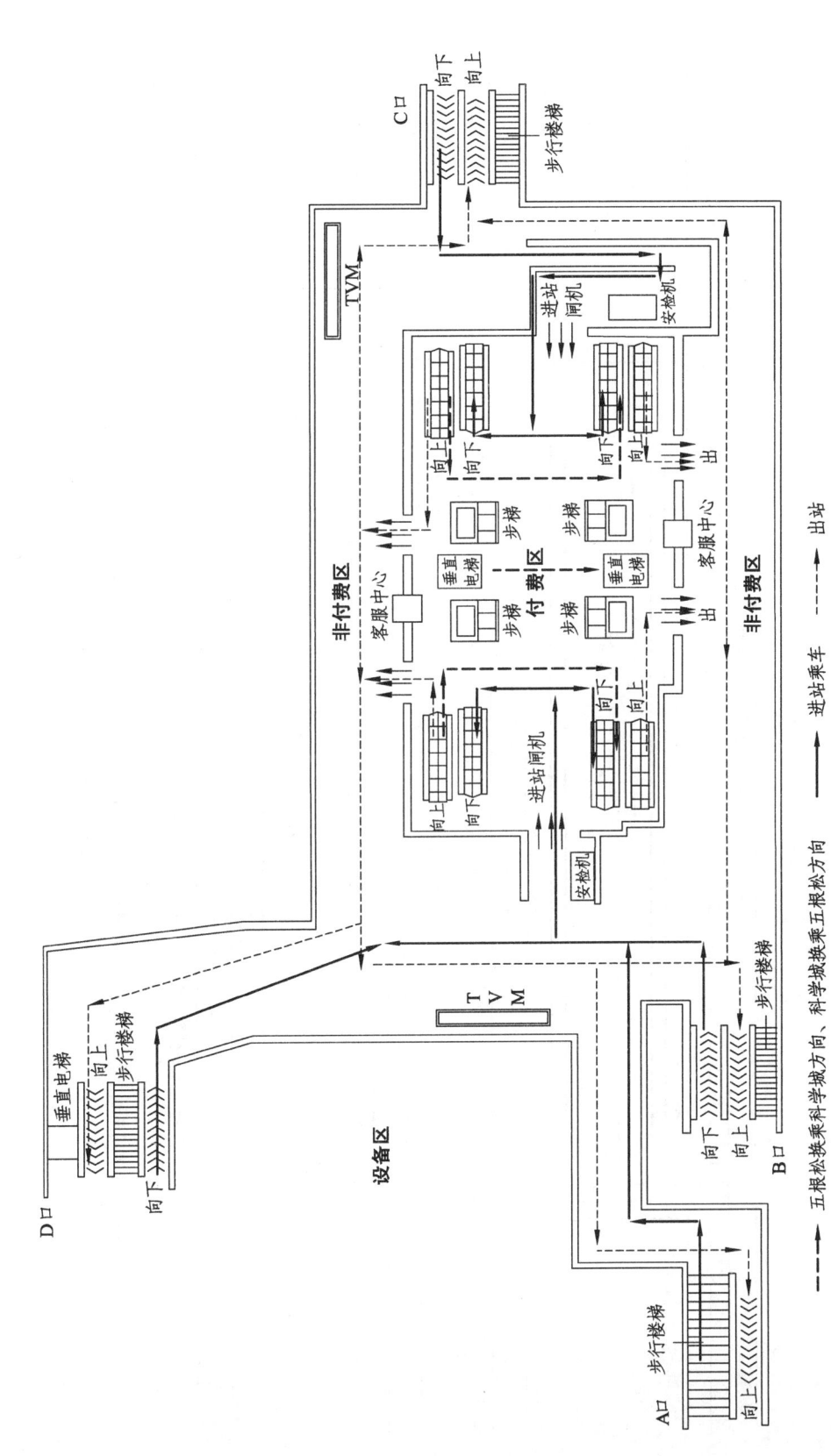

图 4-4 四河站日常平峰时段客流组织站厅乘客进出流线

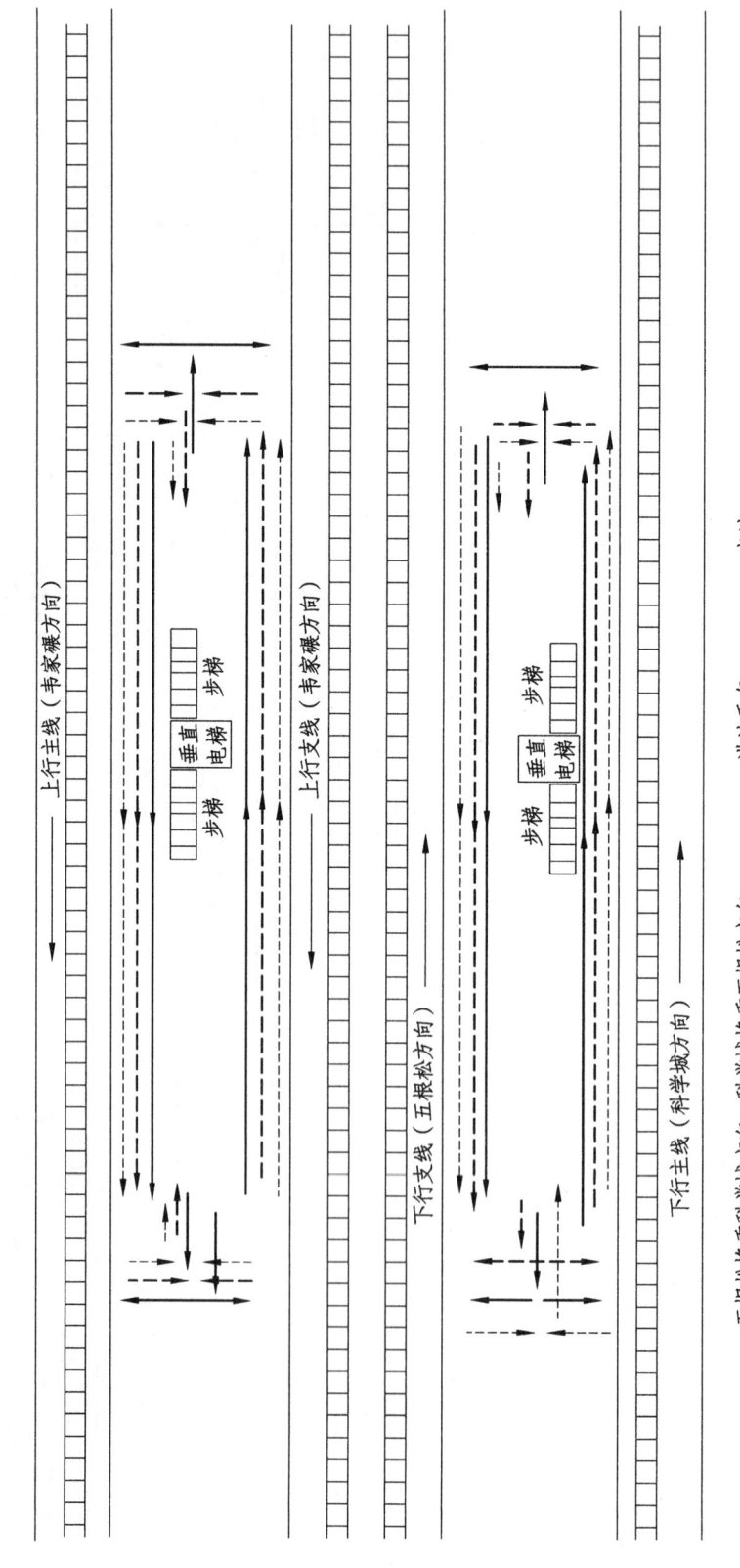

图 4-5 凹河站日常平峰时段客流组织合乘客进出流线图

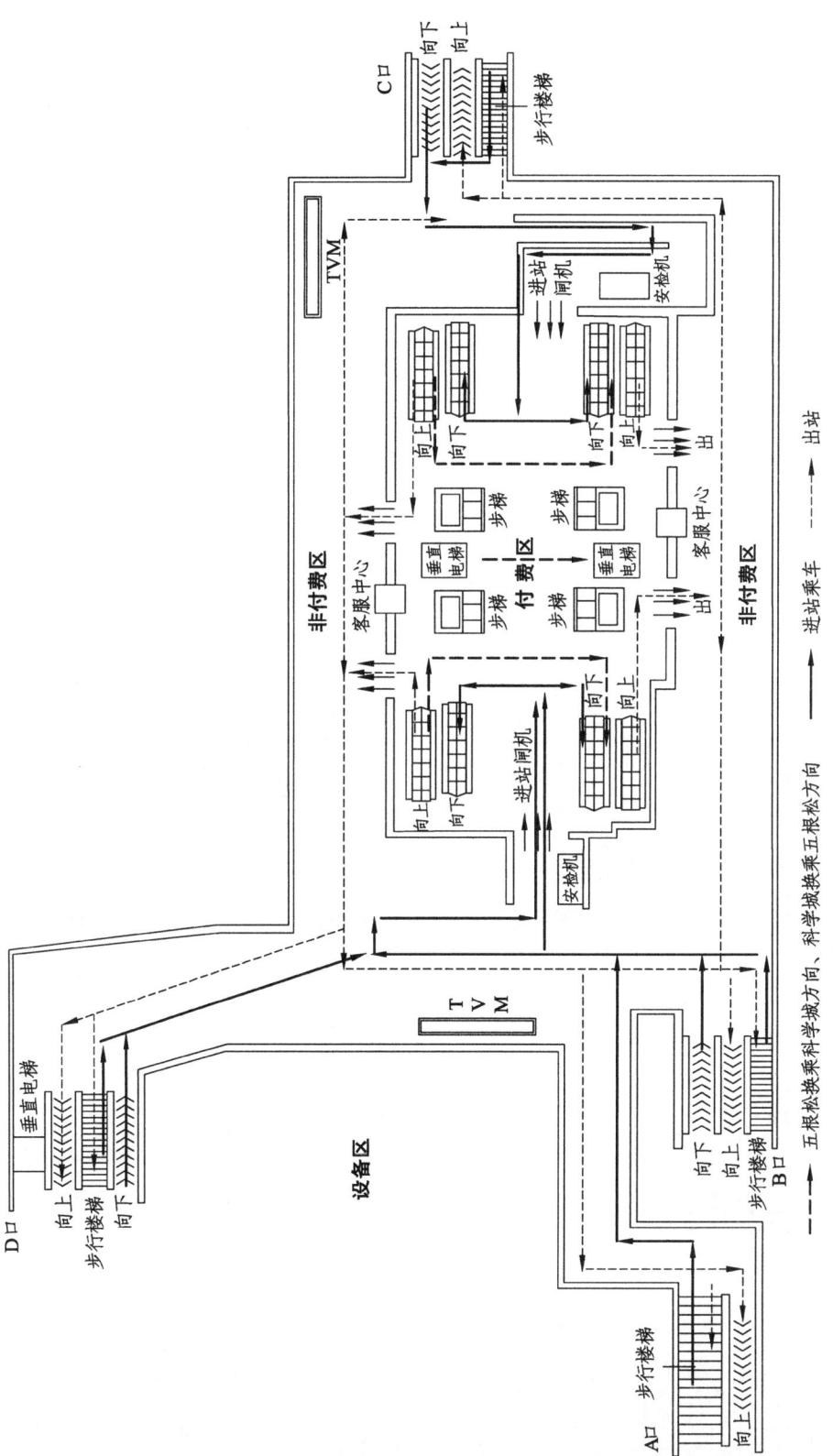

图 4-6 四河站早高峰客流组织站厅乘客流线

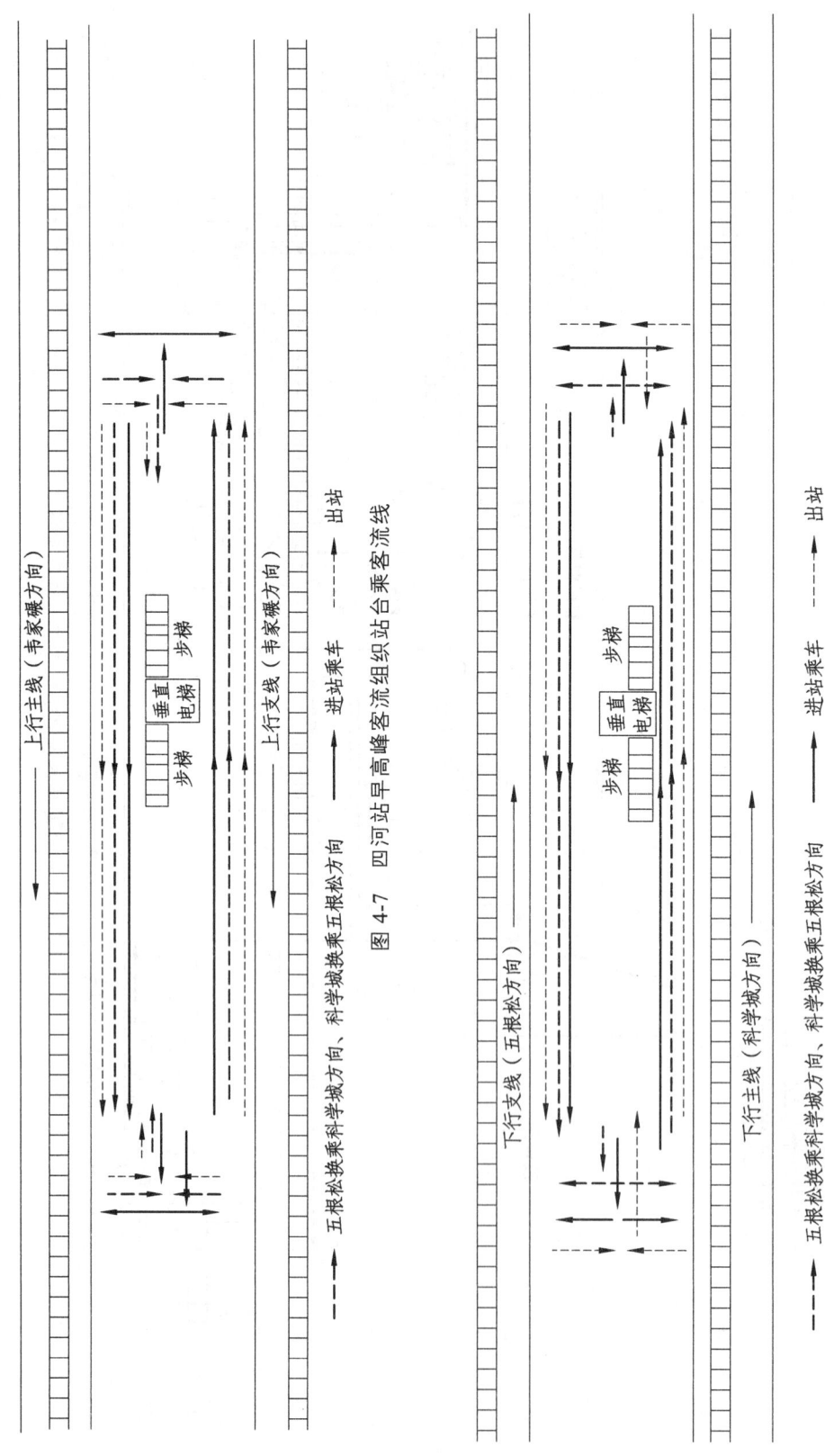

图 4-7 凹河站早高峰客流组织站台乘客流线

图 4-8 凹河站晚高峰客流组织站台乘客流线

4. 大客流组织方法

（1）进站大客流组织。

当车站发生进站大客流时，客流组织上遵循"先导后控"的原则，控制时应按"由下至上、由内至外"的顺序依次进行三级客流控制，根据本站客运服务设施、设备合理采用客流控制措施。发生大客流时，在各关键点位安排人员卡控；站厅南、北端客服中心共2台BOM均应对外开放。

当发现站厅南、北端客流严重不均衡且列车满载率低，同时TVM和客服中心排队购票乘客人流量持续增大，则车站管理人员应要求客服中心加快售票速度，在南、北两端TVM购票处应各安排一名工作人员进行引导。

当站台出现乘客拥挤并超出客流临界点时，车站管理人员应宣布启动进站大客流控制措施。若进站客流达到一定程度，此时应立即启动二级客流控制，即减缓乘客进入付费区的速度，具体措施如下：

安排两名工作人员在两端进闸处引导进站乘客，安排一名工作人员在南端非付费区协助客服中心售票员处理乘客事务及引导乘客购票，再安排一名工作人员在北端非付费区协助客服中心售票员处理乘客事务及引导乘客购票。

如果通过本站的列车满载率较高，且站台滞留乘客达到站台有效面积的三分之二时，则要求安检放慢检查速度，例如可以在两端安检机前设置铁马或隔离带实施绕行，以此来分批放行乘客实施检查。

二级客流控制时，站厅的乘客流线如图4-9所示。

当二级客流控制不能缓解站内的客流压力，站厅非付费区售票和安检出现排长队并超出客流临界点时，应立即启动三级客流控制。具体措施如下：

车控室播放广播，引导部分乘客改乘其他交通工具；在B口引导乘客只出不进，在A口引导乘客只进不出，并在A口设置绕行引导乘客分批进站，工作人员在站厅付费区引导乘客从B口出站。

进站大客流发生时，启动三级客流控制，站厅乘客的流线如图4-10所示。

（2）出站大客流组织。

当站厅付费区出站乘客拥挤并超出客流临界点时（即每通道出站闸机前出站乘客排队较长且持续5 min未缓解），车站则应宣布启动出站大客流组织措施。

具体措施如下：

首先安排一名工作人员到达站厅南端客服中心协助售票岗站务员处理付费区乘客事务，加快站厅南端付费区乘客流动速度。其次安排一名工作人员到达站厅北端客服中心协助售票岗站务员处理乘客事务，加快站厅北端付费区乘客流动速度。最后，则组织人员在站厅南、北两端出站闸机处引导，提高乘客出站速度。

若出站客流持续增大，车站视情况打开站厅南、北两端边门，引导乘客快速出站。此时，将单程票现场进行回收，如是城市一卡通或乘次卡则告知乘客下次乘车时处理。

出站大客流发生，进行客流组织时在站厅的乘客流线如图4-11所示。

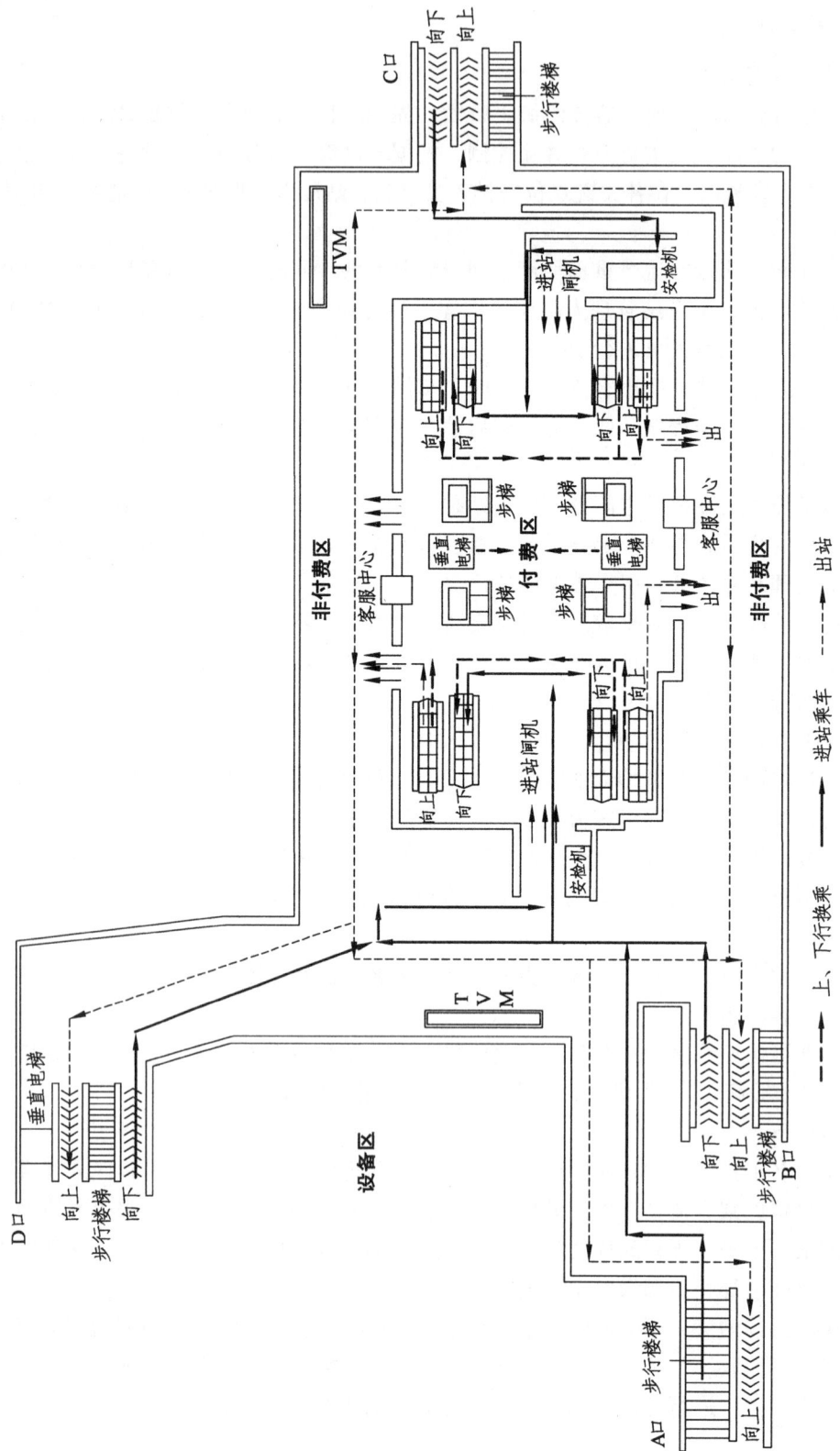

图 4-9 凹河站进站大客流二级客流控制时站厅乘客流线

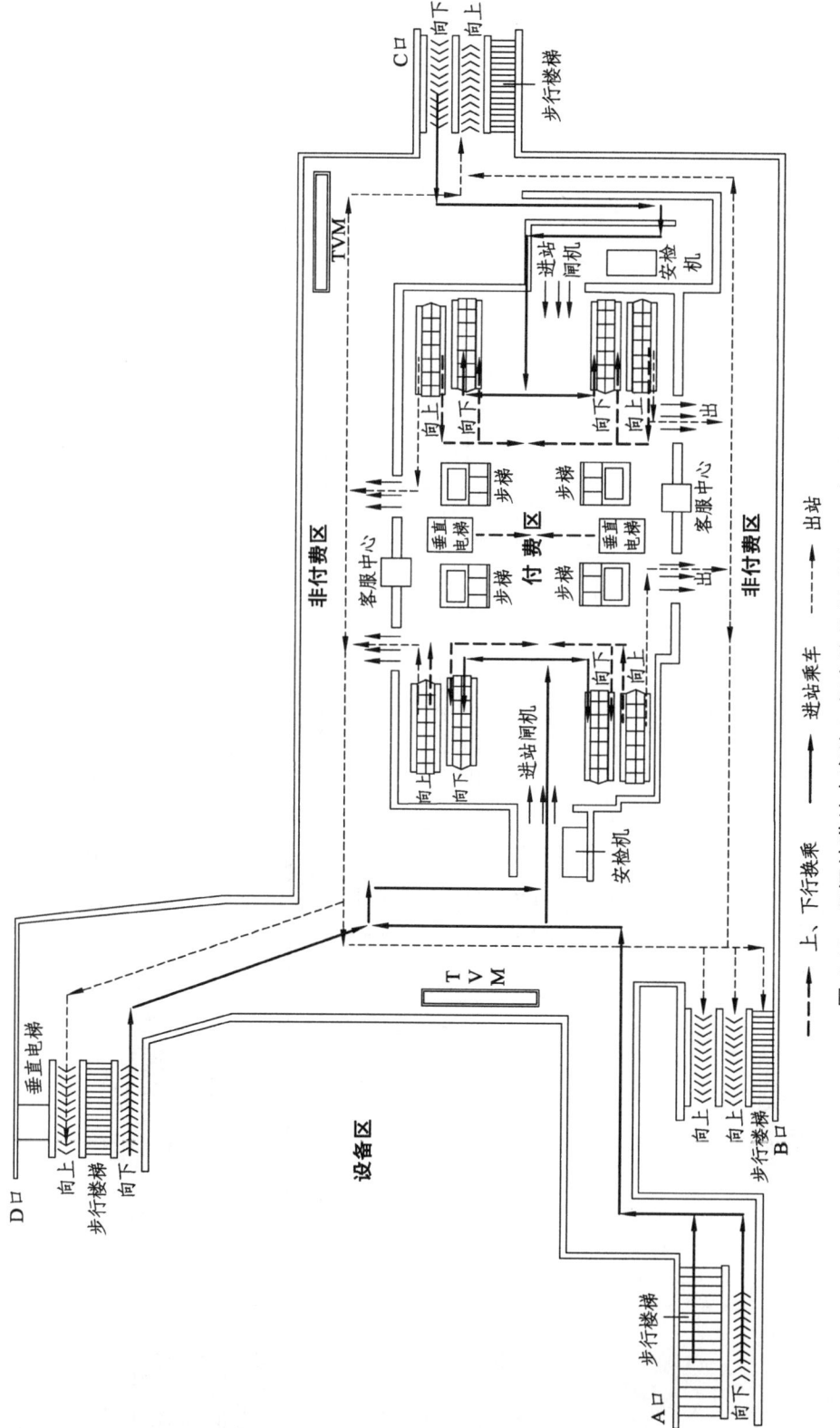

图 4-10 四河站进站大客流三级客流控制时站厅乘客流线

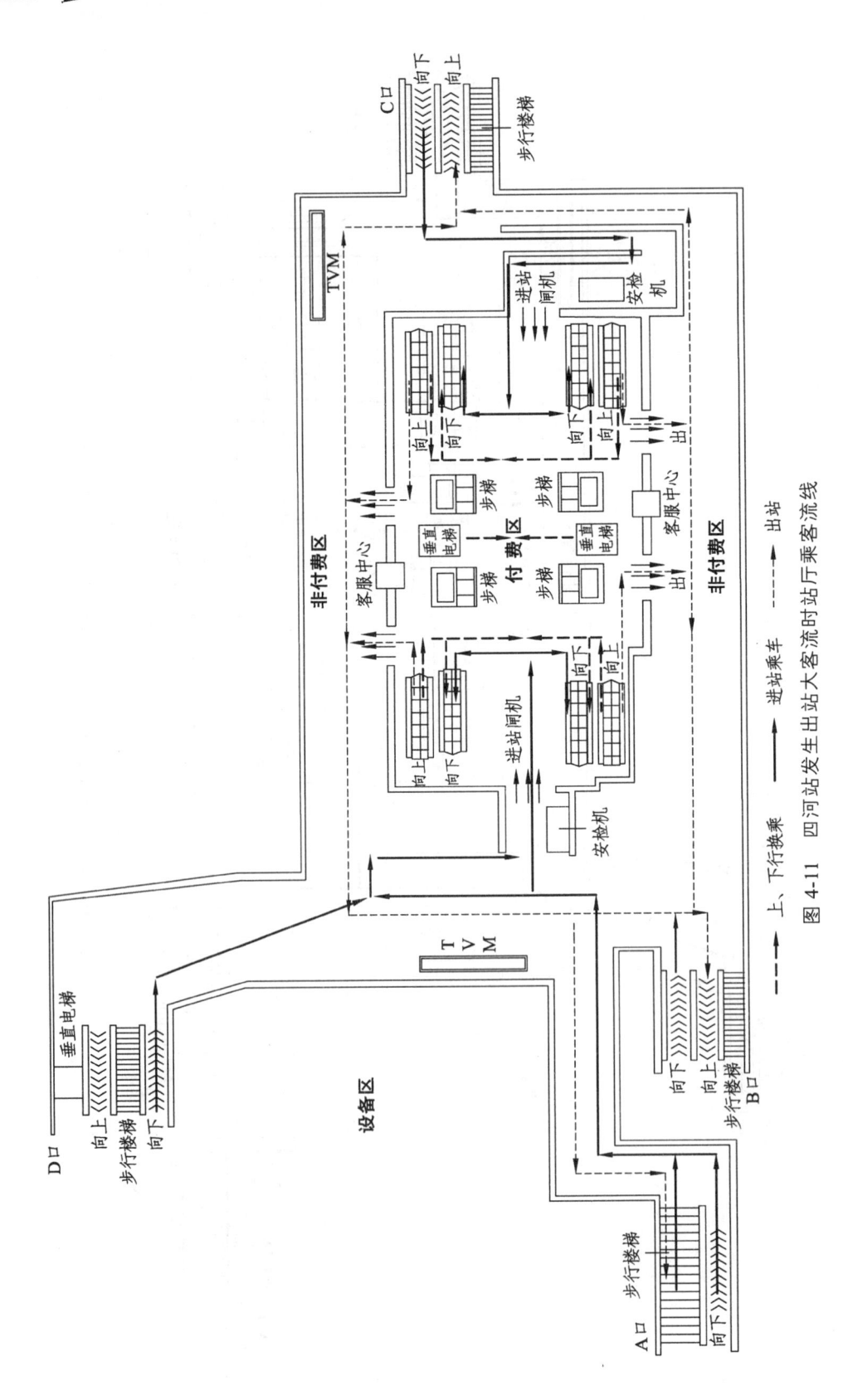

图 4-11 四河站发生出站大客流时站厅乘客流线

4.1.2 站厅和站台在同一层的全地下站

1. 车站概况

（1）车站类型及出入口设置。

天府三街站为地下一层侧式车站，负一层为站厅站台同层，车站共有 4 个出入口（北端为 A 口、C2 口，南端为 B 口、C1 口）。出入口位置如图 4-12 所示。

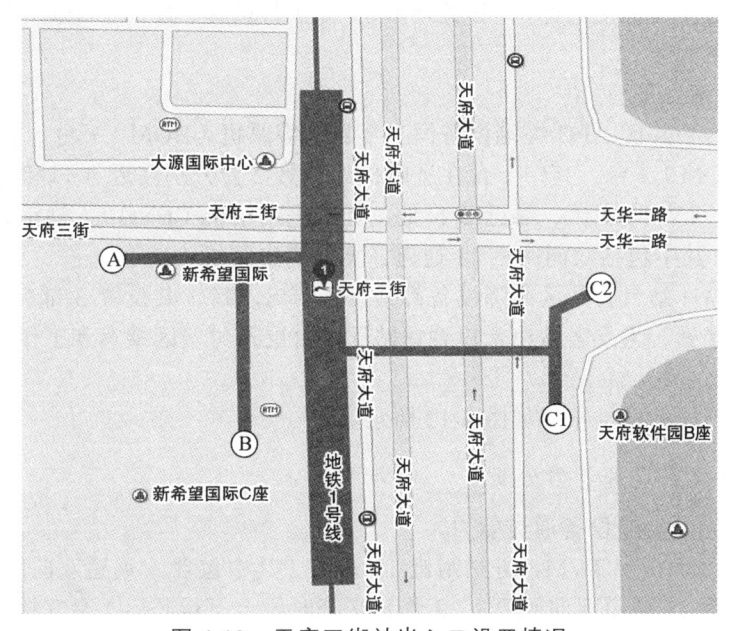

图 4-12　天府三街站出入口设置情况

（2）客流分析。

天府三街站位于成都市武侯区，地处天府大道与天府三街、天华一街十字路口西南侧。毗邻新希望国际、天府软件园 A 区及天府软件园 B 区、希顿国际广场、大源国际中心。周围车流人流较大，地面交通繁忙。车站主要客流为通勤客流。

根据工作日客流调查结果可以得出：车站日常通勤客流主要以 A 口、B 口的进站客流为主，早晚高峰组织压力较大，早高峰以出站客流为主，晚高峰以进站客流为主，全日分时客流呈现单向峰型。

（3）车站布局。

天府三街站是站厅站台同层，站台为侧式站台，站厅则分别布局在站台两侧，所以公共区布局为站厅站台同层布局。开往升仙湖方向列车停靠的站台规定为上行站台，开往科学城（五根松）方向列车停靠的站台规定为下行站台，则站厅站台同层区域被划分为上行站厅站台、下行站厅站台两部分，因此布局也分别按上行站厅站台、下行站厅站台两种情况来分析布局情况。

站厅区域分成公共区（非付费区和付费区）、设备区及轨行区。此处重点分析非付费区及付费区影响客运组织效率的关键设备 AFC——终端设备及乘降设备的布局。

① 上行站厅站台布局。

上行站厅站台公共区 AFC 终端设备设有半自动售票机（BOM）1 台，靠近 C 口；自助票务处理机（SBOM）1台，在进闸机处；自动售票机（TVM）3台，靠近C口；标准进站闸机（ENG）6通道，其中包括宽通道进闸机1通道，标准出站机（EXG）14通道，其中包括双向闸机6通道。

上行站厅站台公共区乘降设备由自动扶梯、垂直电梯及楼梯组成。由于站厅与站台同层，所以乘降设备都是设置于出入口，为乘客从出入口到达站厅站台层及付费区乘客和工作人员跨越轨行区提供服务。

此区域共设置3部自动扶梯、1部直升梯、4部步行楼梯，其中2部步行楼梯用于非付费区和付费区跨越轨行区。

② 下行站厅站台布局。

下行站厅站台公共区AFC终端设备设有半自动售票机（BOM）1台，靠近A口；自助票务处理机（SBOM）3台，其中1台在进闸机处，另2台分别在近A口和近B口处出闸机处；自动售票机（TVM）3台，靠近B口处；标准进站闸机（ENG）6通道；标准出站闸机（EXG）23通道，其中包括双向闸机11通道，宽通道出闸机1通道。

同样，下行站厅站台公共区乘降设备都是设置于出入口，共设置3部自动扶梯、1部直升梯、4部步行楼梯，为乘客从出入口到达站厅站台层及付费区乘客和工作人员跨越轨行区提供服务。

天府三街站站厅站台层布局如图4-13所示。

2. 客运服务设备设施能力分析

（1）AFC终端及安检设备通过能力。

天府三街站设置6台TVM，进闸机12通道（其中包含6通道双向闸机），出站闸机37通道（其中包含11通道双向闸机），工作日平峰时段上下行开启1台安检机，高峰期增开3台安检机，设备设施的布置位置、数量及能力情况具体如表4-6所示。

表4-6 天府三街站AFC终端及安检设备表

设备名称	位置	数量/台	合计	能力/（人次/h）	备注
BOM	上行站台对应的站厅非付费区（近C口）	1	2	360	BOM单位小时服务能力为360人次
	下行站台对应的站厅非付费区（近A口）	1		360	
TVM	上行站台对应的站厅非付费区（C口通道）	3	6	900	TVM单位小时自助购票能力为300人次
	下行站台对应的站厅非付费区（近B口）	3		900	
进闸机	上行站台对应的站厅非付费区（近C口）	6	12	7 200	进出站闸机单位小时通过能力为1 200人次
	下行站台对应的站厅非付费区（近A口）	6		7 200	
出闸机	上行站台对应的站厅非付费区（近C口）	14	37	16 800	
	下行站台对应的站厅非付费区	23		27 600	
安检机	上行站厅（近C口）	3	5	6 000	普通安检机（小）单位小时能力为2 000人次
	下行站台对应的站厅非付费区	2		4 000	

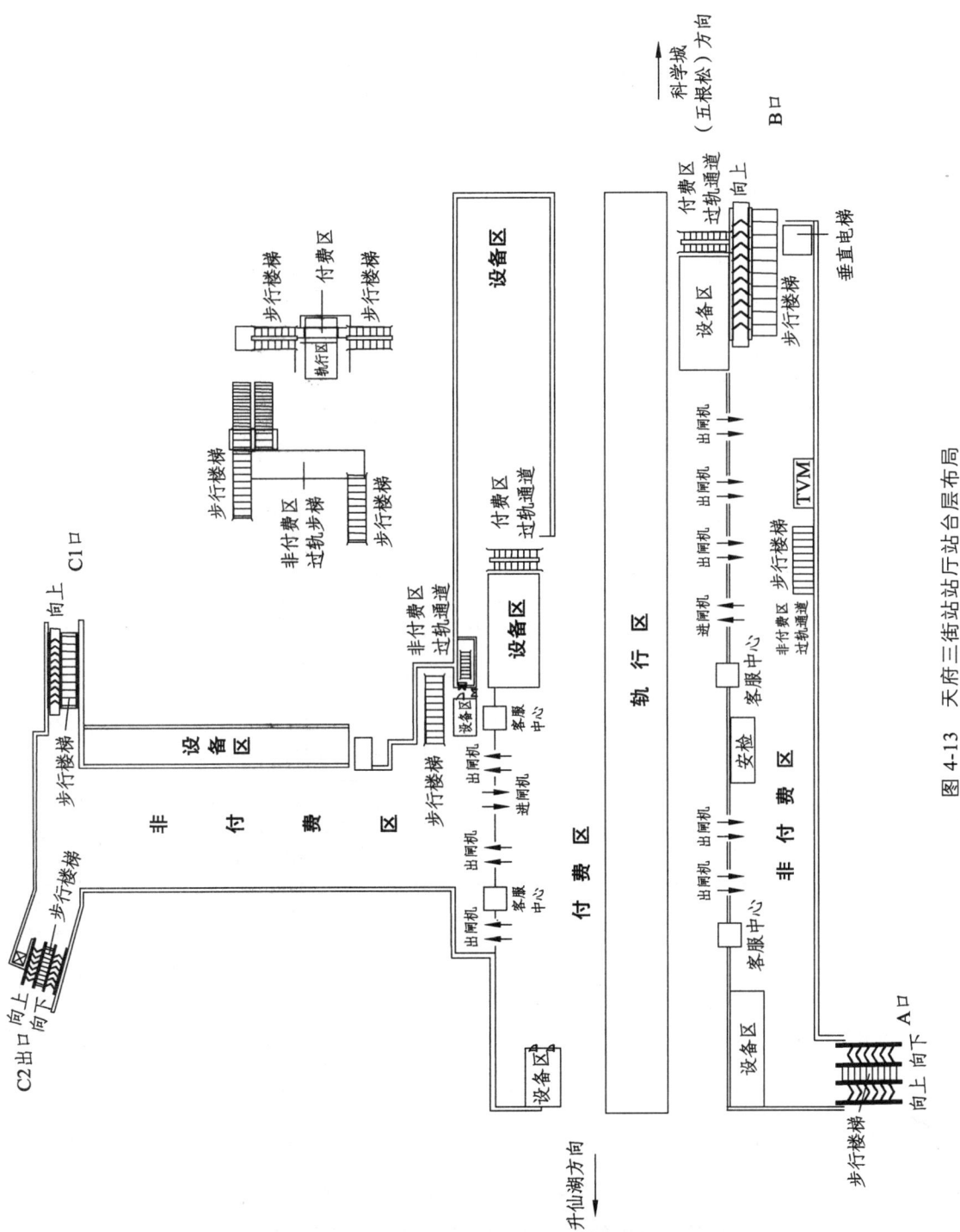

图 4-13 天府三街站站厅站台层布局

根据表 4-6 数据，可以分别计算出本站的进出闸机通过能力、售票能力及安检能力，如表 4-7 所示。

表 4-7　车站上下行站厅安检、售检票能力　　　　　　　单位：人次/h

车站部位	售票能力	安检能力	进站闸机通过能力	出站闸机通过能力
上行站厅	1 260	6 000	7 200	16 800
下行站厅	1 260	4 000	7 200	27 600
合计	2 520	10 000	14 400	44 400

结合表 4-7 数据及客流调查结果可以看出，车站售票能力能满足客流需求。车站安检能力也能满足客流组织需求。

（2）乘降设备通过能力。

天府三街站乘降设备由电梯（自动扶梯、垂直电梯）、步行楼梯组成。此站共设置 6 部自动扶梯，均位于出入口，其中垂直电梯 2 部、步行楼梯 8 部，车站楼、电梯数量及分布如表 4-8 所示。

表 4-8　天府三街站楼电梯数量及分布

位置	自动扶梯	步行楼梯	垂直电梯	能力（人次/h）	备注
A 口	2（一上一下）	1（2.37 m）	0	进：13 073 出：13 073	1 m 宽步行楼梯每小时通过人数下行（进）4 200 人次、上行（出）3 700 人次，双向（进、出）混行则通过人数为 3 200 人次；1 m 宽自动扶梯每小时上、下行通过 6 720 人次；垂直电梯上、下行每小时分别通过 19 500 人次
B 口	1（一上）	1（3.15 m）	1	进：9 135 出：15 335	
C1 口	1（一上）	1（2.78 m）	0	进：8 062 出：14 262	
C2 口	2（一上一下）	1（1.9 m）	1	进：11 710 出：11 710	
站厅非付费区	0	2（上下行各 2.4 m）	0	进：13 920 出：13 920	
站厅付费区	0	2（上下行各 1.5 m）	0	进：8 700 出：8 700	

根据表 4-8 数据及设计规范中的乘降设备单位小时通过能力标准，可以分别计算出车站上下行站厅站台乘降设备通过能力，如表 4-9 所示。

表4-9　车站乘降设备能力　　　　　　　　　　单位：人次/h

车站部位	站厅至地面楼扶梯能力	站厅至站台楼扶梯能力
站厅至地面楼扶梯能力	进：22 208 出：28 408	进：19 772 出：25 972

结合车站客流特点，本站早高峰进站量1 658人次，出站量18 053人次；晚高峰进站量13 772人次，出站量1 602人次。因此本站的乘降设备能力能满足车站高峰小时进站及出站的客流量需求。

（3）站台容纳能力。

天府三街站站台为是侧式站台。根据站台实际面积，以每位乘客平均占用面积为0.3 m²来分别计算两个侧式站台的最大容纳人数。具体情况如表4-10所示。

表4-10　天府三街站站台容纳能力

站台序号	站台类型	面积/m²	最大容纳人数
上行站台	侧式站台	529	1 764
下行站台	侧式站台	456	1 520

注：计算公式：$V=S/s$，其中V为最大容纳人数，S为站台面积，s为每位乘客平均占用面积（取值10人/3 m²）。

综上所述，结合本站设备设施位置及数量分析，各项能力相对客运需求整体满足，虽然在高峰出站时段存在局部闸机通行排队的情况，但基本可在次趟列车到站前出清站台区域，需加强引导及后续设备改造提升通行效率，同时A、B口为主要进出口，扶梯为主要通行设施，目前基本匹配出站需求，付费区过轨步梯通行能力满足上下通行需求。

3. 日常客流组织方法

（1）平峰时段客流组织。

天府三街站工作日平峰时段进出客流组织较为简单，乘客流线也相对简单。一般情况下，进站乘车的乘客进入车站站厅非付费区，需在非付费区购买车票后，选择乘车方向、经过安检进入站厅付费区，再直接进入站台乘车区域。站台出站的乘客通过出站闸机后进入站厅付费区，再根据需要选择相应出入口方向出站。平峰客流组织进出站流线如图4-14所示。

（2）早晚高峰客流组织。

① 早高峰客流组织。

根据调查发现，天府三街站工作日早高峰时段以出站客流为主，进站客流量不大。因此，早高峰时段根据客流变化情况采取相应组织措施，重点是组织出站客流。具体措施如下：

下行站厅进站闸机处的3个通道的双向闸机在早高峰时段应全部更改为出站闸机；下行站台付费区近B口出站闸机后方设置铁马或隔离栏杆，对进出客流进分流，避免交叉干扰影响乘客走行速度；付费区、非付费区过轨通道内及4个通道口，均需安排工作人员值守引导，做好乘客安全通行提醒。同时，可通过在上行站台门前设置铁马或隔离栏杆来分流过轨和出站的乘客。

天府三街站站厅及站台早高峰客流组织流线如图4-15所示。

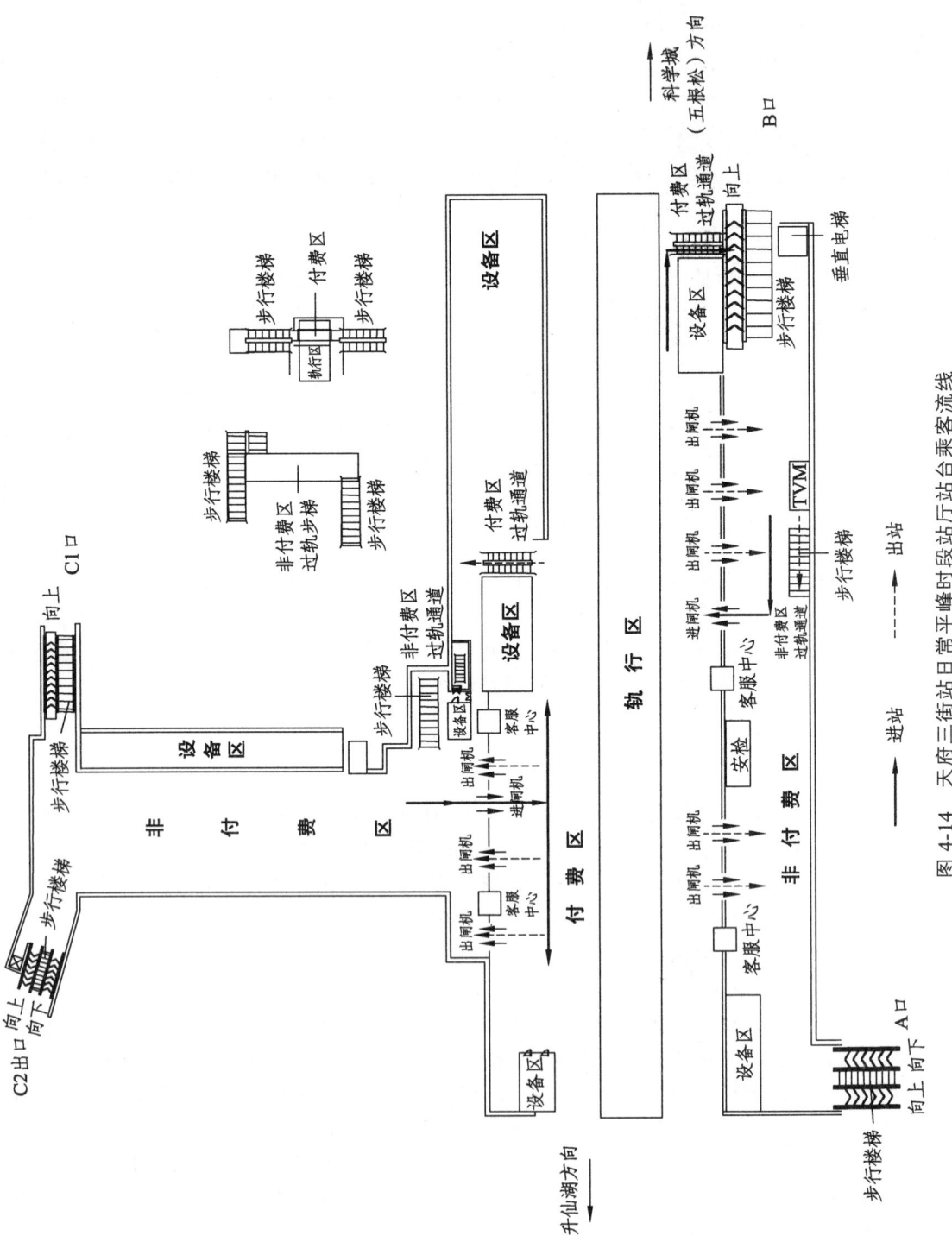

图 4-14 天府三街站日常平峰时段站厅站台乘客流线

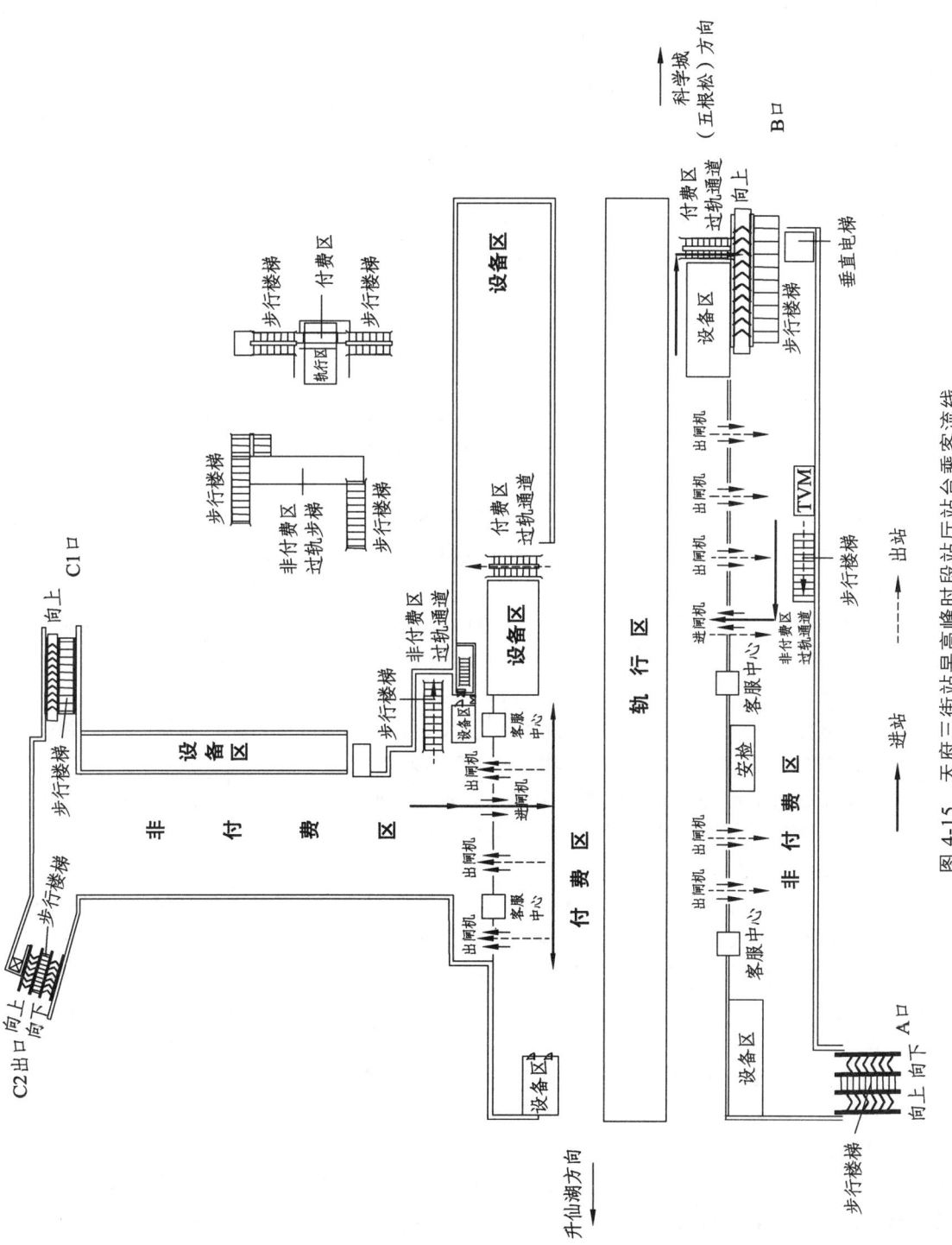

图 4-15 天府三街站早高峰时段站厅站台乘客流线

② 晚高峰客流组织。

根据客流调查结果可以看出，天府三街站晚高峰时段以进站客流为主，出站客流量不大。因此，晚高峰时段根据客流变化情况采取相应组织措施，重点是组织进站客流。具体措施如下：

由于平峰时段，开启的安检机数量较少，因此当晚高峰发生时，在上行 C 通道处开启 2 台安检机，下行 A 口开启 1 台安检机，提高乘客进站时的安检速度；同时，上行站台靠车控室一侧的出站闸机中 3 通道双向闸机更改为进站方向，下行站台靠近 B 口安检机的 3 通道出站闸机改为进站方向，并通过设置铁马或隔离带来组织乘客分流、绕行。在付费区、非付费区过轨通道入口处及通道内安排专职人员进行引导。

天府三街站站厅及站台晚高峰客流组织流线如图 4-16 所示。

4. 大客流组织方法

（1）进站大客流组织。

由于天府三街站下行非付费区面积较小，因此当本站 A、B 口进站客流较大时，下行站厅压力明显较大，此时应启动相应的进站大客流组织措施。

因为天府三街站站厅、站台同层，所以当发生进站大客流时，站台加强现场人员引导，均衡站台排队候车乘客；当引导措施不能缓解客流组织压力时，直接采取第二级客流控制措施。所以当站厅对应侧站台滞留的乘客达到有效容纳面积 2/3 以上且无缓解趋势时，实施二级客流控制，具体措施如下：

当下行付费区滞留乘客超 2/3，下行安检点分流乘客至排队较少安检点进站，若采取此措施后无法缓解站台上滞留的客流量时，下行安检点需要设置隔离带执行分批放行。

进站大客流二级控制措施的站厅站台客流组织流线如图 4-17 所示。

当二级客流控制仍不能缓解进站大客流组织压力，即当站厅非付费区滞留乘客达到站厅 2/3 以上时需要采取三级客流控制，三级客流控制措施如下：

车控室工作人员应持续播放广播，引导部分乘客改乘其他交通工具，同时组织 A、B 口分批放行进站乘客，或者在站外引导乘客从其他客流较小出入口进站。

（2）出站大客流组织。

当天府三街对应站台侧发生出站客流排队到达站台门处，次趟列车到站前无法缓解的情况时，应采取相应的出站大客流组织措施，具体措施如下：

在出站闸机处增设工作人员，引导至乘客到站厅中部出站排队较少的闸机进行出站，以此来分散两端排队的压力，同时下行站台近 B 口闸机处应设置分隔措施，以此分流进出客流，避免进站客流影响出站客流流动的速度；若客流仍然无法缓解时，将下行 3 通道进站双向闸机改为出站。同时，站厅出闸机处采取开启边门放行的方式提高持单程票的出站乘客走行速度。

当开启边门后仍无法缓解，则可将 A 口下行 4 通道出站闸机设置常开，减缓 A 口端头堆积；当采取开边门及部分闸机常开后仍无法缓解时，则应设置对应区域出闸机大客流模式，若设置不成功则采取闸机常开模式。

天府三街站出站大客流站厅站台乘客流线如图 4-18 所示。

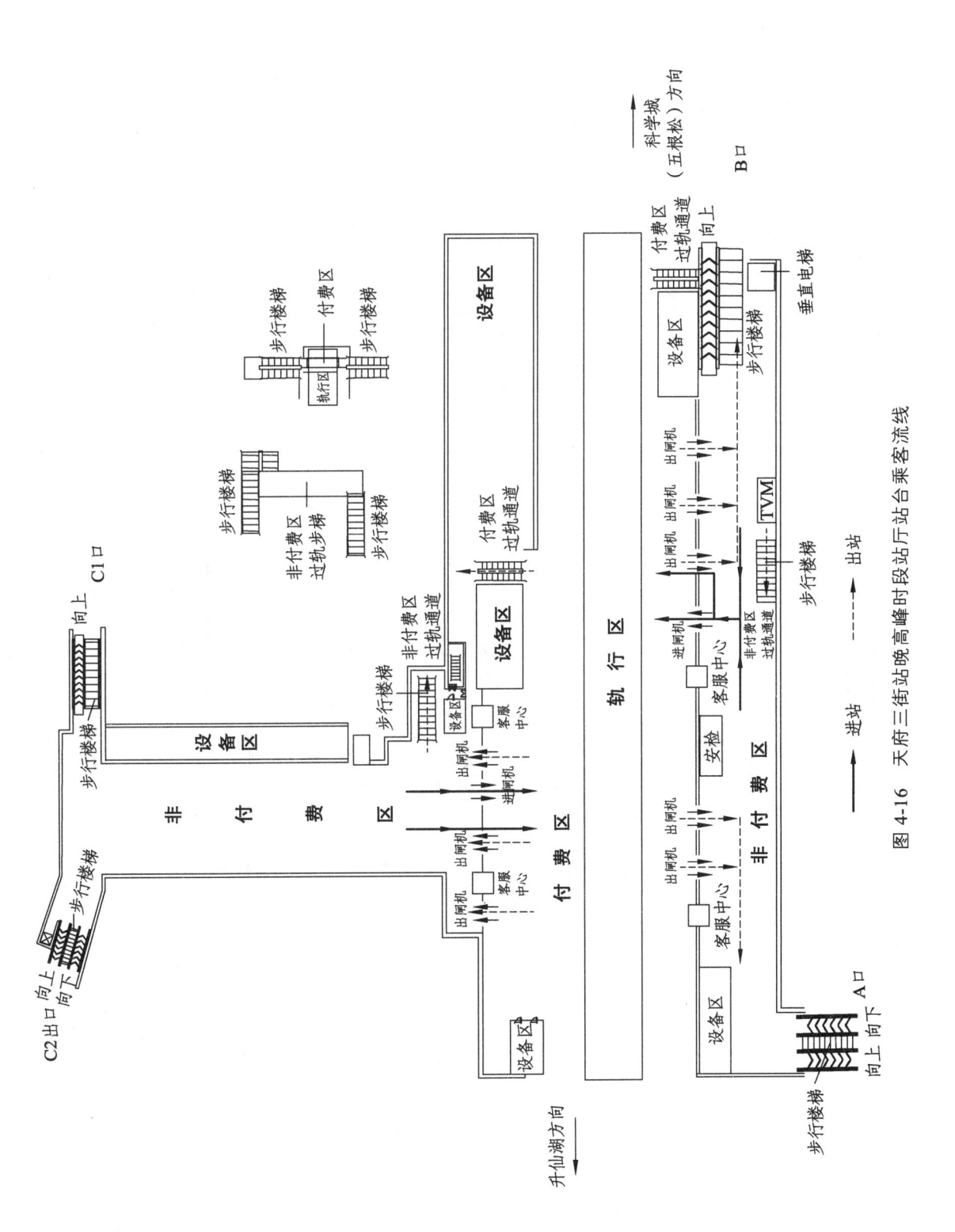

图 4-16 天府三街站晚高峰时段站厅站台乘客流线

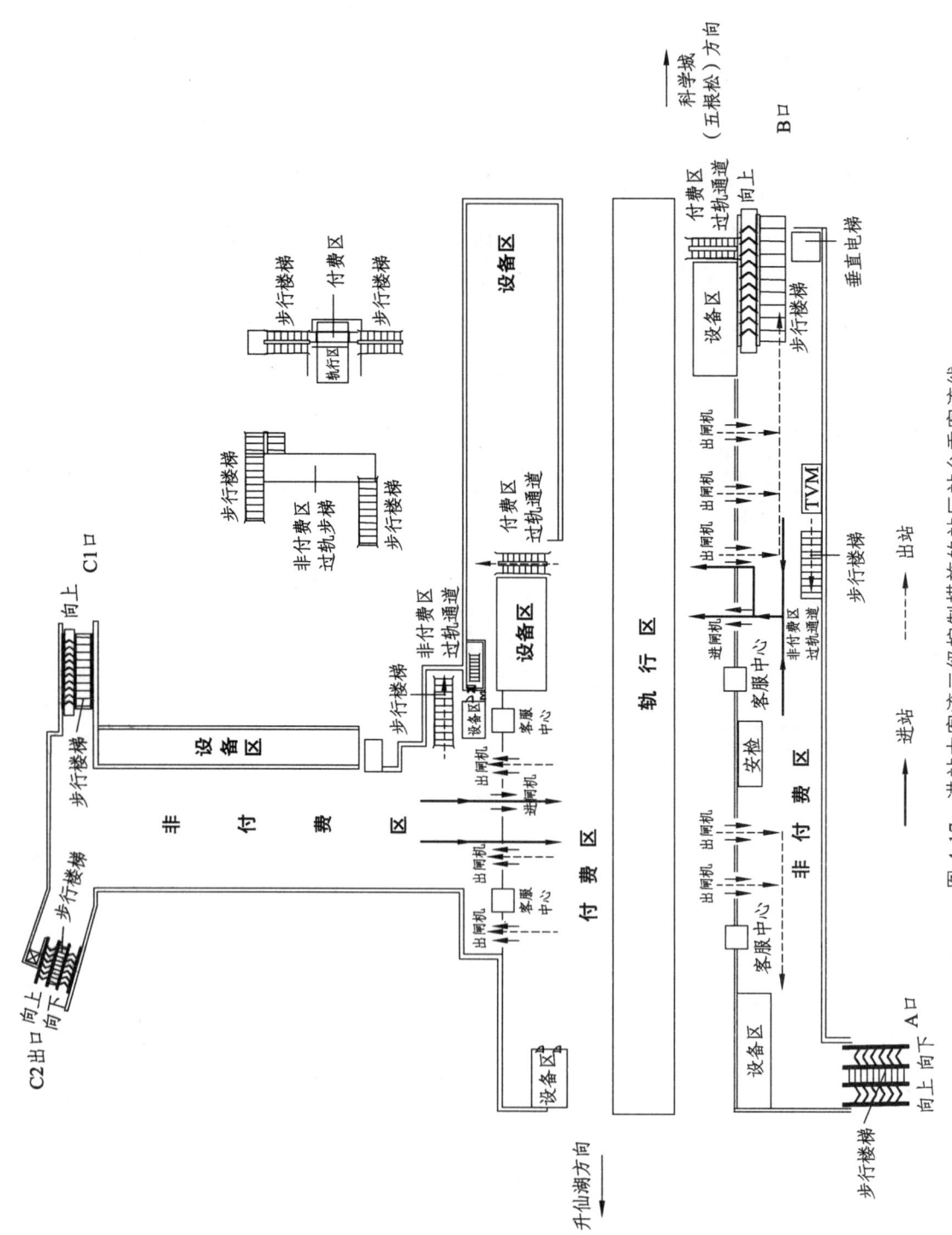

图 4-17 进站大客流二级控制措施的站厅站台乘客流线

图 4-18 天府三街站出站大客流站厅站台乘客流线

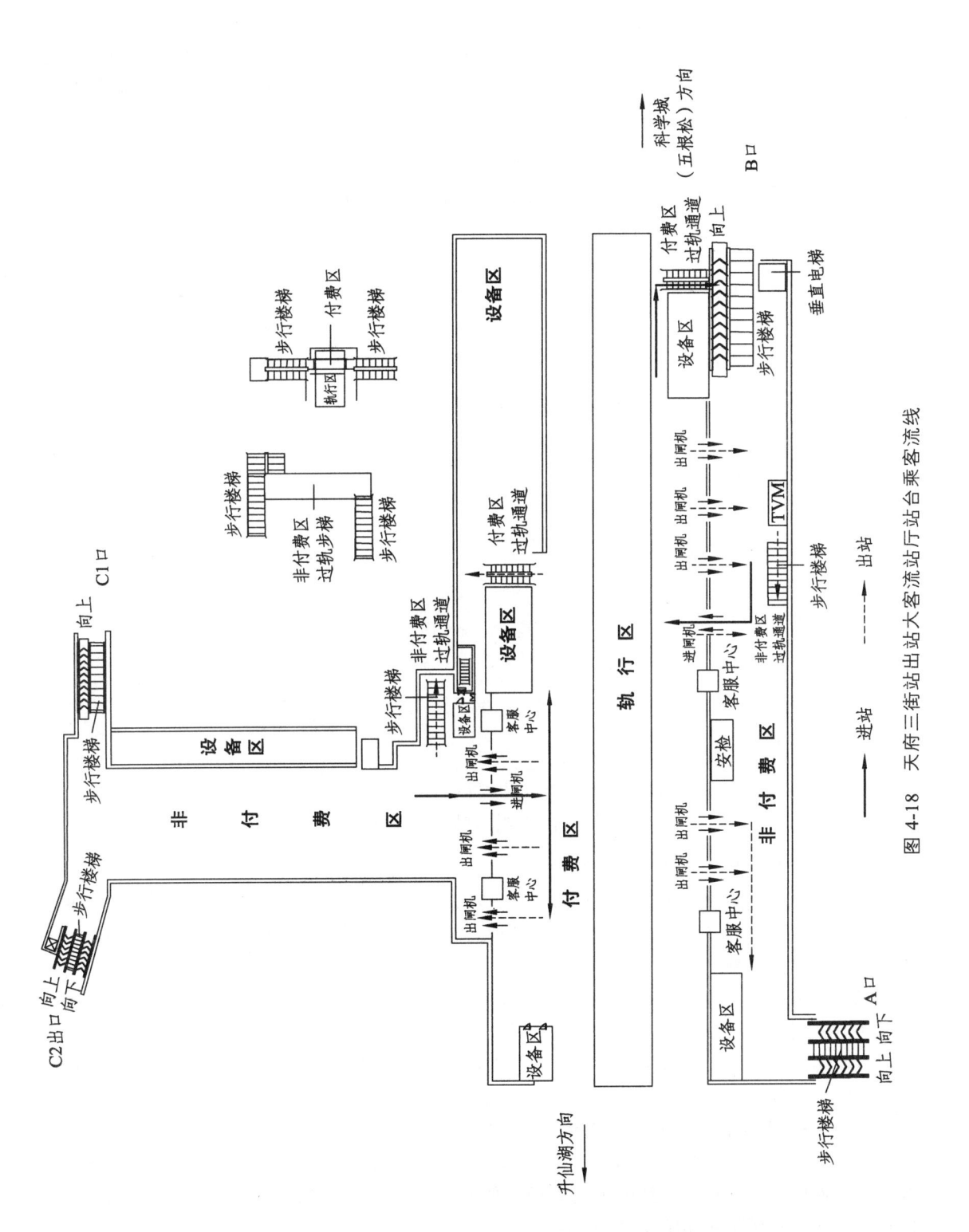

(3)进、出站同时大客流客运组织。

当进、出站大客流同时发生时,同步执行进站大客流组织和出站大客流组织措施,以控制进站客流的速度和引导出站乘客快速出站为原则进行现场组织。同时还应在站台做好上车乘客和下车乘客的疏导工作。

4.1.3 地面站厅和地下单层岛式站台组成的半地下站

1. 车站概况

(1)车站类型及出入口设置。

行政学院站共有两层,地面结构一层为站厅层,地下结构二层为站台层,因此为半地下站。此站共2个出入口(分别为A口和B口),出入口布置如图4-19所示。

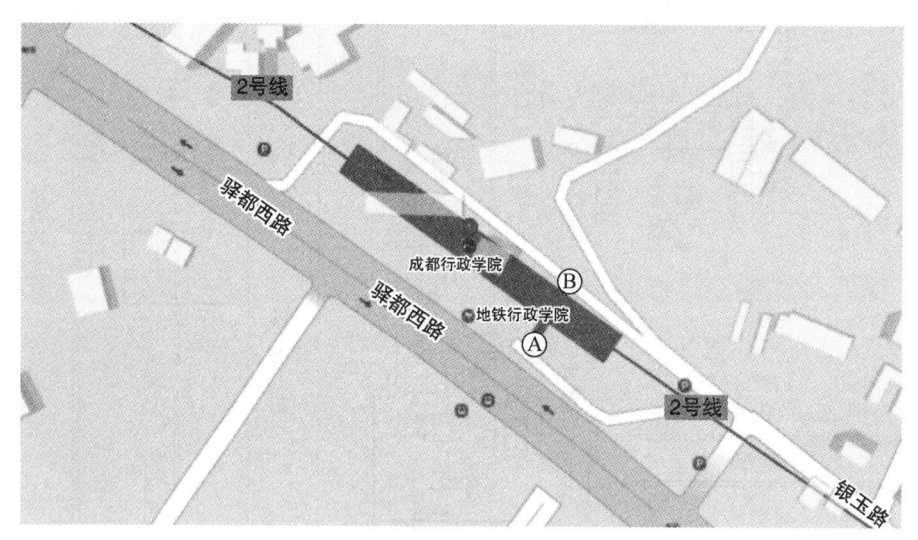

图 4-19 行政学院站出入口设置情况

(2)车站客流分析。

成都行政学院站周边主要为居民区,因此客流以通勤客流为主。根据客流调查结果发现,工作日早高峰时段以进站客流为主,晚高峰时段以出站客流为主,早晚高峰客流特征明显,全日客流呈单向峰型。

(3)车站布局。

① 站厅公共区布局。

行政学院站站厅公共区由非付费区及付费区组成,付费区分设在站厅两侧,因此站厅由非付费将站厅分成了东西两部分站厅。站厅进站闸机共8通道,出站闸机共10通道,TVM共5台,BOM共1台,SBOM共1台,安检机共设置3台。

行政学院站共设置电梯4部,其中3部自动扶梯和1部垂直电梯,另设步行楼梯1部。3部自动扶梯均位于付费区,其中东端2部,西端1部;直升梯1部位于东端,楼梯1部位于西端。站厅公共区布局如图4-20所示。

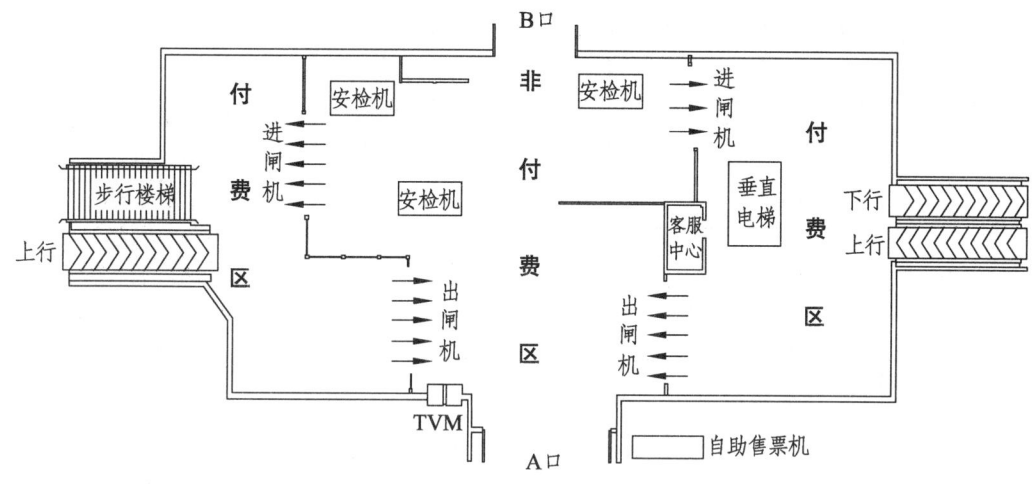

图 4-20　行政学院站站厅公共区布局

② 站台布局。

行政学院站站台位于地下一层，站台形式为岛式站台。其中，往犀浦方向为下行方向，往龙泉驿方向为上行方向。站台布局如图 4-21 所示。

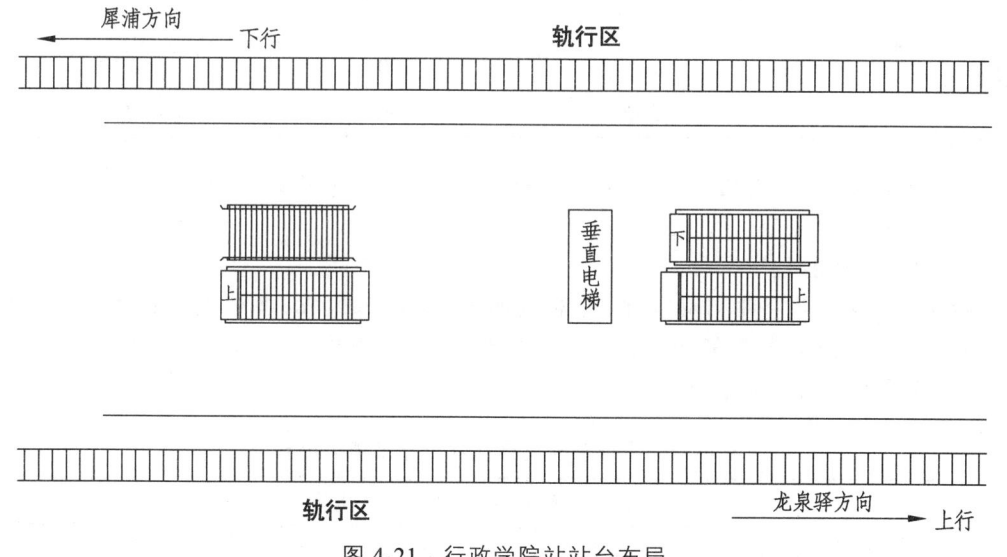

图 4-21　行政学院站站台布局

2. 车站客运服务设备设施能力分析

（1）AFC 终端及安检设备能力。

行政学院站站厅公共区设置进站闸机共 8 通道；出站闸机共 10 通道；TVM 共 5 台；BOM 共 1 台；设置安检机共 3 台。具体数量及能力分析如表 4-11 所示。

根据表 4-11 中的数据，可以分别计算出本站的进出闸机通过能力、售票能力及安检能力，如表 4-12 所示。

表 4-11 成都行政学院站 AFC 及安检设备数量设置及能力分析表

设备名称	位置	数量	合计	能力/(人次/h)	备注
BOM	东端（近A口）	1	1	360	BOM单位小时服务能力为360人次
TVM	A口外右侧	3	5	1 500	TVM单位小时自助购票能力为300人次
TVM	A口外左侧	2			
进闸机	东端（近B口）	3	8	9 600	进出站闸机单位小时通过能力为1 200人次，包含2组双向闸机
进闸机	西端（近B口）	5			
出闸机	东端（近A口）	4	10	12 000	
出闸机	西端（近A口）	6			
安检机	东端（近B口）	1	3	6 000	普通安检机单位小时通过能力为2 000人次
安检机	西端（近B口）	1			
安检机	西端（近A口）	1			

表 4-12 车站安检、售检票能力   单位：人次/h

车站部位	售票能力	安检能力	进站闸机通过能力	出站闸机通过能力
站厅东端	1 500	2 000	3 600	4 800
站厅西端	0	4 000	6 000	7 200
合计	1 500	6 000	9 600	12 000

结合本站的客流特点，可以看出本站的 AFC 终端设备及安检设备的设置完全能满足高峰小时或节假日的客流需要。

（2）乘降设备能力。

行政学院站乘降设备由自动扶梯、垂直电梯及步行楼梯组成，其中设置有 3 部自动扶梯，均位于付费区，分别分布于东端 2 部，西端 1 部；设置垂直电梯 1 部，在西端站厅设置楼梯 1 部，车站乘降设备分布见表 4-13。

表 4-13 行政学院站楼扶梯分布及能力分析

位置	扶梯	楼梯（宽1.39 m）	垂直电梯	能力/(人次/h)	备注
东端站厅至站台	1	0	1	5 400	1 m宽步行楼梯每小时通过人数下行（进）4 200人次、上行（出）3 700人次，双向（进、出）混行则通过人数为3 200人次；1 m宽自动扶梯每小时上、下行通过6 720人次；垂直电梯上、下行每小时分别通过19 500人次
西端站厅至站台	1	1	0	9 431	
东端站台至站厅	1	0	1	5 400	
西端站台至站厅	0	1	0	4 031	

根据表 4-13 中的数据及设计规范中的乘降设备单位小时通过能力标准，可以分别计算出车站东端和西端的乘降设备通过能力，如表 4-14 所示。

表4-14　车站乘降设备通过能力　　　　　　　单位：人次/h

车站部位	站厅至站台乘降设备能力	站台至站厅乘降设备通过
东端	进：5 400（A口）	出：5 400（A口）
西端	进：9 432（B口）	出：4 031（B口）
合计	进：14 832	出：9 431

结合车站客流特点，根据表4-14中的数据，本站的乘降设备能力能满足车站高峰小时进站及出站的客流量需求。

（3）站台容纳能力（见表4-15）。

行政学院站站台为是岛式站台。根据站台实际面积，以每位乘客平均占用面积为0.3 m²来分别计算岛式站台的最大容纳人数。

表4-15　成都行政学院站站台容纳能力

站台序号	站台类型	面积/m²	最大容纳人数
上下行站台	岛式站台	1 200	4 000

注：计算公式：$V=S/s$，其中V为最大容纳人数；S为站台面积；s为每位乘客平均占用面积（取值10人/3 m²）。

根据站台的最大容纳人数，再结合本站的客流特点分析，可以看出本站的站台能力完全满足本站的客流需要。

3. 日常客流组织方法

（1）日常平峰时段客流组织。

由于本站站厅在地面层，因此进站乘车的乘客从A口或B口直接进到车站站厅非付费区，需在非付费区购买车票后再经过安检进入付费区。然后通过站厅东、西端自动扶梯或步行楼梯下到站台进行候车和乘车。站台出站的乘客可通过站台自动扶梯、步行梯到达站厅出站。图4-22为本站日常客流组织平峰时段站厅乘客的进出流线。

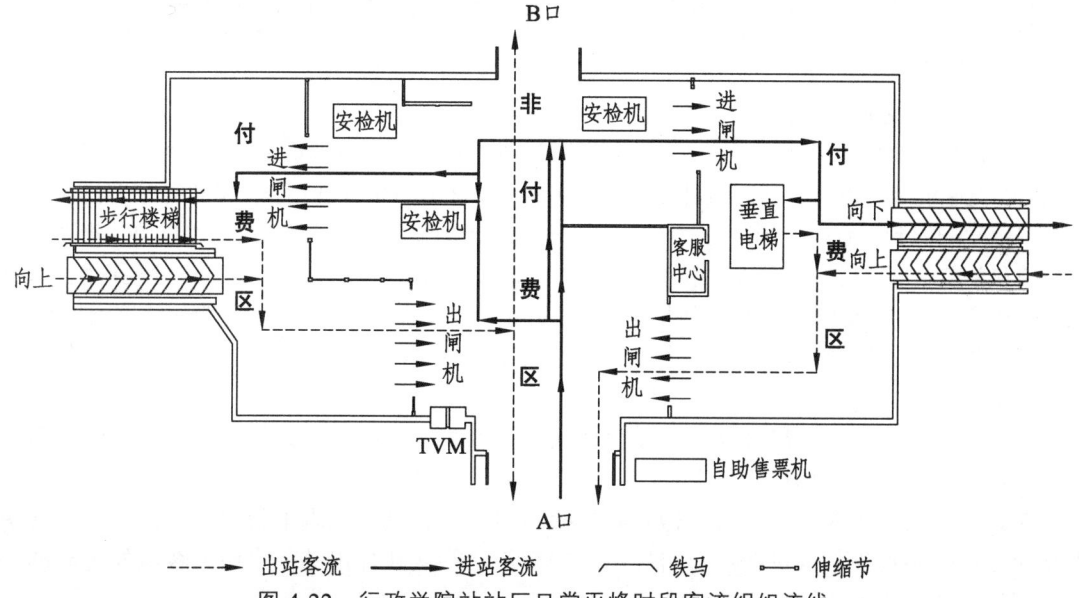

图4-22　行政学院站站厅日常平峰时段客流组织流线

（2）早晚高峰客流组织。

① 早高峰客流组织。

行政学院站早高峰以进站客流为主，因此早高峰时段在站厅中部设置伸缩栏杆实施进出流线分流，从而避免进出站客流交叉，并应在西厅车控室端增加一台安检机提高乘客的通行速度，缓解站厅客流压力。

早高峰发生时，站厅乘客流线如图 4-23 所示。

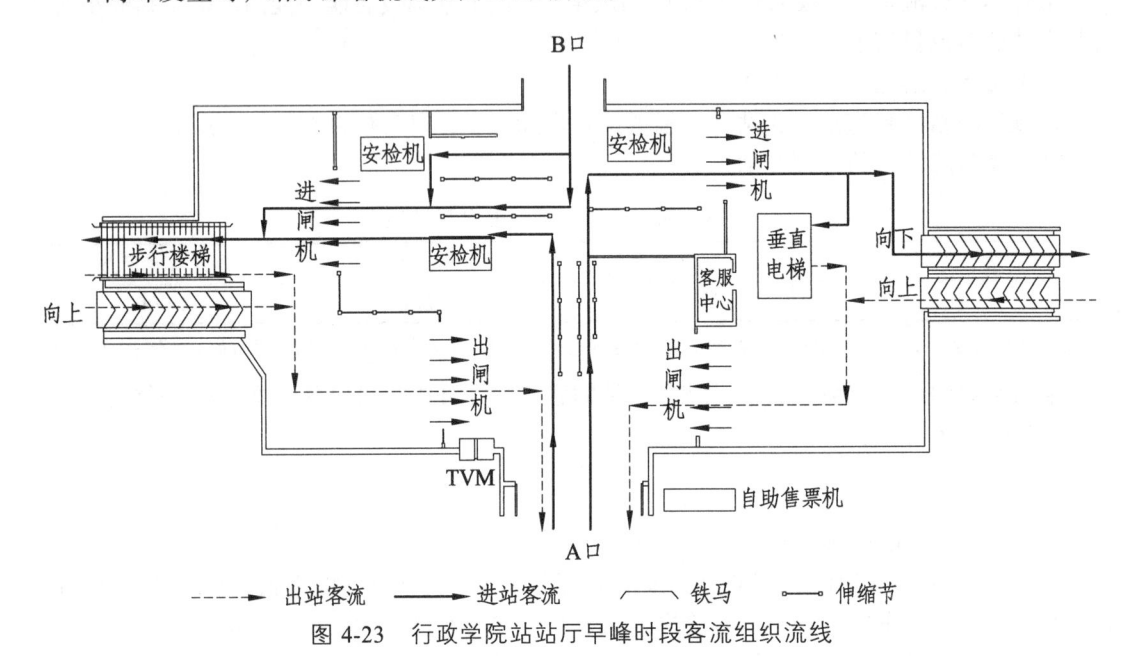

图 4-23 行政学院站站厅早峰时段客流组织流线

② 晚高峰客流组织。

行政学院站晚高峰以出站客流为主，故应增设人手在站台，加强站台的引导工作。

4. 大客流组织方法

（1）进站大客流组织。

当大量乘客集中进入车站，造成站台排队候车乘客达到站台有效面积的 1/2 时，则采取放慢售票、安检速度及分批放行的二级客流控制措施；当站厅非付费区拥堵，安检机处乘客排队人数较多且短时未得到缓解时，则可通过 SC 关闭两端部分进闸机，停止部分 TVM 售票，售票员放慢售票和兑零速度；当站台排队候车乘客达到站台有效面积的 2/3，且站厅扶梯、安检乘客出现排队人流持续增加时，则需要采取在出入口控制且引导乘客换乘其他交通工具的第三级客流控制。

发生进站大客流时，站厅乘客进站流线如图 4-24 所示。

（2）出站大客流组织。

当次趟列车进站后，出站乘客在站台楼扶梯处堆积，短时内并无缓解迹象时，则采取出站大客流组织引导，具体措施如下：

车站管理人员要安排工作人员做好站台乘客引导，将站台东端下行扶梯改为上行，加快出站速度；并增设工作人员在站台引导出站乘客从两端楼扶梯出站。出站大客流发生时的站厅乘客流线如图 4-25 所示。

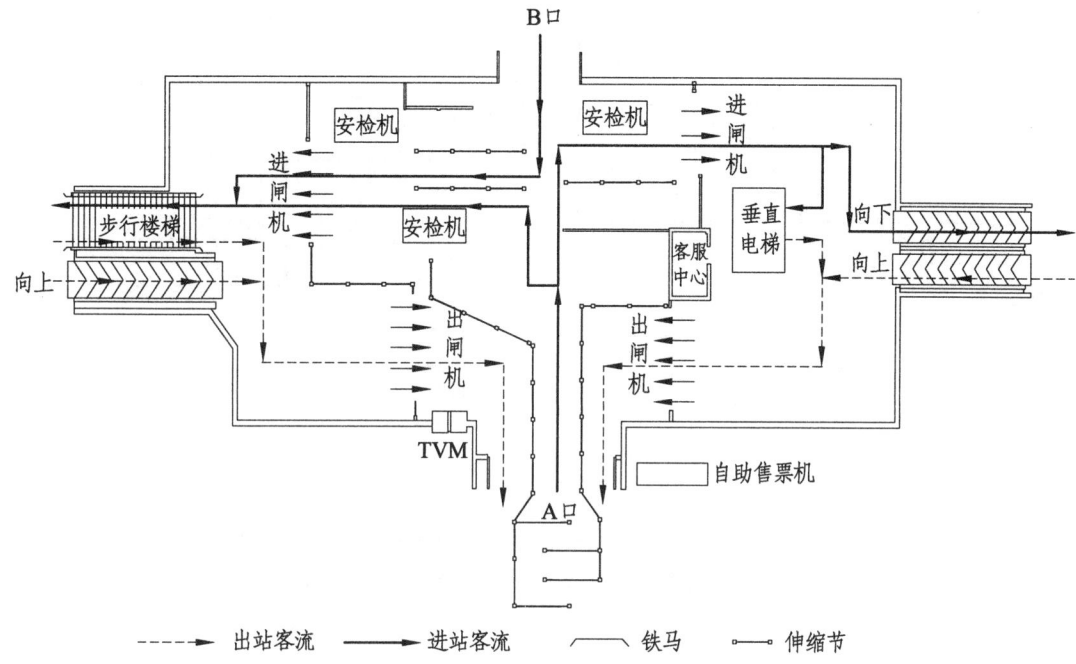

图 4-24 行政学院站发生进站大客流站厅乘客流线

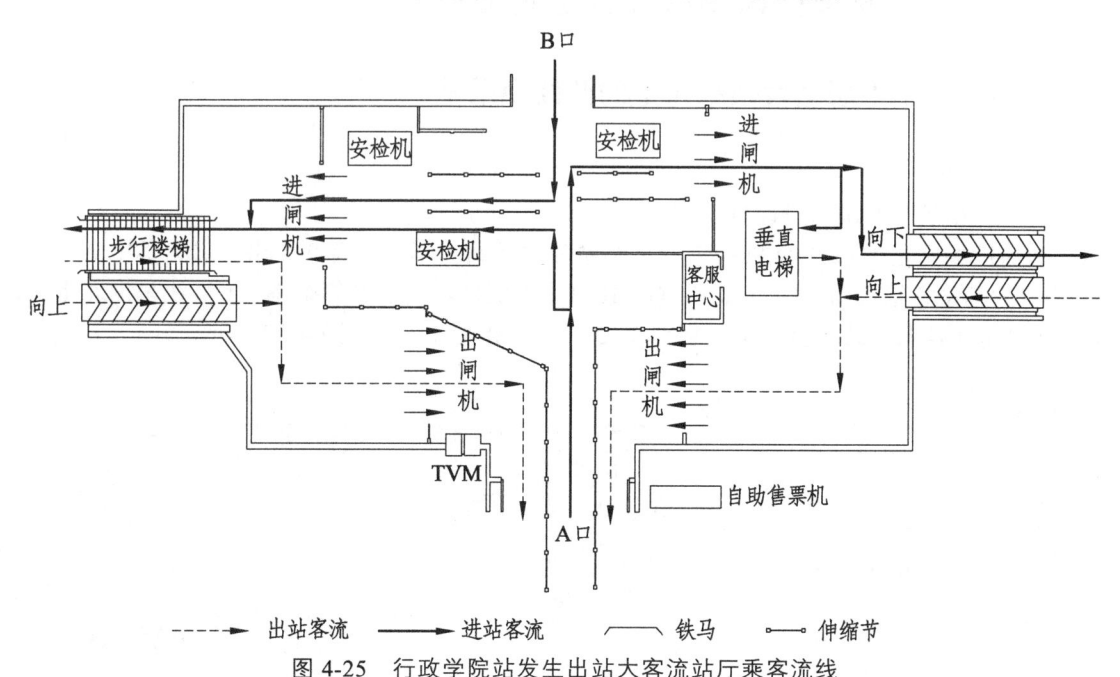

图 4-25 行政学院站发生出站大客流站厅乘客流线

（3）进、出站同时大客流客运组织。

当行政学院站同时发生进出站大客流时，车站管理人员应视情况下令打开两端出站闸机和边门，安排工作人员在两端出站闸机处值守，避免乘客翻越闸机。

进出站大客流同时发生时的站厅乘客流线如图 4-26 所示。

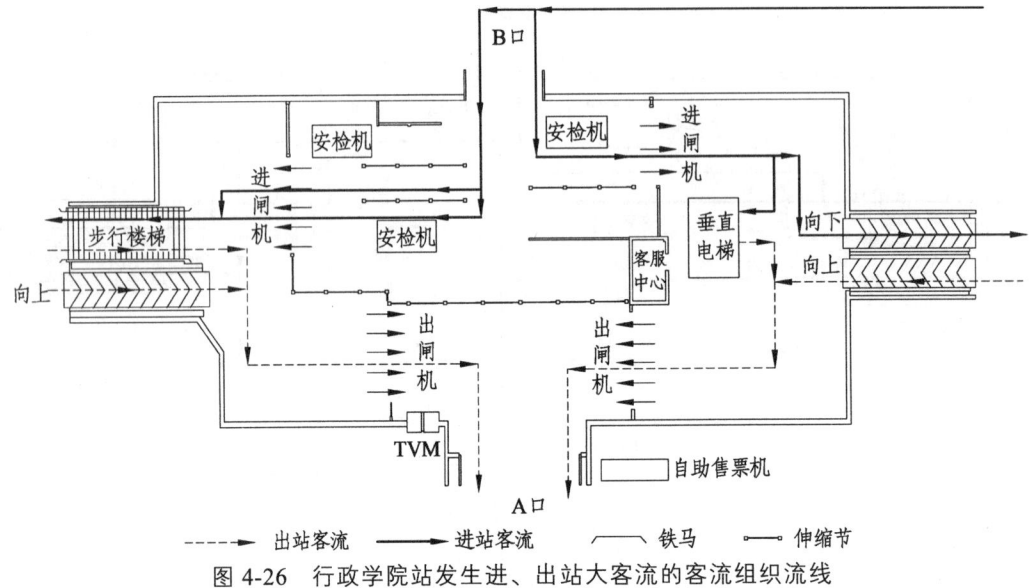

图 4-26　行政学院站发生进、出站大客流的客流组织流线

4.2　国内典型地铁两线换乘站布局分析

4.2.1　以上下层站台换乘为主的两线换乘站

1. 车站概况

（1）车站类型及出入口设置。

天府广场站是 1、2 号线的换乘站，车站为地下站。车站共有 9 个出入口，其中 A、B、E、J 口为车站管辖范围，C、D、F、G、H 口为下沉广场物业管辖范围。1 号线呈南北走向，2 号线呈东西走向，站台呈"十"字形叠交。车站出入口设置如图 4-27 所示。

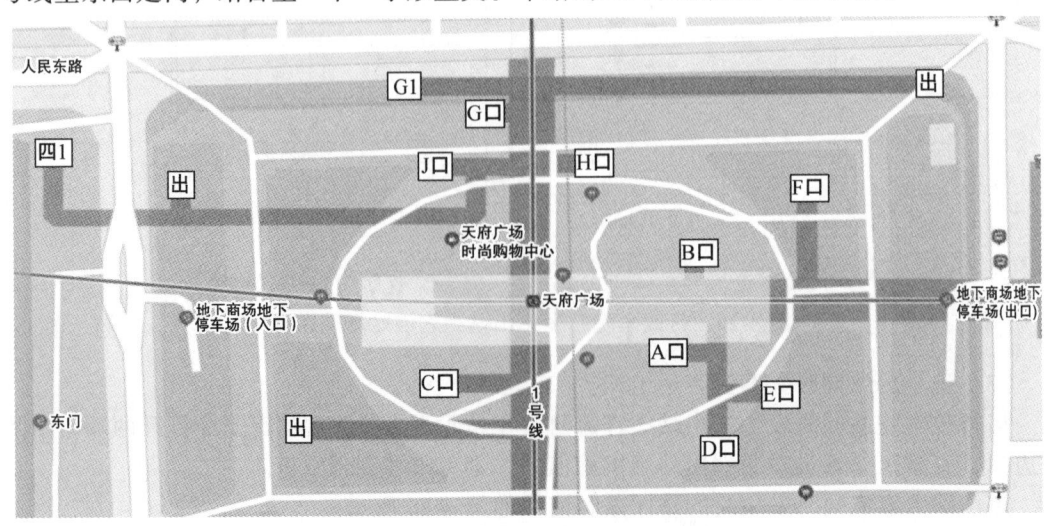

图 4-27　天府广场站出入口位置设置

（2）车站客流分析。

天府广场站位于青羊区，地处市中心，毗邻人民公园、春熙路等景点和热门商圈。因此，工作日早晚高峰通勤客流特征明显，早高峰以出站、换乘客流为主；晚高峰以进站、换乘客流为主。工作日期间全日客流特征呈典型的单向峰型。

（3）车站布局。

① 站厅公共区布局。

天府广场站为地下四层结构，负一层为车站各出入口衔接的下沉广场，负二层为1、2号线共用的站厅层，由公共区和设备区组成。公共区设置有安检机、AFC 终端设备、乘降设备及导乘设施等为乘客提供服务。由于天府广场站厅为圆形站厅，因此为了工作需要，将站厅公共区分为南北两端，站厅北端区域为靠近 B、F、G、H、J 出入口，站厅南端区域为靠近 A、C、D、E 口。

天府广场站厅公共区共设置安检机 5 台，BOM 6 台，SBOM 4 台，TVM 24 台，ENG 19 通道，EXG 30 通道，双向闸机 4 通道。其中，北端站厅区域设有 2 台安检机、3 台 BOM、11 台 TVM、10 通道 ENG、15 通道 EXG 及 2 通道双向闸机；南端站厅区域设置有 3 台安检机、3 台 BOM、13 台 TVM、13 通道 ENG、15 通道 EXG 及 2 通道双向闸机。站厅公共区布局如图 4-28 所示。

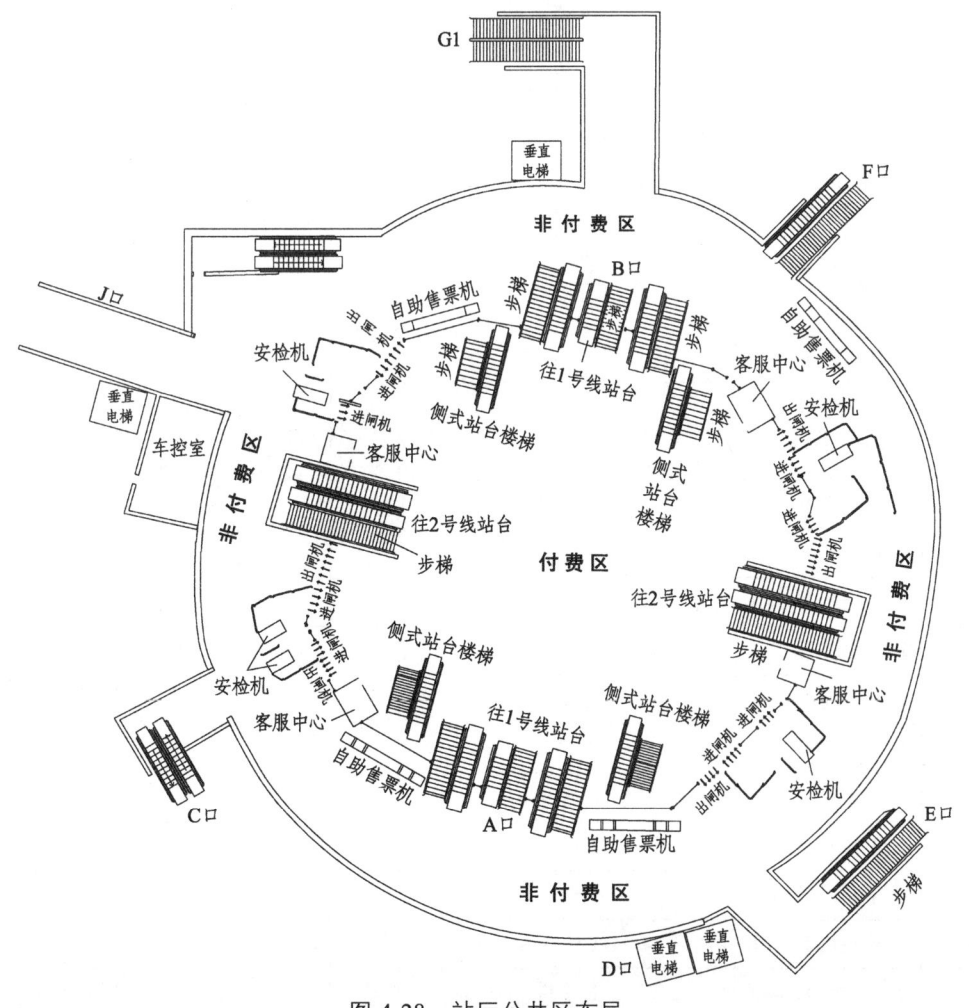

图 4-28 站厅公共区布局

② 站台布局。

天府广场站站台分别处于负三层、负四层。负三层为1号线一岛两侧式的混合式站台，负四层为2号线的岛式站台。正常情况下，1号线站台的侧式站台供换乘2号线的乘客及天府广场站下车出站的乘客使用，岛式站台供进站乘坐1号线的乘客及来自2号线的换乘乘客使用。1、2号线站台布局分别如图4-29、图4-30所示。

2. 车站客运服务设备设施能力分析

（1）AFC终端设备及安检能力分析。

天府广场AFC终端设备包括自动售票机（TVM）、自动检票机（AGM）、半自动售票机（票务处理机BOM）等，设备设置数量包括：安检机5台、BOM 6台、SBOM 4台、TVM 24台、进闸机（ENG）19台、出闸机（EXG）30通道、双向闸机4通道。AFC终端设备及安检设备设置位置和能力分析情况如表4-16所示。

表4-16 天府广场站AFC及安检设备表

设备名称	位置	数量	合计	能力/（人次/h）	备注
BOM	南端（近C口）	2台	6	2 160	BOM单位小时服务能力为360人次
	南端（近E口）	1台			
	北端（近F口）	2台			
	北端（近H口）	1台			
TVM	南端（近C口）	7台	24	7 200	TVM单位小时自助购票能力为300人次
	南端（近E口）	6台			
	北端（近F口）	6台			
	北端（近H口）	5台			
进闸机	南端（近C口）	6通道（其中1通道为双向闸机）	23	27 600	进出站闸机单位小时通过能力为1 200人次
	南端（近E口）	7通道（其中1通道为双向闸机）			
	北端（近F口）	5通道（其中1通道为双向闸机）			
	北端（近H口）	5通道（其中1通道为双向闸机）			
出闸机	南端（近C口）	11通道	30	36 000	进出站闸机单位小时通过能力为1 200人次
	南端（近E口）	4通道			
	北端（近F口）	11通道			
	北端（近H口）	4通道			
安检机	南端（近C口）	2通道	5	10 000	普通安检机单位小时通过能力为2 000人次
	南端（近E口）	1通道			
	北端（近F口）	1通道			
	北端（近H口）	1通道			

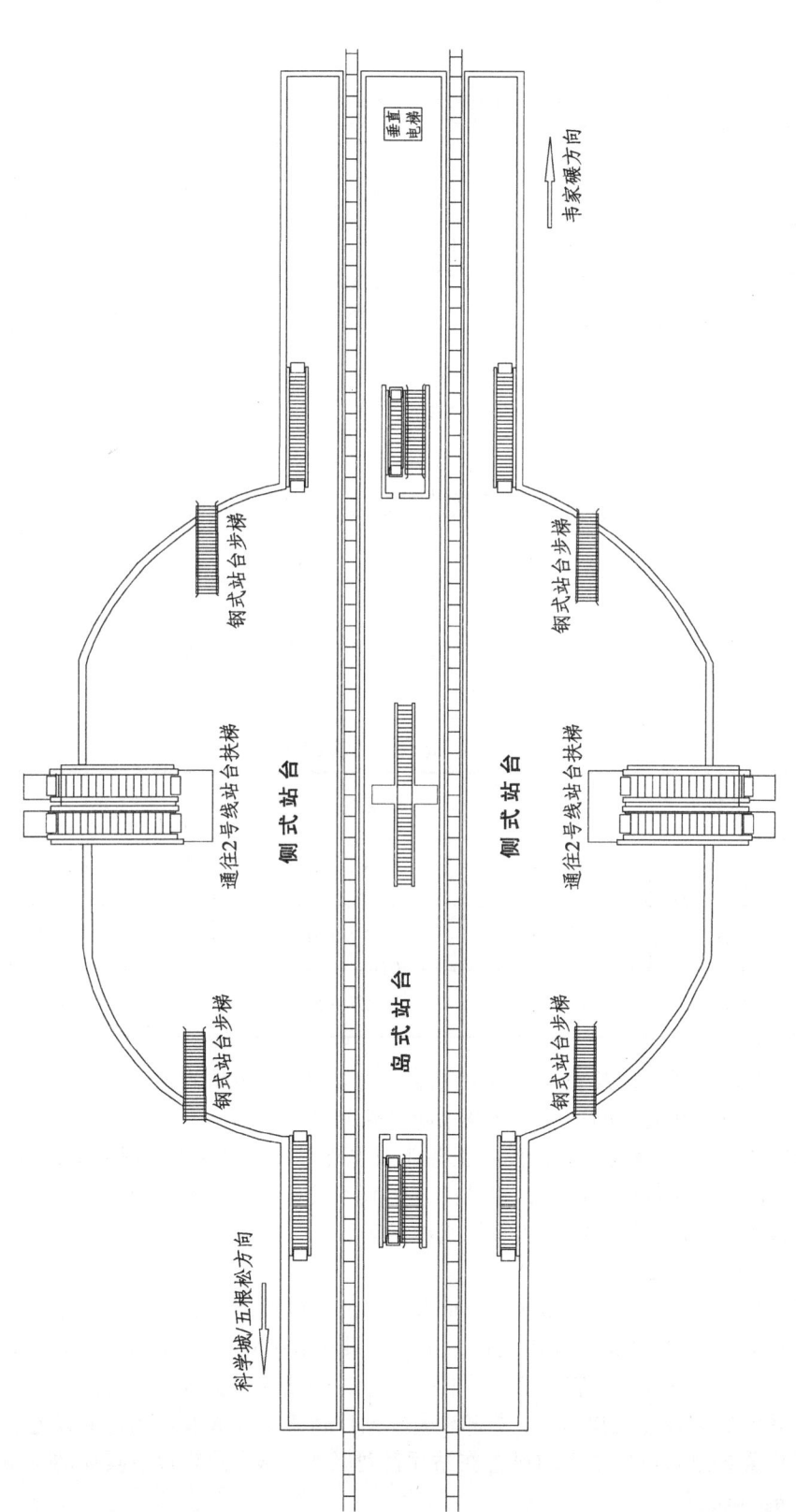

图 4-29 天府广场站 1 号线混合式站台平面布局

龙泉驿方向
←

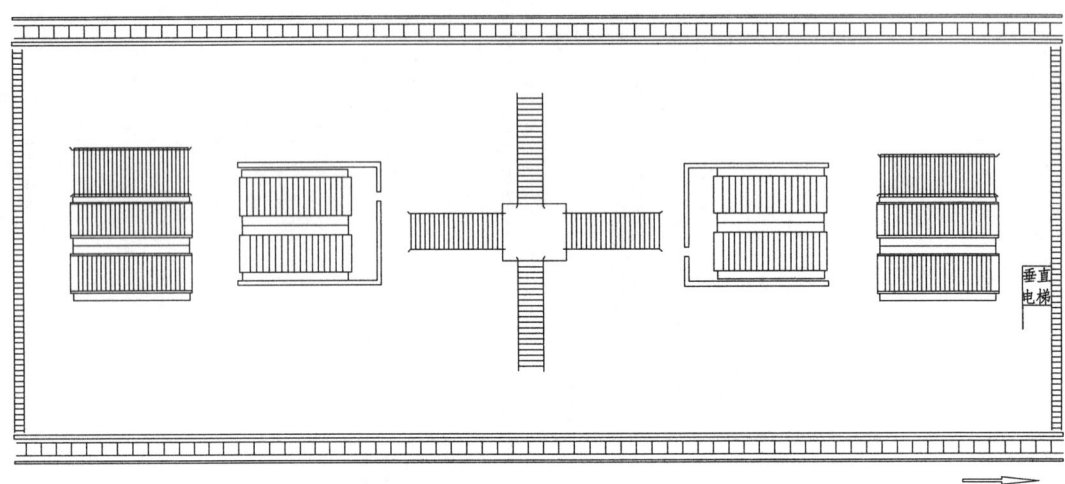

垂直电梯

犀浦方向
→

图 4-30　天府广场 2 号线岛式站台平面布局

根据表 4-16 中的数据可以分别计算出本站的南北两端的进出闸机通过能力、售票能力及安检能力，如表 4-17 所示。

表 4-17　车站安检、售检票能力　　　　　　　　　单位：人次/h

车站部位	售票能力	安检能力	进站闸机通过能力	出站闸机通过能力
站厅南端	4 980	6 000	15 600	18 000
站厅北端	4 380	4 000	12 000	18 000
合计	9 360	10 000	27 600	36 000

结合本站客流调查的数据及表 4-17 中的数据，可以得出：本站的客流组织压力主要集中在早高峰的出站客流、晚高峰的进站客流及早晚高峰的换乘客流。

由于车站的 AFC 终端设备及安检设备服务能力主要影响进出客流组织效率，所以根据本站早晚高峰的客流对比设备服务能力，本站的客运服务设备设施的售票能力、安检能力及进出闸机通过能力均能满足高峰小时进出客流组织的需要。

（2）乘降设备能力。

天府广场站乘降设备主要由自动扶梯、垂直电梯及步行楼梯组成。天府广场站共设置 26 部自动扶梯，其中，有 10 部设置在出入口，负责将乘降从站外运送到站厅非付费区；有 16 部设置在站厅付费区，负责将乘客从站厅非付费区运送到站厅付费区。天府广场站共设置垂直电梯 4 部，其中 2 部设置在出入口，2 部设置在站厅付费区。天府广场站共设置步行楼梯 15 部，分别是设置在出入口的 7 部和设置在站厅付费区的 8 部。乘降设备具体的分布位置及服务能力如表 4-18 所示。

表 4-18 天府广场站乘降设备数量分布及服务能力

位置	自动扶梯	步行楼梯	垂直电梯	备注
A 口	2（向上/向下）			
B 口	2（向上/向下）			
C 口	2（向上/向下）			
D 口	0			规范规定：1 m 宽步行楼梯每小时通过人数下行（进）4 200 人次、上行（出）3 700 人次，双向（进、出）混行则通过人数为 3 200 人次；1 m 宽自动扶梯每小时上、下行通过 6 720 人次；垂直电梯上、下行每小时分别通过 19 500 人次
E 口	1（向上）			
F 口	1（向上）			
G1 口	0			
H 口	2（向上/向下）	0	0	
1 号线岛式站台	2（向下）	2（1.3）上/下通用	0	
1 号线上行侧式站台	2（向上）	2（2.0 m）单向向上	0	
1 号线下行侧式站台	2（向上）	2（2.0 m）单向向上	0	
2 号线站台东端	2（向上/向下）	1（1.0 m）上/下通用	0	
2 号线站台西端	2（向上/向下）	1（1.0 m）上/下通用	0	
1 号线下行侧式至 2 号线站台	2（向下）	0	0	
1 号线上行侧式至 2 号线站台	2（1 上 1 下） 2（向下）	0	0	
J 口通道口	0	0	1（2 号线）	
B 口下方	0	0	1（1 号线）	

根据表 4-18 数据及设计规范中的乘降设备单位小时通过能力标准，可以分别计算出车站各区域乘降设备通过能力，如表 4-19 所示。

表 4-19 天府广场站乘降设备通过能力　　　　　　　　　　　　单位：人次/h

车站部位	进站乘降设备服务能力	出站乘降设备服务能力	上下层站台换乘乘降设备通过能力
出入口至站厅非付费区	67 200	53 760	—
站厅付费区至 1 号线站台	47 040	60 480	—
站厅付费区至 2 号线站台	26 880	26 880	—
1 号线侧式站台至 2 号线岛式站台	—	—	37 800
1 号线岛式站台至 2 号线岛式站台	—	—	21 452

根据表 4-19 中的数据，结合本站客流特点，可以确认本站的进出站乘降设备通过能力完全能满足本站高峰小时客流组织的需要。高峰时段的上下层站台换乘通道的能力也能满足正常情况下换乘客流的需要，但在早晚高峰时，上下层换乘通道能力不能满足换乘客流组织的需要，则需要引导换乘客流通过站厅付费区实现换乘。

（3）站台容纳能力。

天府广场的 1 号线站台形式有岛式站台和侧式站台，2 号线站台为岛式站台，与 1 号线岛式站台呈"十"字交叉型。1 号线侧式站台为换乘乘客及下车出站乘客服务，1 号线岛式站台为进站上车乘客服务，2 号线岛式站台为进出站的上、下车乘客及换乘乘客服务。因此站台面积影响车站的进出站及换乘客流组织。天府广场站站台面积及最大容纳人数如表 4-20 所示。

表 4-20　天府广场站站台面积及容纳能力

站台序号	站台类型	面积/m²	最大容纳人数
1号线站台	岛式站台	730	2 433
1号线站台	侧式站台	941×2	3 136×2
2号线站台	岛式站台	1 463.7	4 879

注：计算公式：$V=S/s$，V 为最大容纳人数，S 为站台面积，s 为每位乘客平均占用面积（取值 10 人/3 m²）。

结合本站的客流调查数据，可以看出早晚高峰时，2 号线岛式站台的容纳能力存在一定的压力，因此，当早晚高峰客流发生或其他大客流发生时，要加强 2 号线站台的客流疏导，以保证乘客候车及乘车的安全。

3. 日常客流组织方法

（1）平峰客流组织。

由于车站工作日客流以通勤客流为主，日常客流平峰时段进出站客流组织相对较简单。进站客流组织时引导乘客从站厅非付费通过进站闸机进入站厅付费区，再经由乘降设备进入 1 号线或 2 号线的站台候车乘车。出站客流组织时，让下车的乘客通过乘降设备到达站厅付费区，经由出站闸机到达站厅非付费区，然后出站。由于本站 1、2 号线之间的换乘客流主要以上下层站台换乘为主，因此 1 号线下车换乘的乘客在引导下从侧式站台下车，经由乘降设备到达 2 号线的岛式站台乘车；从 2 号线换乘 1 号线的乘客则在引导下通过站台上换乘楼梯实现换乘。日常客流组织平峰时段站厅乘客流线如图 4-31 所示。

（2）早晚高峰客流组织。

① 早高峰客流组织。

根据客流调查数据显示，本站工作日早高峰以出站客流及换乘客流为主，因此早高峰段换乘客流以上、下层站台换乘方式、辅以站厅付费区换乘方式实现 1、2 号之间的乘客换乘。由于工作日期间早高峰时段的客流组织压力来自于换乘客流，因此此处重点讨论换乘客流组织措施与流线。具体措施如下：

应在 1 号线站台十字换乘步行楼梯口靠下行方向侧设置延长铁马，避免乘客堆积在步行楼梯口；除此之外，还应在 2 号线站台东西两端长大扶梯的向下扶梯处设置伸缩栏杆，避免乘客拥堵在扶梯口；在 C 口下方上、下行扶梯间设置延长铁马及伸缩栏杆，双向闸机设置为出站方向。

同时，应将 1 号线上行侧式站台通往 2 号线站台的两部换乘自动扶梯设为 1 上 1 下，同时在 1 号线上行侧式站台向上及向下扶梯间设置分隔铁马，在 2 号线站台向上及向下扶梯间设置分隔伸缩栏杆，避免客流交叉。

日常平峰时段换乘客流组织 2 号线站台乘客流线及站厅乘客流线如图 4-32、4-33 所示。

② 晚高峰客运组织。

根据客流调查数据显示，本站工作日晚高峰以进站客流及换乘客流为主，因此晚高峰段换乘客流以上、下层站台换乘方式、辅以站厅付费区换乘方式实现换乘，根据情况在站厅及站台采取客流疏导的措施。实施时的具体措施如下：

晚高峰时段，车站根据客流情况在安检点前设置延长铁马，延长乘客走行距离，实施进站客流疏导措施；在 2 号线站台东侧设置伸缩栏杆，并引导乘客往站台西端及中部走，避免拥堵。

天府广场日常客晚高峰时段 2 号线站台、1 号线站台及站厅乘客流线如图 4-34~4-36 所示。

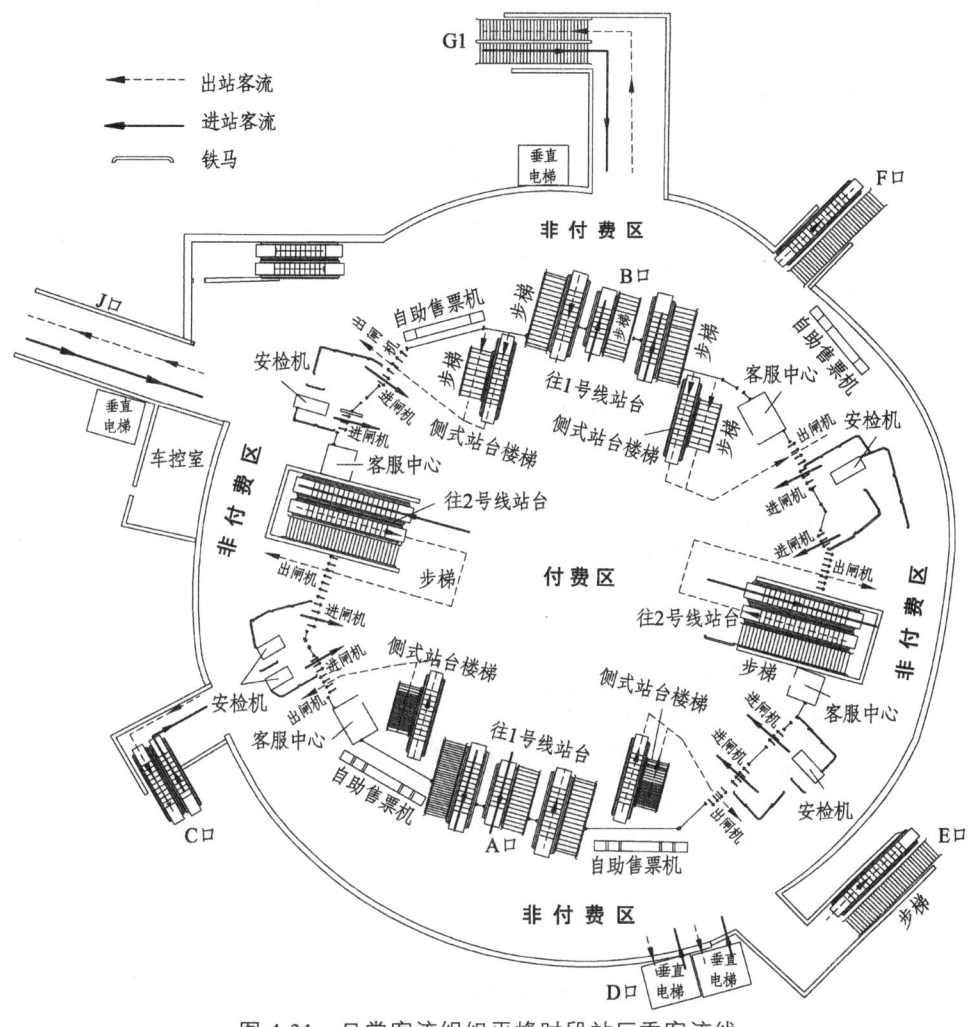

图 4-31 日常客流组织平峰时段站厅乘客流线

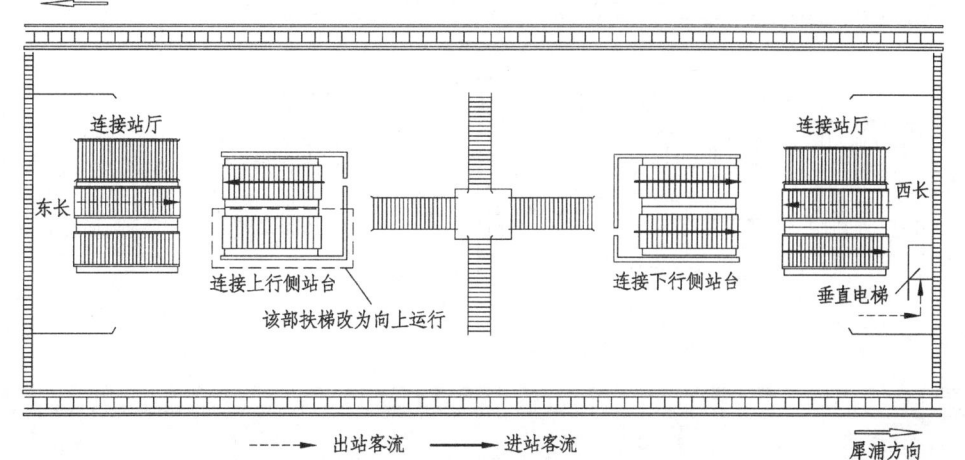

图 4-32 天府广场日常早高峰时段 2 号线站台乘客流线

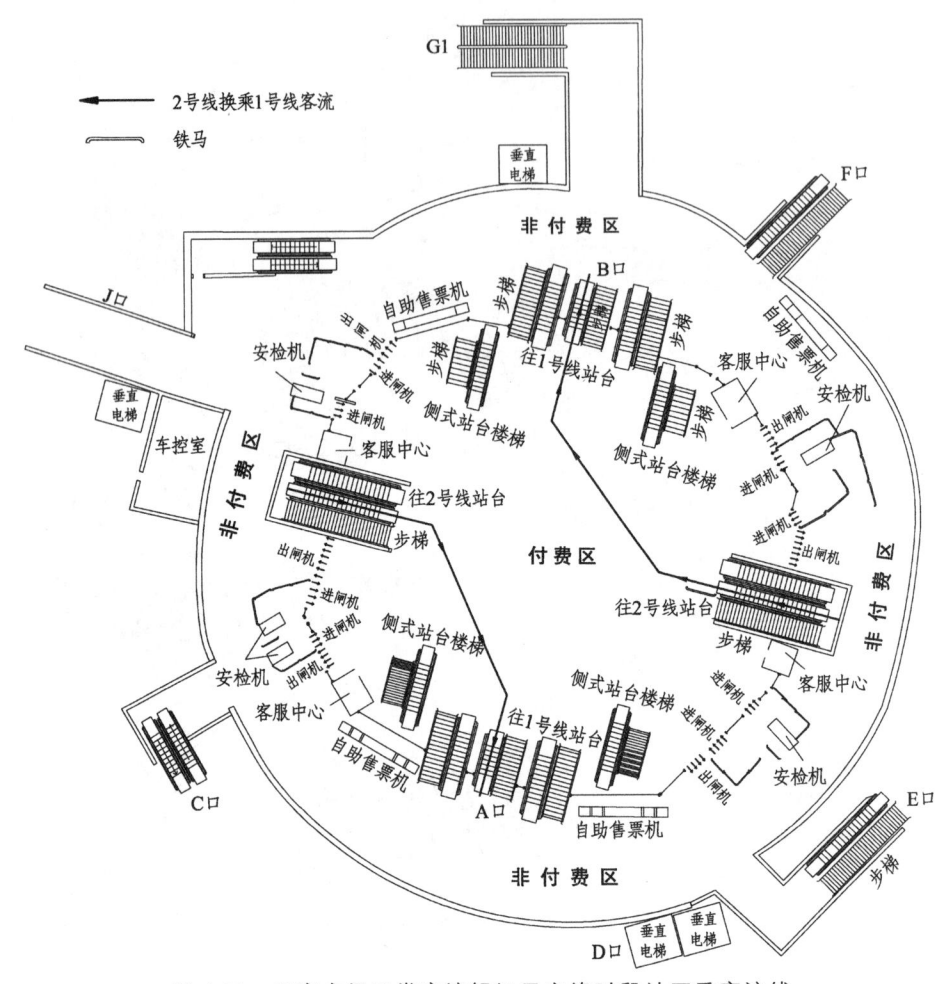

图 4-33　天府广场日常客流组织早高峰时段站厅乘客流线

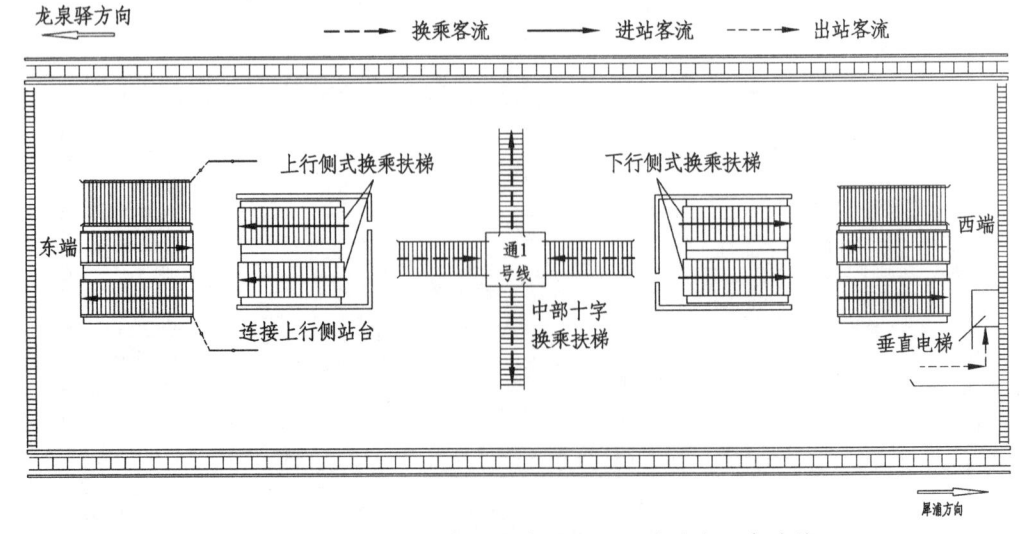

图 4-34　天府广场日常晚高峰时段 2 号线站台乘客流线

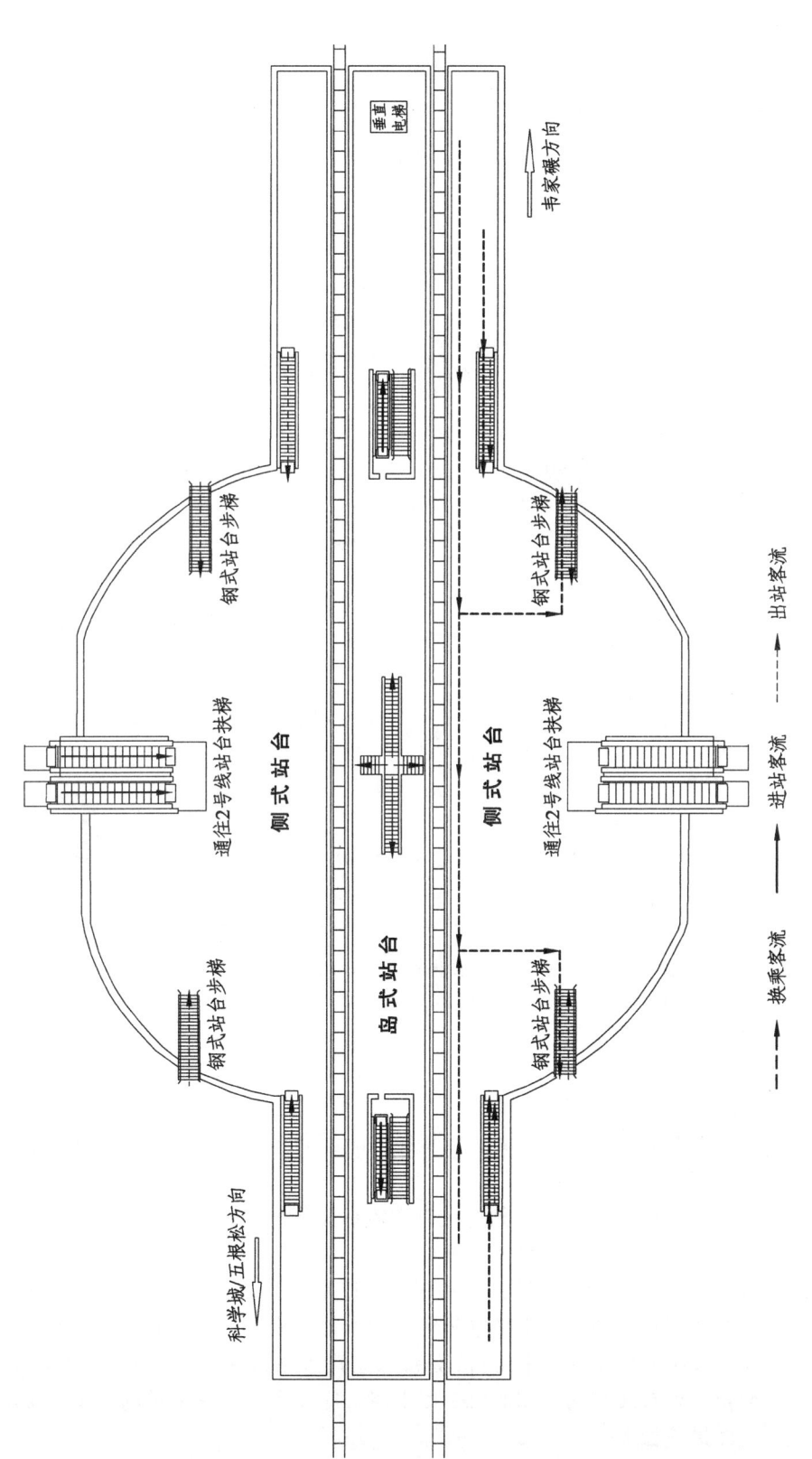

图 4-35 天府广场日常晚高峰时段 1 号线站台乘客流

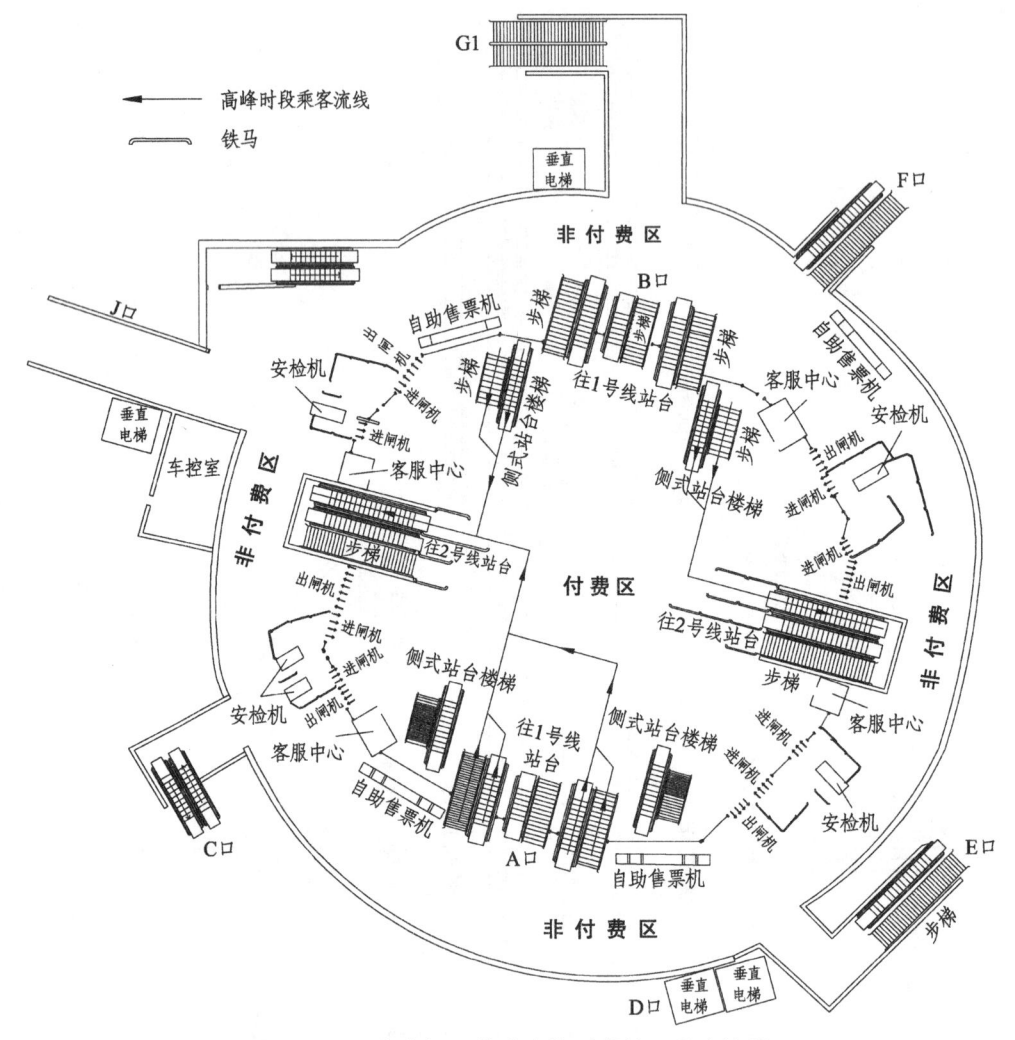

图 4-36 天府广场日常晚高峰时段站厅乘客流线

4. 大客流组织方法

（1）进站大客流。

① 1号线发生进站大客流。

1号线发生进站大客流时，应根据大客流持续的时间和客流量的变化情况分级采取客流单站级的客流控制措施。

当1号线岛式站台排队候车人数达到站台有效容纳面积的1/2以上时，应在车站管理人员的指挥下实施一级客流控制措施，具体措施如下：

在车站的4个安检点处设置延长铁马，减缓乘客进站速度；2号线站台根据客流情况控制2号线换乘1号线的客流，即在十字换乘步行楼梯设置控制点，引导乘客通过站厅换乘；在1号线站厅楼扶梯口区域设置并采取绕行，延缓乘客进入站台的速度。当1号线岛式站台、站厅付费区乘客数量达到有效容纳面积的2/3以上时，应在车站管理人员的组织下实施二级客流控制措施，具体措施如下：

客服中心放慢售票速度，视 TVM 前购票排队情况关闭部分 TVM；在安检点处实施分批放行，站厅付费区 1 号线楼扶梯口绕行，分批放行乘客，减缓乘客进入付费区的速度；A、B 出入口处设置分流铁马，对进出站乘客进行分流。当天府广场站非付费区乘客数量达到有效容纳面积的 2/3 以上时，车站管理人员要下令实施三级客流控制，具体措施如下：

在 A、B 口设置控制点，根据站厅非付费区客流情况对 A、B 口交替放行，若仍不能缓解则改为分批放行；如果仍无法缓解，由需要实施关闭出入口的措施，即应对除 A 口、B 口外的其他出入口进行只出不进的控制。

三级客流控制站厅乘客流线如图 4-37 所示。

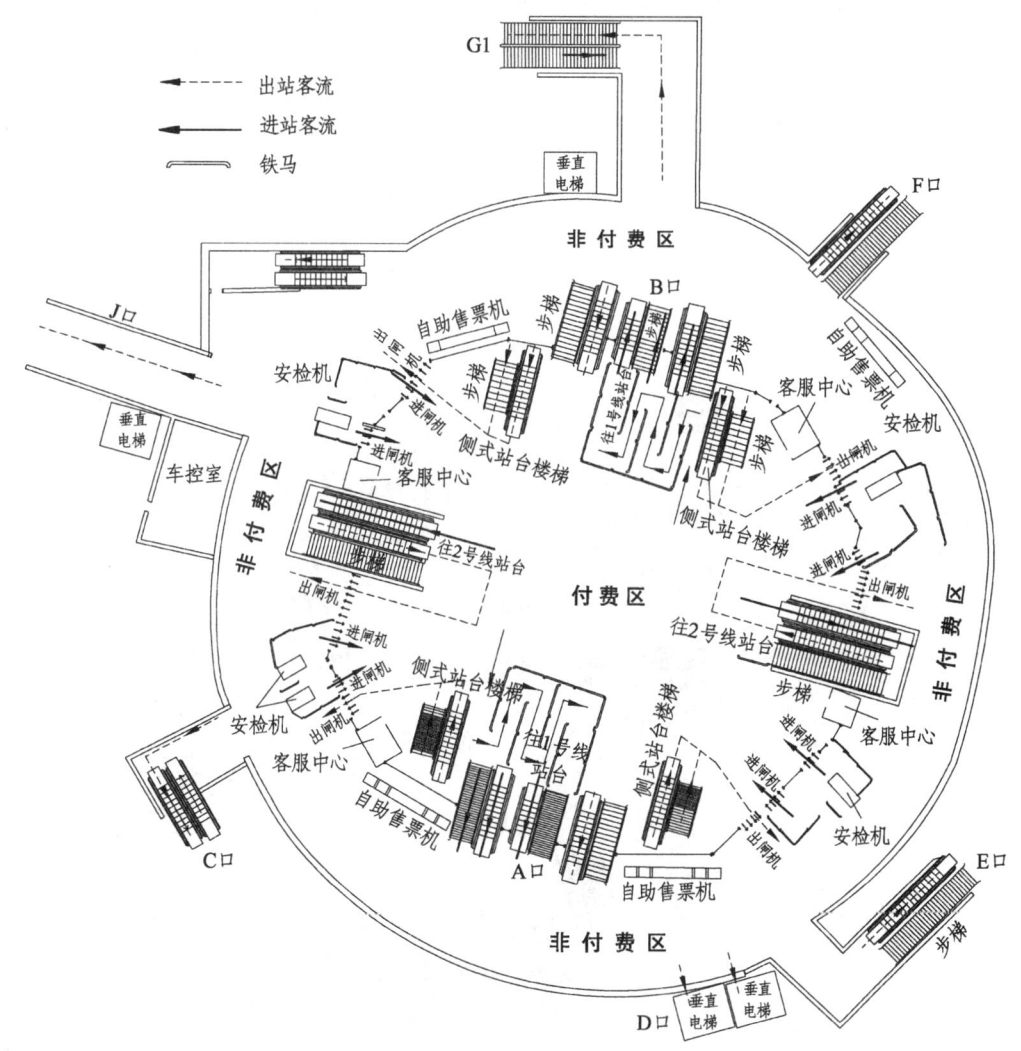

图 4-37 天府广场站 1 号线进站大客流组织三级客流控制时站厅乘客流线

② 2 号线发生进站大客流。

2 号线发生进站大客流时要根据大客流持续的时间和客流量的变化情况分级采取单站级客流控制措施。

当 2 号线站台排队候车人数达到站台有效容纳面积的 1/2 以上时，车站管理人员应下令采取一级客流控制，具体引导和控制措施如下：

组织工作人员引导使用 2 号线站台换乘扶梯和东西长扶梯到达站台的乘客至站台中部候车；组织工作人员在 4 个安检点处设置延长铁马，减缓乘客进站速度；此时观察 1 号线侧式站台换入 2 号线客流的情况，根据客流变化情况可以在对应侧式站台头尾端用铁马拦截，分流部分乘客通过站厅换乘，侧式站台换乘扶梯处根据 2 号线站台滞留情况组织绕行。当 2 号线站台及站厅付费区乘客数量达到有效容纳面积的 2/3 以上时，车站管理人员应下令采取二级客流控制，具体措施如下：

客服中心放慢售票速度，车站视 TVM 前购票排队情况关闭部分 TVM；安检点处通过设置伸缩隔离带分批放行进站乘客；站厅通往 2 号线站台扶梯处设置铁马分隔，观察侧式站台换入 2 号线的客流变化，根据客流情况在对应站台侧与换乘扶梯处设置伸缩隔离带以便于采取交替分批放行措施；在站厅 A、B 口处设置分流铁马，对进出站乘客进行分流。

2 号线进站大客流采取第二级客流控制时站厅乘客流线如图 4-38 所示。

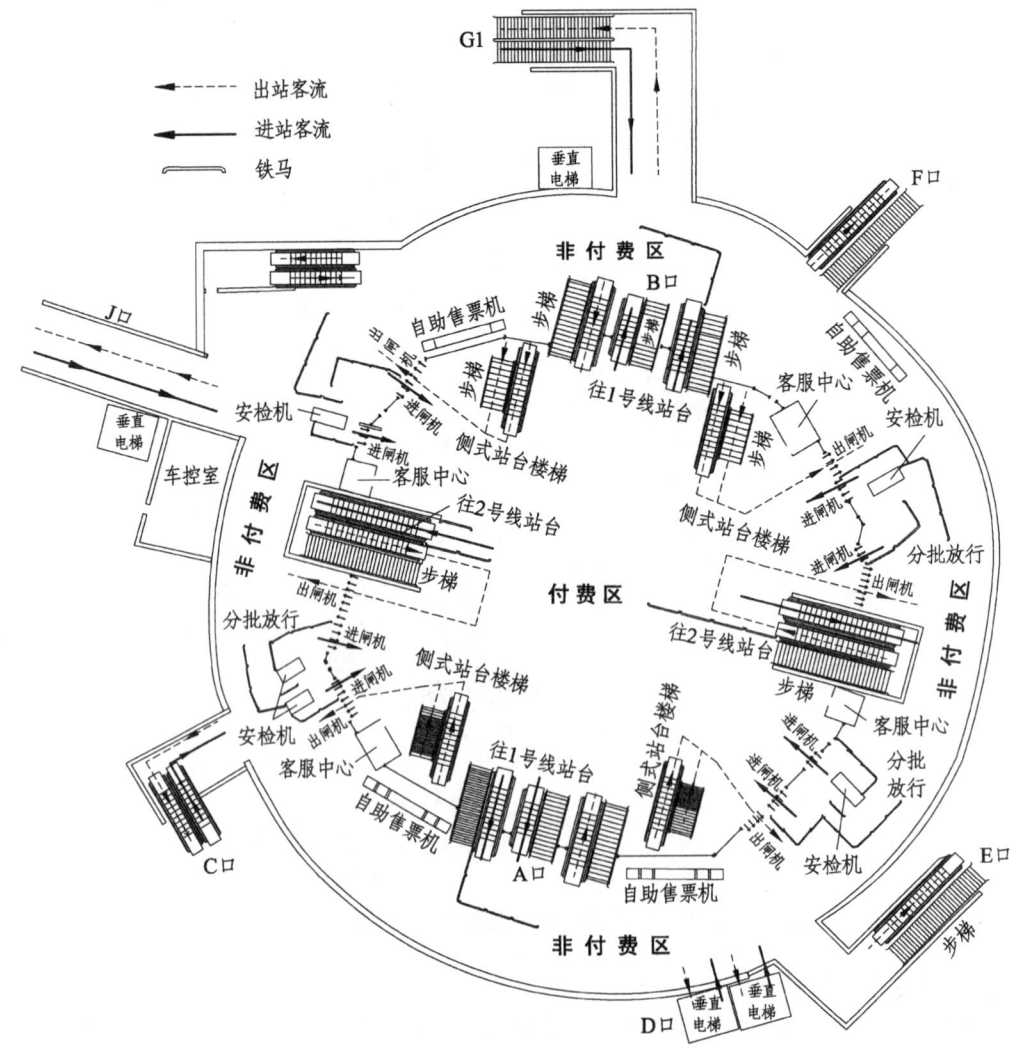

图 4-38　天府广场站 2 号线进站大客流采取二级客流控制时站厅乘客流线

当非付费区乘客数量达到有效容纳面积的 2/3 以上时，值班站长则下令实施三级客流控制，具体措施与 1 号线三级客流控制措施一致。

（2）出站大客流。

出站大客流组织措施相对进站大客流组织措施要简单，即加快乘客从车站内部向外部流动的速度。具体措施如下：

安排人员引导乘客从临近的其他人少的出闸机出站，均衡各区域出站闸机的能力，双向闸机视排队情况设置为出站方向；在付费区设置伸缩栏杆，将进站、出站客流进行分隔，减少客流交叉的情况出现；根据客流情况组织开启边门或者闸机，回收单程票，加快乘客出站速度。

（3）进、出站同时发生大客流。

当天府广场站同时发生进出站大客流时，则视客流情况分级采取客流引导和控制措施，具体措施如下：

在站厅付费区进闸机与出闸机间设置伸缩栏杆，将进站、出站客流进行分隔；在安检点处设置延长铁马，实施分批放行进入站厅；客服中心放慢售票速度，且视 TVM 前购票排队情况关闭部分 TVM；所有双向闸机设置为出站方向。

同时，根据 1 号线站台滞留情况在 2 号线站台采取换乘步梯卡控减缓乘客换入 1 号线的速度，引导他们通过站厅换乘；根据 2 号线站台滞留情况，在 1 号线侧式站台换入客流较大一侧，采取站台两端分流至站厅、侧式站台中部区域绕行的措施，减缓换乘到达速度；在站厅 A、B 口设置分流铁马，对进站乘客进行分流，均衡进站客流在站厅的分布；同时在 A、B 出入口设置控制点，根据站厅非付费区客流情况对 A、B 口交替放行，若仍不能缓解则改为分批放行。如无法缓解，则对除 A 口、B 口外的其他出入口进行只出不进的控制。

若大量乘客在出闸机前堆积无法缓解，车站工作人员可根据客流情况组织开启边门或者闸机，回收单程票，加快乘客出站速度。开启边门引导乘客通行后，出闸机前客流仍未缓解，此时车站应申请出站大客流模式后，引导乘客快速出站。

（4）换乘大客流。

① 2 号线换乘 1 号线换乘大客流。

发生 2 号线换乘入 1 号线大客流时，根据大客流的持续时间及换乘客流量的大小分步采取客流组织引导措施。

当 2 号线换入 1 号线的客流较大时，则在 2 号线站台通往 1 号线站台的十字步行楼梯处采取措施，减小步行楼梯的入口宽度，并在 2 号线站台两端 3 个滑动门前准备伸缩栏杆导流措施以减缓换乘客流进入 1 号线站台的速度。当此引导措施不能解决换乘 1 号线的客流量大的问题时，则需要采取流控制措施，具体措施如下：

根据 1 号线站台滞留情况卡控 2 号线站台十字换乘步梯通行，2 号线站台两端扶梯至第 3 个滑动门之间根据客流排队情况设置平行伸缩栏杆实施绕行；站厅付费区通往 1 号线岛式站台的自动扶梯处设置铁马实施绕行，根据站台滞留情况卡控站厅付费区乘客进入 1 号线岛式站台的速度。此时，站厅乘客流线如图 4-39 所示。

② 1 号线换乘 2 号线大客流。

发生 1 号线换乘入 2 号线大客流时，现场则应根据大客流的持续时间及换乘客流量的大小分步采取客流组织引导措施。具体措施参照以下步骤来执行：

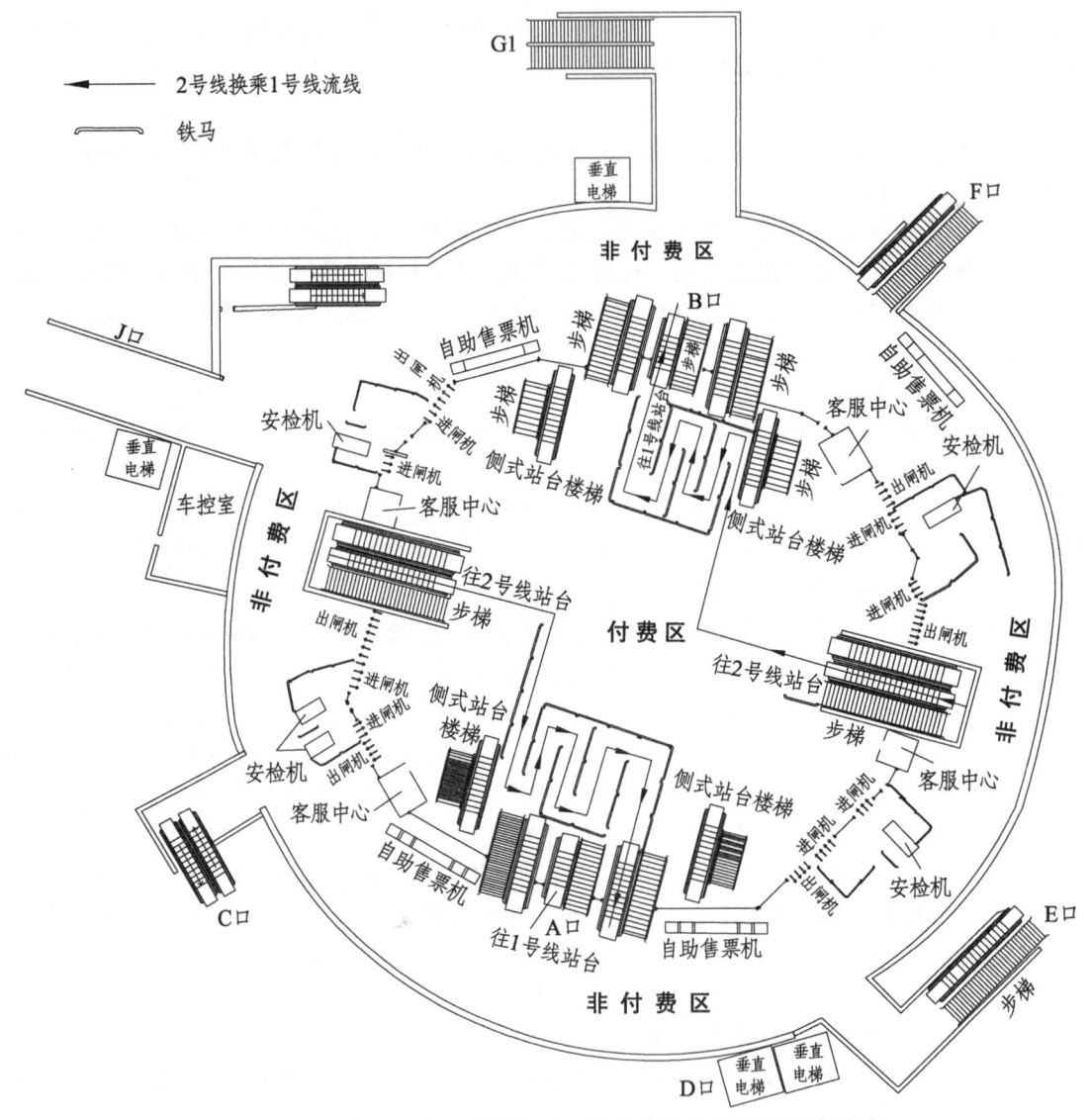

图 4-39　天府广场站 2 号线换乘 1 号线大客流时站厅乘客流线

1 号线侧式站台（上行）头尾端用铁马拦截，分流部分换乘乘客去往站厅，从而通过站厅付费区换乘，或者在 1 号线侧式站台换乘扶梯处设置铁马组织绕行，减缓换乘客流进入 2 号线站台的速度；当此措施仍不能缓解 2 号线站台换乘客流压力太大的问题，则需要在站厅付费区通往 2 号线站台自动扶梯处设置铁马分隔，或采取分批放行，减缓进入 2 号线站台的乘客流动速度。此时，1 号线站厅乘客流线如图 4-40 所示。

③ 1、2 号线同时换乘大客流。

当 1、2 号线换乘同时发生大客流时，则根据换乘大客流持续时间及客流量变化情况采取相应组织控制措施。具体措施如下：

在站厅付费区通过设施将换乘客流、进站客流、出站客流进行分隔，避免各类客流发生交叉干扰，同时也可安排安检点处放慢乘客进站速度，根据站厅滞留乘客量决定是否实施分批放行。

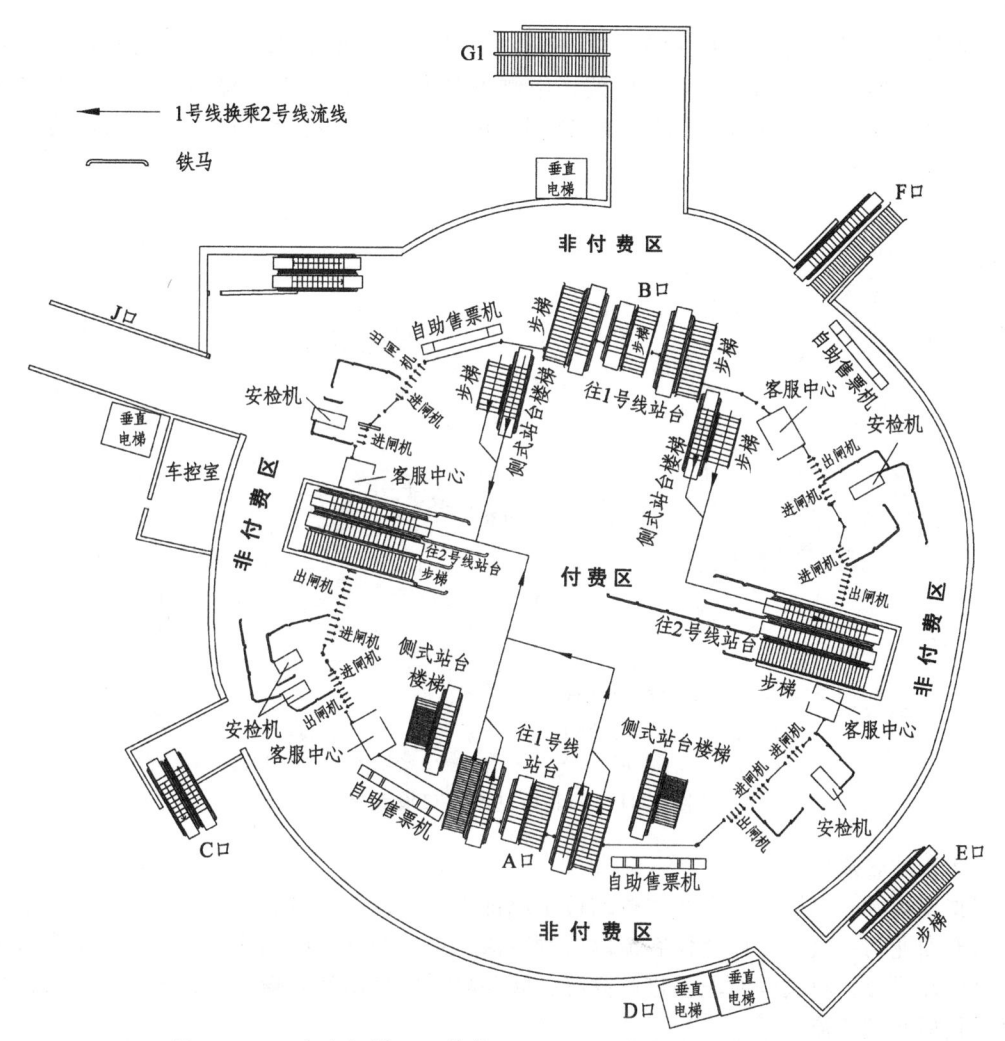

图 4-40　天府广场站 1 号线换乘 2 号线大客流时站厅乘客流线

再根据 2 号线换入 1 号线的客流情况,在 2 号线站台设置卡控点位或分流设施,引导使用十字换乘步梯的乘客通过站厅付费区实施换乘,同时在站厅付费区通往 1 号线站台的两端楼扶梯处设置绕行,根据情况采取绕行或分批放行措施,减缓换入 1 号线站台的乘客的走行速度。

根据 1 号线换入 2 号线的客流的情况,在对应换乘客流较大的侧式站台采取中部换乘扶梯绕行、分批放行的措施,同时也在站厅付费区通往 2 号线站台长大扶梯处根据情况分批放行,减缓换入 2 号线的乘客的走行速度。

4.2.2　以同站台换乘为主的两线换乘站

1. 车站概况

(1) 车站类型及出入口设置。

西北桥站位于一环路北一段与九里堤南路交汇处,是 5 号线和 6 号线的换乘车站。西北桥站为地下三层车站，地下一层为 5、6 号线共用站厅，地下二、三层均为站台层，车站北侧主要为铁路新村、四川结石病医院，南侧主要为通锦苑、铁二院小学、通锦中学及铁二院办公区。西北桥站有 A2、A3、B、D 四个出入口和一个应急出口。各出入口的位置如图 4-41 所示。

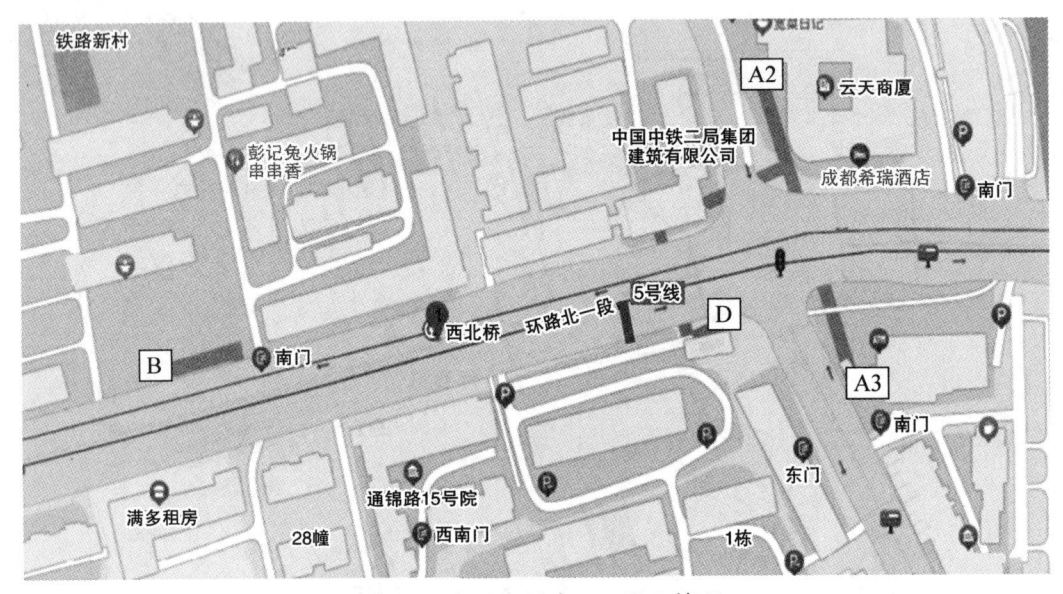

图 4-41　西北桥站出入口设置情况

（2）车站客流分析。

根据现场调查可知，由于西北桥站位于成都市金牛区一环路北一段，周边学校、小区较多，且有商业写字楼，所以整体客流以通勤客流为主。根据客流调查结果分析，工作日早晚高峰客流较明显，早高峰时段呈进站高峰，晚高峰时段呈出站高峰，全日客流分时特征呈现典型的单向峰型客流。

（3）车站布局。

① 站厅公共区布局。

西北桥站站厅为 5 号线和 6 号线共用。站厅公共区由付费区和非付费区组成。站厅公共区设有 AFC 终端设备及乘降设备等客运服务设备设施为乘客提供出行服务。为了工作需要，根据站厅的方位特点人为将其分成 A、B 两端，即东边站厅区域为 A 端，西边站厅区域为 B 端。站厅共设置客服中心 2 个，TVM 17 台，进站闸机 12 通道（其中包括 2 个宽通道进站闸机），出站闸机 20 通道（其中包括 4 个宽通道出站闸机），设置 23 部自动扶梯，其中出入口 5 部，付费区 18 部，直升梯 2 部，楼梯 8 部，站厅公共区布局如图 4-42 所示。

② 站台布局。

西北桥站站台为上下重叠的岛式站台，能够实现 5、6 号线之间两个方向客流的同台换乘。其中地下二层为 5 号线回龙方向、6 号线兰家沟方向，地下三层为 5 号线华桂路方向、6 号线望丛祠方向。车站换乘方式以同站台换乘为主，也可通过站厅付费区实现换乘。站台平面布局如图 4-43、图 4-44 所示。

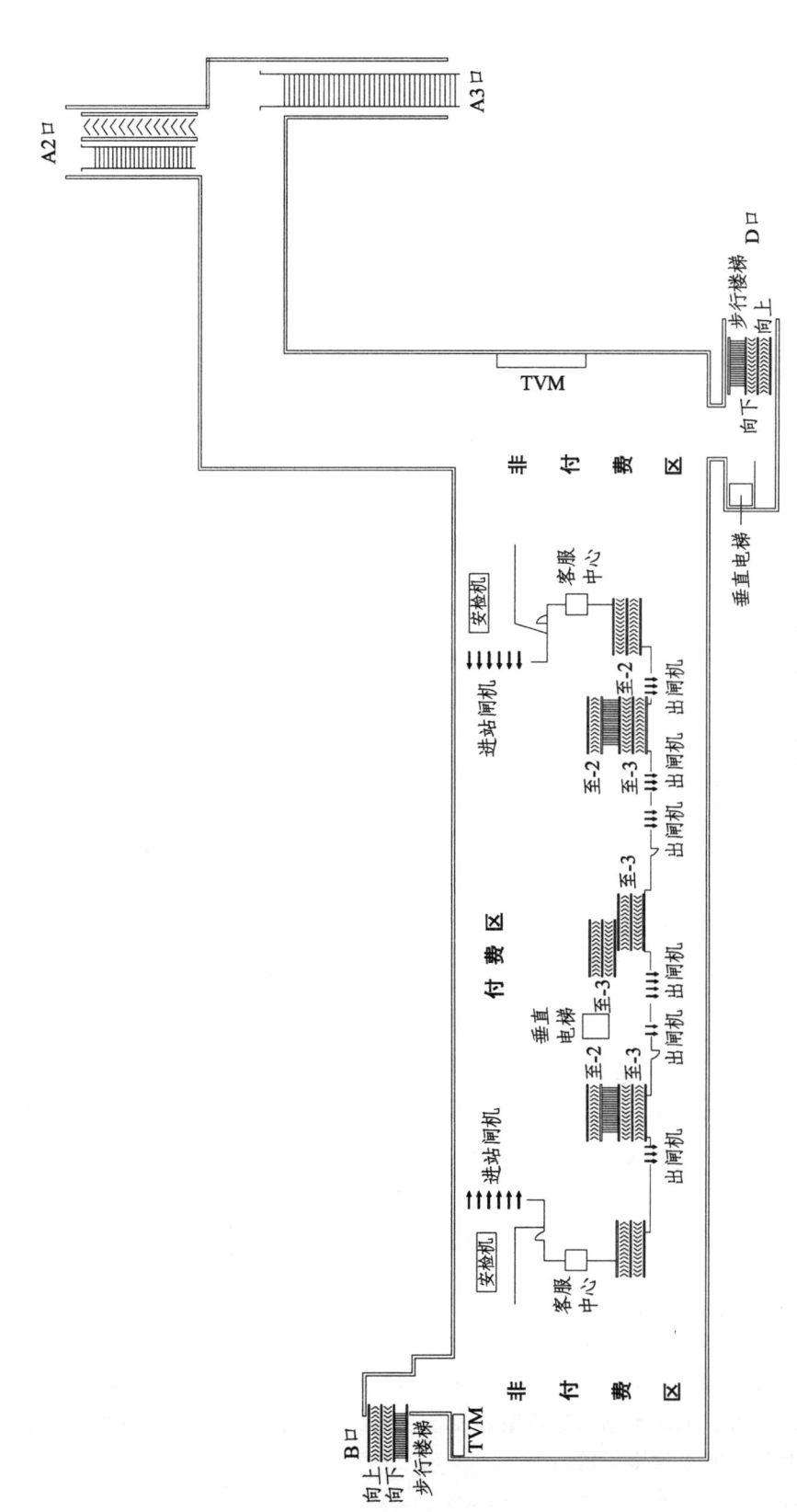

图 4-42　西北桥站站厅公共区布

图 4-43　西北桥站负 2 层站台平面布局

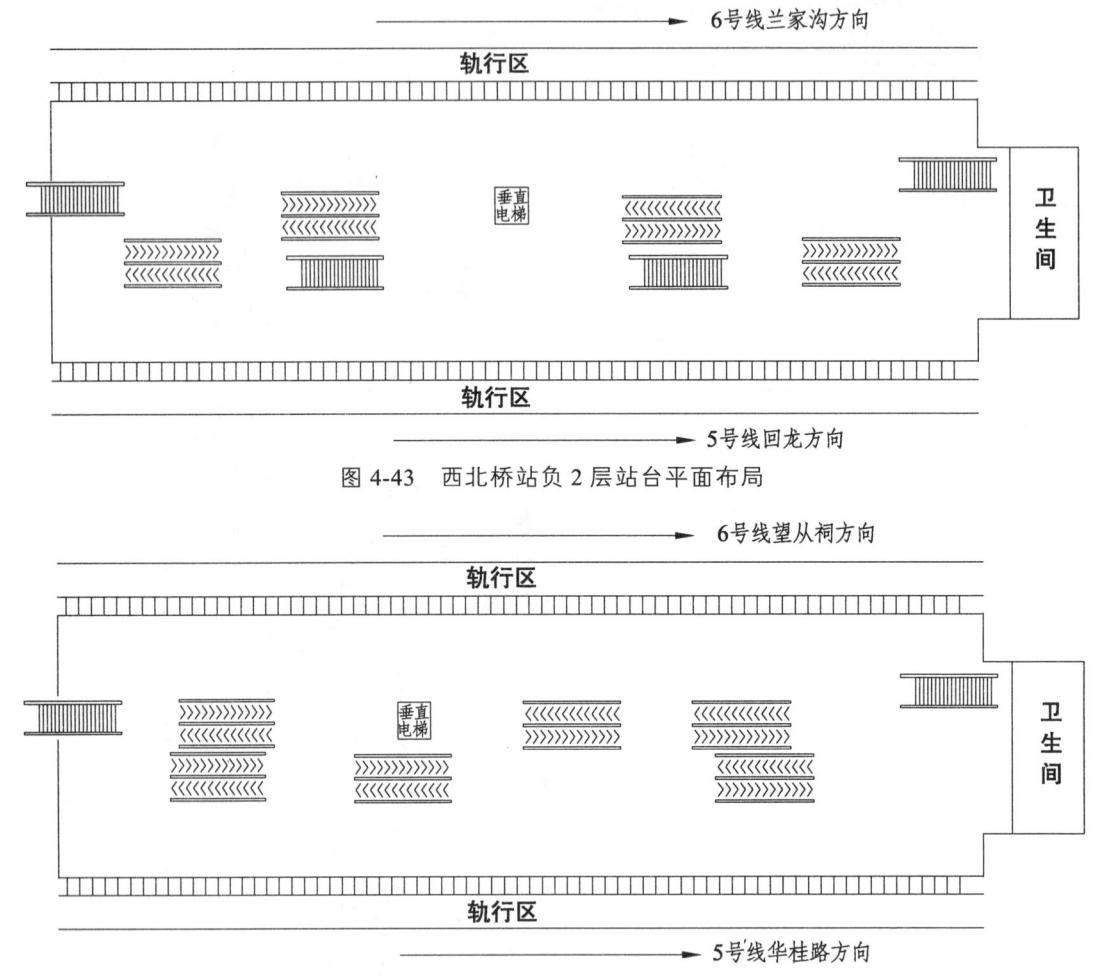

图 4-44　西北桥站负 3 层站台平面布局

2. 车站客运服务设备设施能力分析

（1）AFC 终端设备及安检能力分析。

西北桥站在站厅 2 个客服中心中分别设置了 2 台 BOM；站厅非付费设置了 TVM 17 台；设置普通安检机 2 台；设置进站闸机 12 通道，其中包括 2 个宽通道进站闸机；设置出站闸机 20 通道，其中包括 4 个宽通道出站闸机。具体设置位置及服务能力分析如表 4-21 所示。

根据表 4-21 中的数据，可以分别计算出本站的进出闸机通过能力、售票能力及安检能力，如表 4-22 所示。

结合本站客流调查的数据：可以看出，本站的客流组织压力主要集中在换乘客流，进站及出站客流量均不大，因此本站的客运服务设备设施的售票能力、安检能力及进出闸机通过能力均能满足高峰小时客流组织的需要。

表 4-21 西北桥站 AFC 终端设备及安检设备数量和能力分析表

设备名称	位置	数量/台	合计/台	能力/(人次/h)	备注
BOM	A 端（近 D 口）	2	4	720	BOM 单位小时服务能力为 360 人次
	B 端（近 B 口）	2		720	
TVM	A 端（近 D 口）	10	17	3 000	TVM 单位小时自助购票能力为 300 人次
	B 端（近 B 口）	7		2 100	
进闸机	A 端（近 D 口）	6	12	7 200	进出站闸机单位小时通过能力为 1 200 人次
	B 端（近 B 口）	6		7 200	
出闸机	A 端（近 D 口）	9	20	10 800	
	B 端（近 B 口）	11		13 200	
安检机	A 端（近 D 口）	1	2	2 000	普通安检机单位小时通过能力为 2 000 人次
	B 端（近 B 口）	1		2 000	

表 4-22 西北桥站安检、售检票能力　　　　　　　　　　单位：人次/h

车站部位	售票能力	安检能力	进站闸机通过能力	出站闸机通过能力
站厅 A 端	3 000	2 000	7 200	10 800
站厅 B 端	2 100	2 000	7 200	13 200
合计	5 100	4 000	14 400	24 000

（2）乘降设备能力。

西北桥站的乘降设备由自动扶梯、垂直电梯及步行楼梯组成。本站，共设置 23 部自动扶梯，其中出入口 5 部，付费区 18 部；共设置垂直电梯 2 部，其中 1 部是连接站厅和 D 出入口，1 部是连接站厅与站台；设置步行楼梯 8 部，其中 4 部分别用于 4 个出入口通往站厅，1 部用于站厅通往负 2 层站台，1 部用于负 2 层站台通往负 3 层站台。车站乘降设备数量分布及能力分析如表 4-23 所示。

表 4-23 西北桥站乘降设备数量及分布

位置	自动扶梯	步梯	垂直电梯	备注	规范规定：1 m 宽步行楼梯每小时通过人数为下行（进）4 200 人次、上行（出）3 700 人次，双向（进、出）混行则通过人数为 3 200 人次；1 m 宽自动扶梯每小时上、下行通过人数为 6 720 人次；垂直电梯上、下行每小时分别通过人数为 19 500 人次
B 口	1 上 1 下	1	0	步梯 2.5 m	
D 口	1 上 1 下	1	1	步梯 2.5 m	
站厅至负 2 层站台	2 下 4 上	2	0	步梯 1.6 m	
站厅至负 3 层站台	4 上 4 下	0	1		
负 2 层站台至负 3 层站台	2 下 2 上	2	0	步梯 3.1 m	
A2 口	1 上	1	0	1.9 m	
A3 口	0	1	0	2.2 m	

根据表 4-23 数据及设计规范中的乘降设备单位小时通过能力标准，可以分别计算出车站各区域乘降设备通过能力，如表 4-24 所示。

根据表 4-24 中的数据，结合本站客流特点，可以看出本站的进出站乘降设备通过能力完全能满足本站高峰小时客流组织的需要。高峰时段的上下层站台换乘通道的能力也能满足换乘客流的需要。

表 4-24　西北桥站乘降设备通过能力　　　　　　　　单位：人次/h

车站部位	进站乘降设备服务能力	出站乘降设备服务能力	上下层站台换乘乘降设备通过能力
出入口—站厅	45 910	39 190	—
站厅—负2层站台	29 910	42 500	—
站厅—负3层站台	26 880	26 880	—
负2层站台—负3层站台	—	—	负2层往负3层：26 460；负3层往负2层：24 910

（3）站台容纳能力。

西北桥站两层站台均为上下叠摞的岛式站台，从而实现了5、6号线同台换乘。地下二层站台为5号线回龙方向与6号线兰家沟方向同台换乘，地下三层站台为5号线华桂路方向与6号线望丛祠方向同台换乘。因此该站台面积的多少会影响换乘能力大小。表4-25为西北桥站站台容纳能力分析。

表 4-25　西北桥站站台容纳能力

站台序号	站台类型	面积/m²	最大容纳人数
负2层站台（5号线下行、6号线下行）	岛式站台	1 726	5 753
负3层站台（5号线上行、6号线上行）	岛式站台	1 722	5 740

备注：计算公式：$V=S/s$，V 为最大容纳人数，S 为站台面积，s 为每位乘客平均占用面积（取值10人/3 m²）。

根据客流调查情况，对比表4-25中的数据，可以看出西北桥站的站台容纳能力完全满足高峰小时换乘、进站客流及出站客流的停留需求。

3. 日常客流组织方法

（1）日常平峰时段客流组织。

由于车站工作日客流以通勤客流为主，日常客流平峰时段进出站客流组织相对较简单。进站客流组织，则引导乘客从站厅非付费通过进站闸机进入站厅付费区，再经由乘降设备进入负2层或负3层站台乘车。出站客流组织，则是下车的乘客通过乘降设备到达站厅付费区，经由出站闸机到达站厅非付费区，然后出站。由于本站主要换乘方式以同站台换乘为主，因此当在5号线下行与6号线下行之间换乘时，下车后只需要到站台另一侧乘车；但是当乘客在5号线下行与6号线上行之间换乘时，则需要通过负2层站台与负3层站台之间的乘降设备实现换乘。同样，当乘客在5号线上行与6号线上行之间换乘时，下车后只需要到站台另一侧乘车；但是当乘客在5号线上行与6号线下行之间换乘时，则需要通过负2层站台与负3层站台之间的乘降设备实现换乘。

（2）日常高峰时段客流组织。

西北桥站工作日期间的客流呈早晚高峰单向峰型，早高峰出站乘客多，晚高峰进站乘客多，早晚高峰小时下行换乘客流相对较大，上行换乘客流量较小。因此，早晚高峰期间，客值与值站分别在站厅公共区、站台做好早晚高峰引导。重点关注A端乘客进站和排队购票情况，有跟岗实习人员时，安排跟岗实习人员在A端非付费区引导和协助乘客在TVM上购票和充值，引导乘客有序排队进站；同时，早晚高峰期间，回龙方向头尾端电扶梯处增加一根铁马，隔离排队候车及出站乘客，避免上车及出站客流发生交叉干扰。图4-45为日常客流组织站厅公共区乘客流线、图4-46为日常客流组织负2层站台乘客流线、图4-47为日常客流组织负3层站台乘客流线。

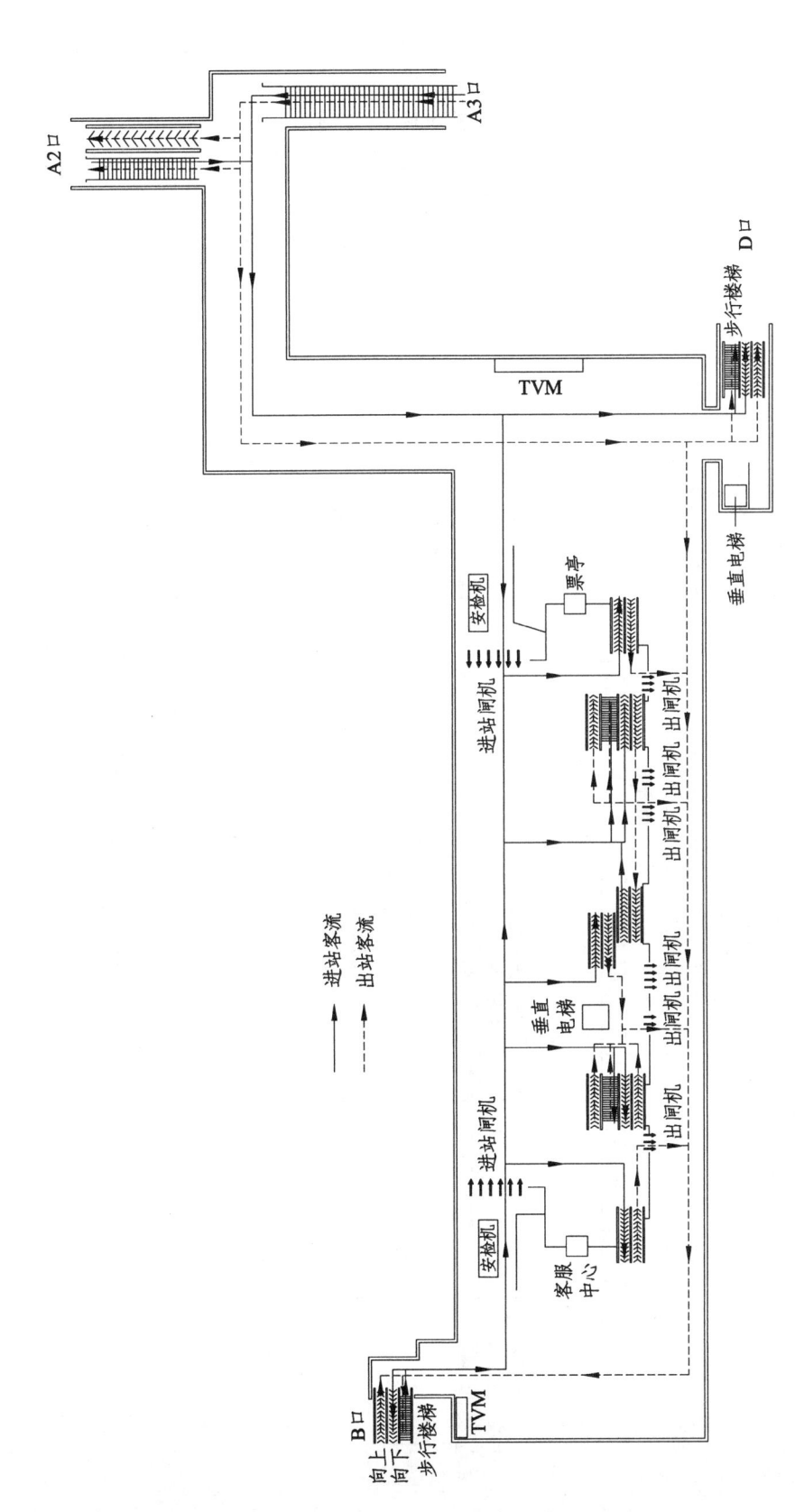

图 4-45 西北桥站日常客流站厅公共区乘客流线

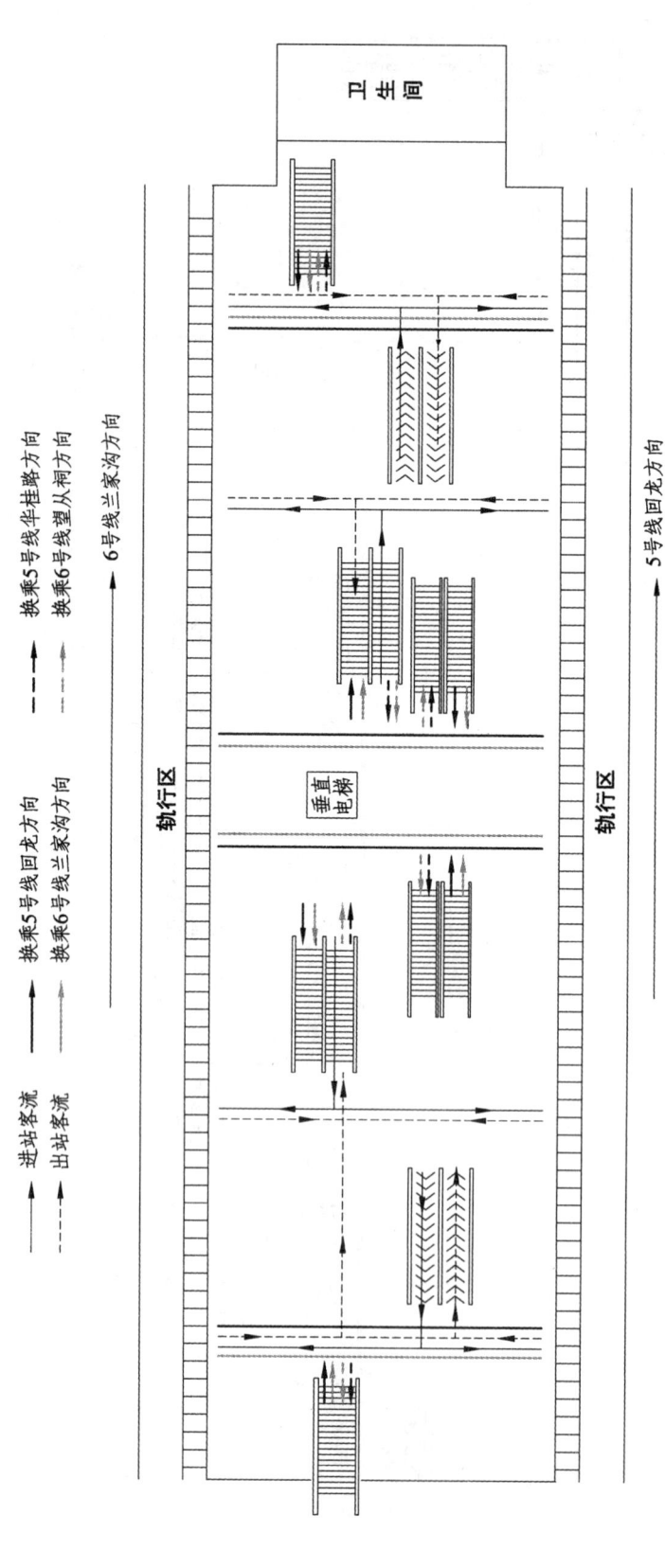

图 4-46 西北桥站日常客流负 2 层站台合乘客流线

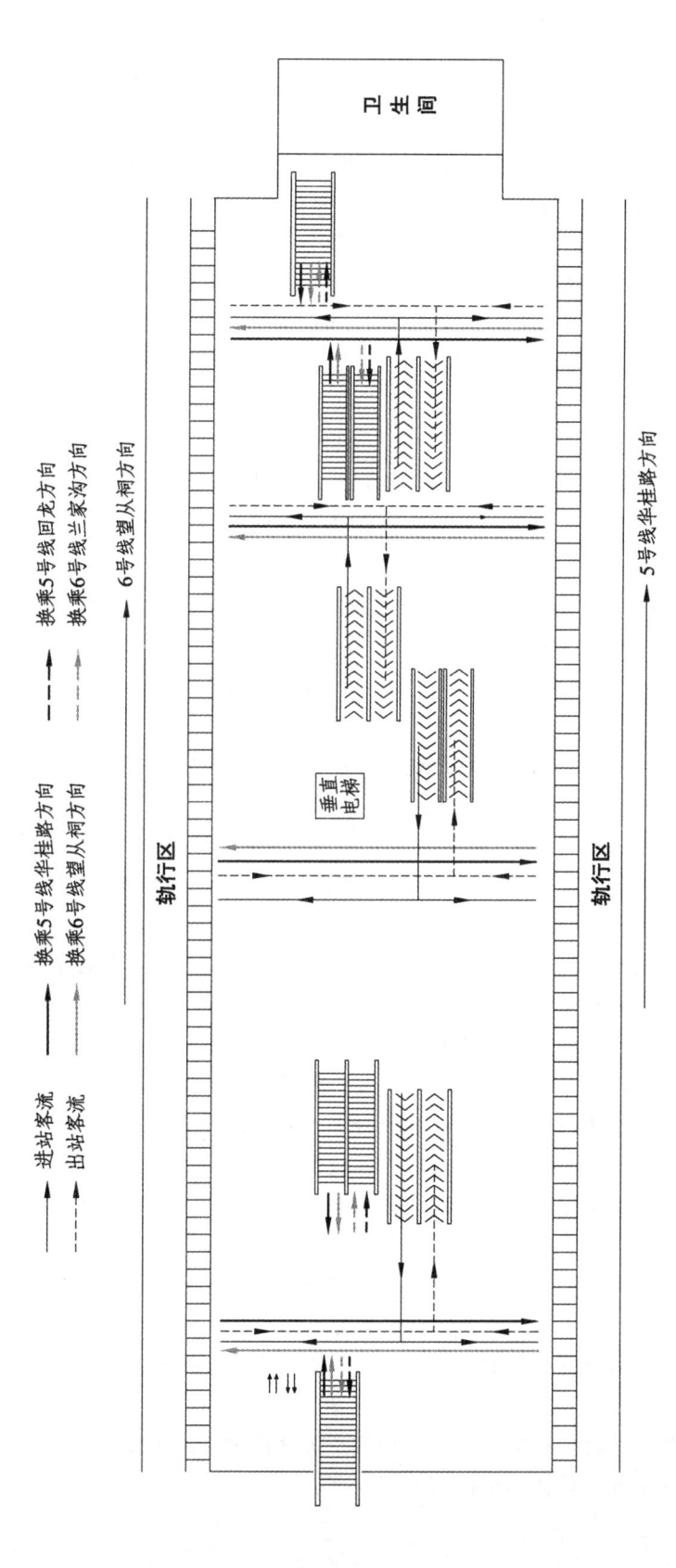

图 4-47 西北桥站日常客流负 3 层站台乘客流线

4. 大客流组织方法

（1）进站大客流组织。

西北桥站发生进站大客流时，将根据客流变化情况分阶段采取相应组织措施。

当站厅安检机前进站乘客排队人数较多，且还在持续增加时，或 TVM 前排队人数较多，持续时间较长，观察到站台上的容纳能力还有余量时，车站需要组织临时引导措施，加快安检速度，客服中心开始发售单程票，增加售票能力，从而引导乘客快速进站乘车。

当站台候车人数达到站台有效容纳面积的 1/2 时，值班站长下达实施一级客流控制措施，即按客流需要改变换乘扶梯方向，增加乘客到达站台的走行距离，减缓乘客流入站台的速度。具体组织措施如下：

① 大客流发生的站台前的楼扶梯安排专人值守引导，避免站台楼扶梯处客流拥堵。

② 若负 2 层站台客流达到站有效面积的 1/2，则可将站台换乘自动扶梯均打至负 3 层方向；若为负 3 层站台客流达到站台有效面积的 1/2，则将站台换乘自动扶梯均打至负 2 层方向。

③ 若为下行大客流，则在站厅 A、B 端设置通往站台扶梯入口处的绕行设施，增加乘客走行距离，减缓乘客到达站台的速度。

可向行调申请同站台对侧列车不同时到站，同时延长大客流侧的站台列车在站的停站时间，减小站台排队候车压力。

当进站客流持续增加，站厅付费区乘客排队均达到有效容纳面积的 2/3，值班站长应下达执行第二级客流控制，在站厅非付区实施乘客绕行，或在进站闸机前摆放隔离带以分批放行乘客。具体组织措施如下：关闭两端一半的 TVM、进站闸机，在安检点实施分批放行等控流措施，仍不能缓解，客流还在持续增加大时，应向行调申请加开空车或者压缩行车间隔，提升列车运载能力。

当采用第二级客流控制后，客流不能缓解且持续增加，站厅非付费区乘客数量达到有效容纳面积的 2/3 以上，值班站长应下达采取第三级客流控制措施，同时引导乘客换乘其他交通工具。具体组织措施如下：在 A2/A3 口要求乘客只进不出，D 口乘客也是只出不进，将只出不进的出入口所有下行电扶梯全部改为向上，将只进不出的出入口所有上行电扶梯全部打停，站厅非付费区设置铁马将进、出站客流分隔，实施只进不出的出入口视情况分批放行乘客（值班站长视情况安排人员值守出入口、摆放告示）。

组织进站大客流时，站厅的乘客流线如图 4-48 所示。

（2）出站大客流组织。

西北桥站发生出站大客流时，需要按出站大客流发展情况分阶段组织。

当出站乘客在站台扶梯出现排队情况或者出站闸机处出现排队出站情况时，车站则引导乘客加快出站速度，具体组织措施如下：值班站长安排专人在站台出站楼扶梯口及出站闸机处引导乘客，同时安排全员到站厅公共区进行引导。

当出站乘客排队至站台扶梯前且同向次趟列车进站前客流不能缓解时，值班站长要求扶梯改向、加强楼扶梯引导，具体组织措施如下：

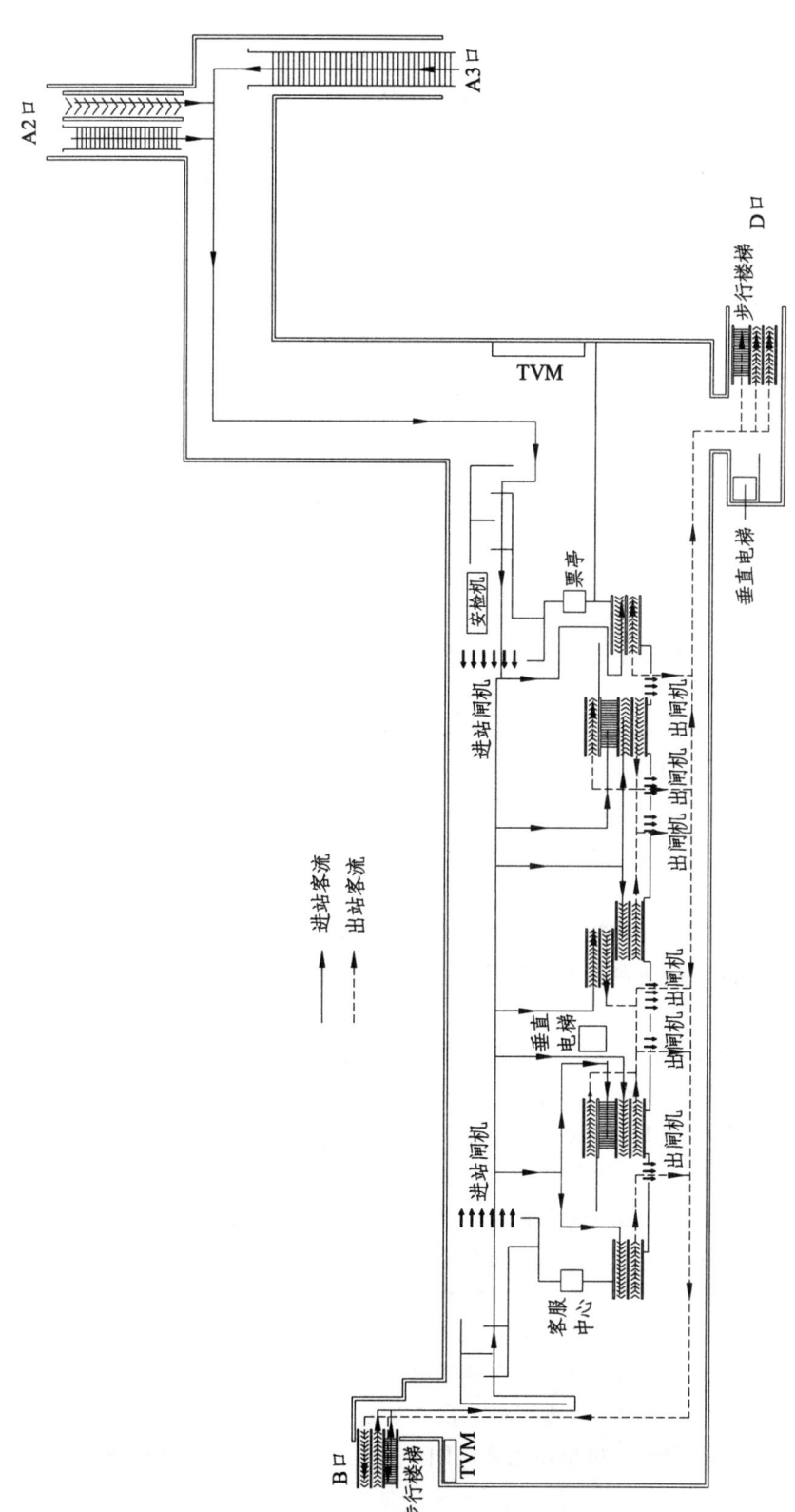

图 4-48 西北桥站进站大客流站厅乘客流线

① 将 A/B 端第二组 4 部楼扶梯均设置为向上扶梯，加快站台乘客疏散速度。
② 在站台楼扶梯口设置引导，避免乘客在楼扶梯口停留引发群体客伤。
③ 引导站台出站乘客乘坐扶梯迅速出站。
④ 申请出站大客流站台双侧列车不同时到站或加大行车间隔。
⑤ 在出站闸机处安排专人引导，及时为出站时闸门误用乘客刷通行卡放行。

当出站客流持续增多且站厅两端每个出站闸机通道前排队人数达到一定数量时，将出闸机设置为大客流模式，将进站双向闸机改为出站闸机，将边门常开，车站需及时安排人员到现场进行引导，做好单程票回收工作。具体组织措施如下：
① 两端进站处双向闸机改为出站，调整非付费区处进站铁马布局。
② 视情况开启出站闸机旁的边门，票亭人工回收单程票。
③ 由值班站长向站区管理人员申请执行大客流模式，安排专人值守，加快乘客出站速度。
④ 若车站执行大客流模式，站厅客流还是无法缓解，则视现场情况向行车调度申请大客流方向列车越站。

发生出站大客流实施客流组织措施时，站厅的乘客流线如图 4-49 所示。

（3）进出站大客流同时发生时。

当西北桥站进出大客流同时发生时，根据进出大客流的发展情况分阶段开展客流组织和控制措施。

当站厅安检机前进站乘客排队人数达到一定数量且预计在 3 min 内不能缓解时，或 TVM 前排队达到一定人数且持续 3 min 后不能缓解时，且站台上车能力和容纳能力还有余量时，引导安检人员加快安检速度、提高售票能力；当出站乘客在站台扶梯出现排队情况或者出站闸机出现排队出站情况，则应在站台出站楼扶梯口及出站闸机处安排专人引导。具体措施如下：

在安检点前设置绕行（只设不绕），均衡 A、B 端安检处乘客排队人数，引导乘客至客流较少端安检点通行，在站台出站楼扶梯口及出站闸机处安排专人引导，安排全员到公共区引导。

当站台候车人数达到达到站台有效容纳面积的 1/2。出站乘客排队至站台扶梯前 6 块砖且同向次趟列车进站前不缓解，则执行一级进站大客流控制措施，同时在出站闸机处安排专人引导，及时为出站时闸门误用乘客刷通行卡放行。

当进站客流持续增加，站厅及站台付费区乘客排队均达到有效容纳面积的 2/3。出站客流持续增多且每个出站闸机通道前排队人数达到 15 人，则实施二级进站大客流控制措施，同时将出闸机设置为大客流模式、进站双向闸机改为出站闸机。

当站台客流不能缓解且持续增加，非付费区乘客数量达到有效容纳面积的 2/3 以上，则执行三级客流控制，即在出入口控制进站客流，引导乘客换乘其他交通工具，同时将出闸机设置为大客流模式、进站双向闸机改为出站闸机，车站需及时安排人员到现场引导并安排人员回收单程票，现场客流较多，发现后期人员不足时提前向站区申请人员支援（优先加快出站疏散，确保站内安全可控）。进出站大客流同时发生，实施客流组织措施时，站厅公共区乘客流线如图 4-50 所示。

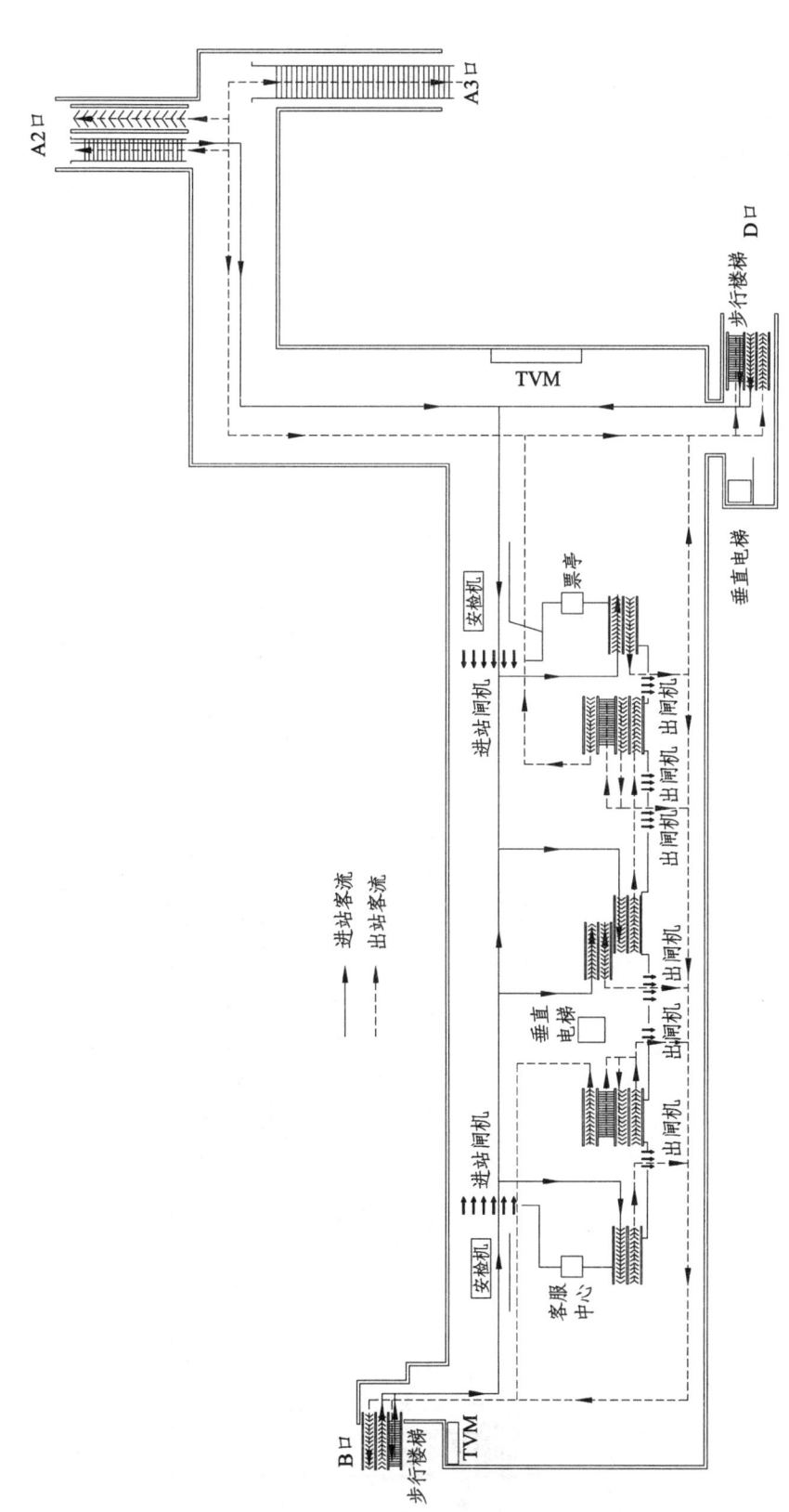

图 4-49　西北桥站出出站大客流乘客流线

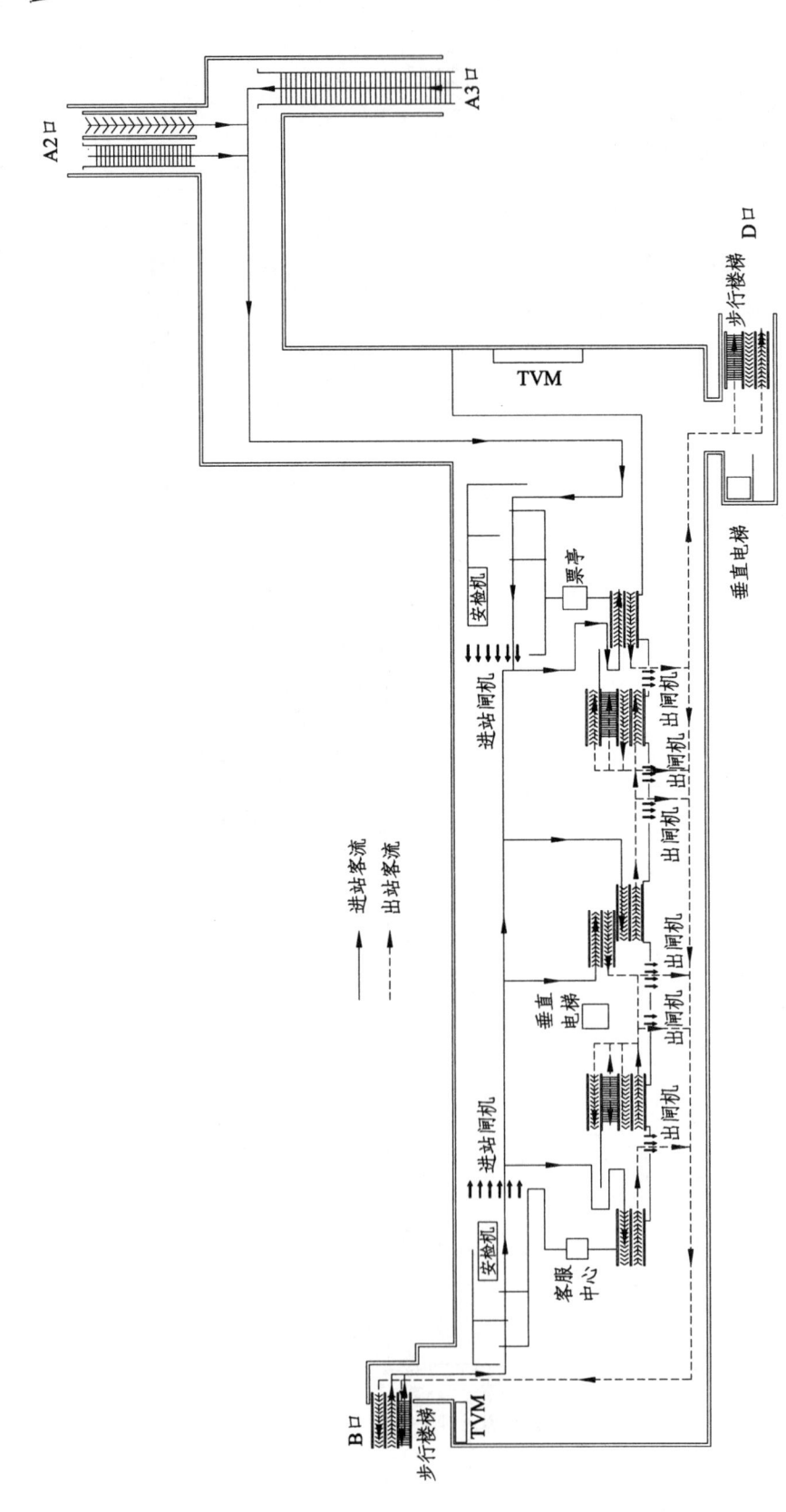

图 4-50 西北桥站进出站同时大客流站厅乘客流线

（4）换乘大客流组织。

西北桥站换乘大客流主要是 5 号线上行和 6 号线上行之间的换乘客流及 5 号线下行与 6 号线下行之间的换乘客流。

根据西北桥站的布局特点及换乘设计，则换乘大客流组织思路：灵活操作自动扶梯方向加快换乘乘客流动；设定换乘步梯单向通行，延长单向换乘路径；付费区、非付费区用铁马卡控；统一客流走行路径，明确客流流向。如遇超大换乘客流时，则采用向行车调度申请跳停、5/6 号线列车不同时到站、延长站停时间、加开空客车及线网联控等措施。

① 5/6 号线上行换乘大客流。

5/6 号线上行之间发生换乘大客流时，车站根据换乘大客流发展情况分阶段采取相应客流组织措施。

当 5/6 号线上行任一方向排队乘客达到整个站台面积的 1/2 时，则改变换乘楼扶梯的方向并进行换乘客流引导，具体组织措施如下：

负 2 层换负 3 层的换乘电扶梯全部设置为向上，加快乘客上行换乘下行的速度；负 2 层换负 3 层的换乘步梯改为单向向上通行，指引换乘上行乘客从站厅换乘，延长乘客走行路径；在负 3 层站台进出站电扶梯处加强引导，避免进站电扶梯下平台拥堵。

当 5/6 号线上行任一方向排队乘客达到整个站台面积的 2/3 时，则改变自动扶梯方向并分批放行乘客，同时采取相应行车组织措施，具体组织措施如下：

将 A/B 端第一组站厅至负 3 层站台的进站扶梯改为向上，将在中部站厅至负 3 层站台的交叉进站的 4 部电扶梯均改为向下，并设置绕行进行分批放行措施，卡控站厅乘客至负 3 层站台的速度；车站向行调申请不同时到站、延长列车站停时间，缓解站台客流堆积情况。

采取上述组织措施后，如 5/6 号线上行站台客流仍然无法缓解、滞留乘客持续增多，则需要采取线控，即采取向行调申请线控、加开空客车，通过与其他车站联控等方式缓解客流拥堵。

启动线控后，5/6 号线上行站台客流仍然无法缓解、滞留乘客仍持续增多，则需要采取线网联控，即向行调申请网控，同站台相邻线路本站跳停。

5 号线上行与 6 号线上行换乘大客流组织时，站厅公共区乘客流线、负 2 层站台乘客流线、负 3 层站台乘客流线分别如图 4-51～图 4-53 所示。

② 5/6 号线下行换乘大客流。

5/6 号线下行之间发生换乘大客流时，车站根据换乘大客流发展情况分阶段采取相应客流组织措施。

当 5/6 号线下行任一方向排队乘客达到整个站台面积的 1/2 时，车站根据需要改变换乘楼扶梯方向，并引导换乘客流，具体组织措施如下：

负 2 层换负 3 层的换乘电扶梯全部设置为向下，加快乘客下行换乘上行的速度；负 2 层换负 3 层的换乘步梯单向向下通行，指引换乘上行的乘客从站厅进行换乘，延长乘客走行路径；在负 2 层站台进出站电扶梯处加强引导，避免进站电扶梯下平台拥堵。

5/6 号线下行任一方向排队乘客达到整个站台面积的 2/3 时，则需要改变进站扶梯方向，组织分批放行乘客，并采取相应行车组织。具体组织措施如下：

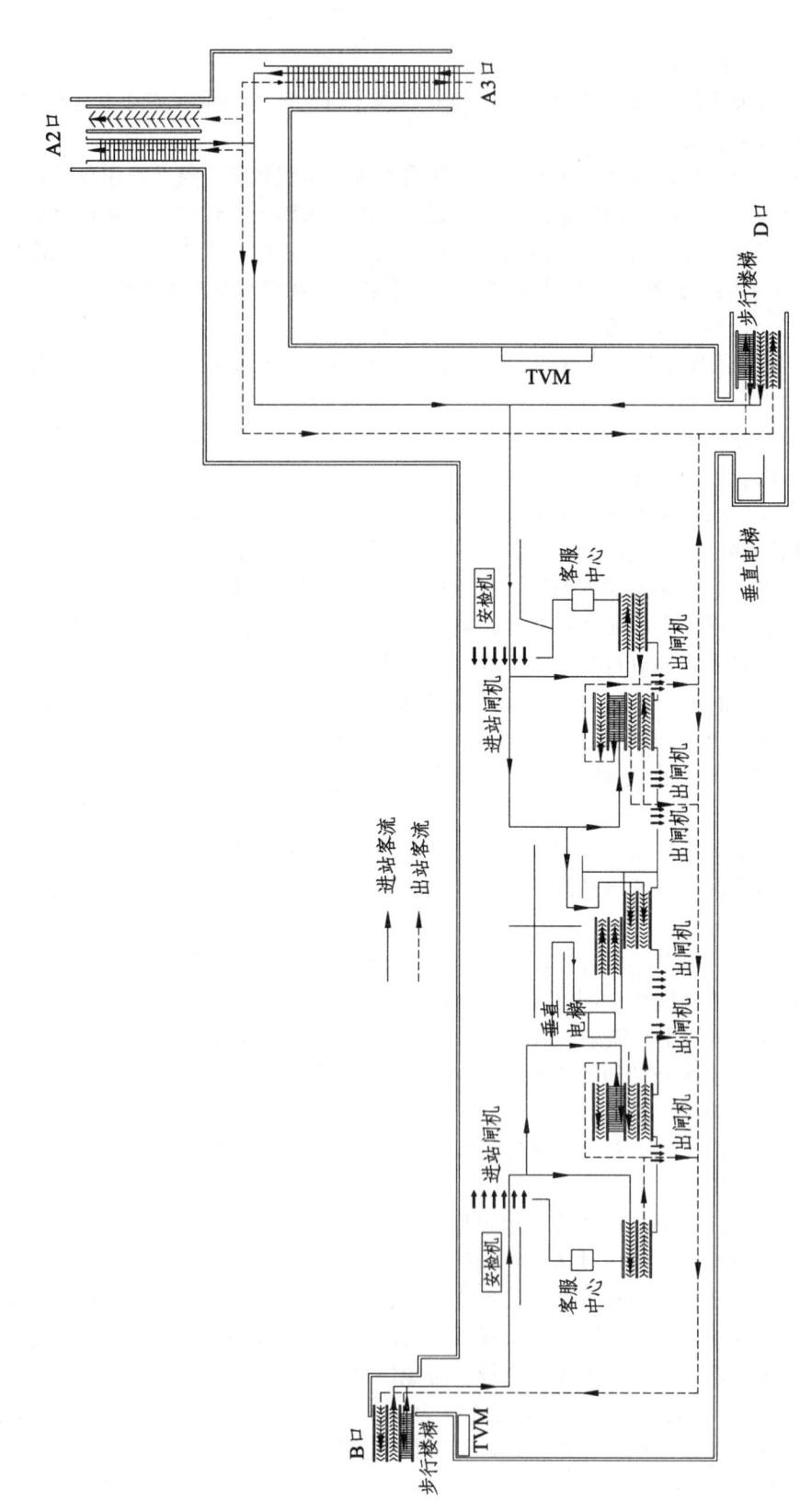

图 4-51　西北桥站 5 号线上行与 6 号线上行换乘大客流组织站厅乘客流线

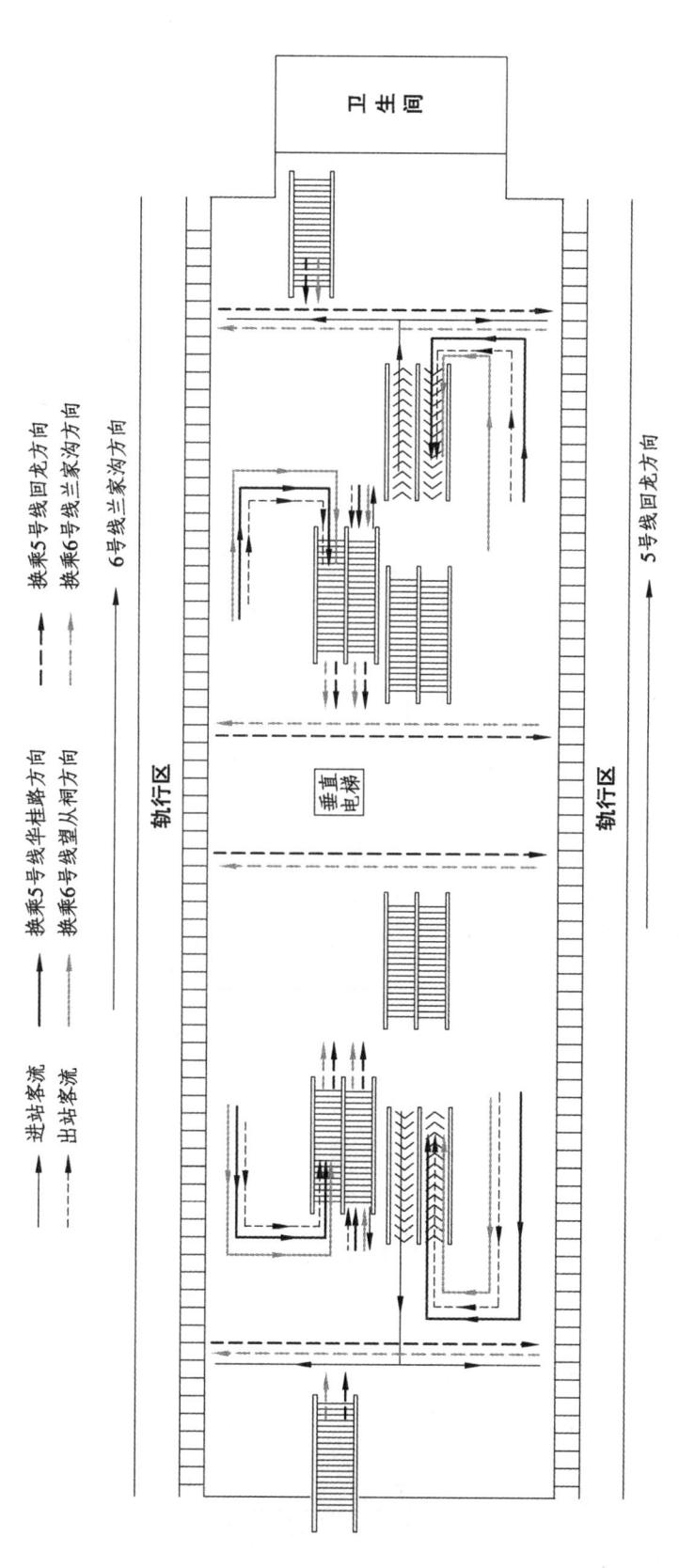

图 4-52 西北桥站 5 号线上行与 6 号线上行换乘大客流组织负 2 层站台乘客流线

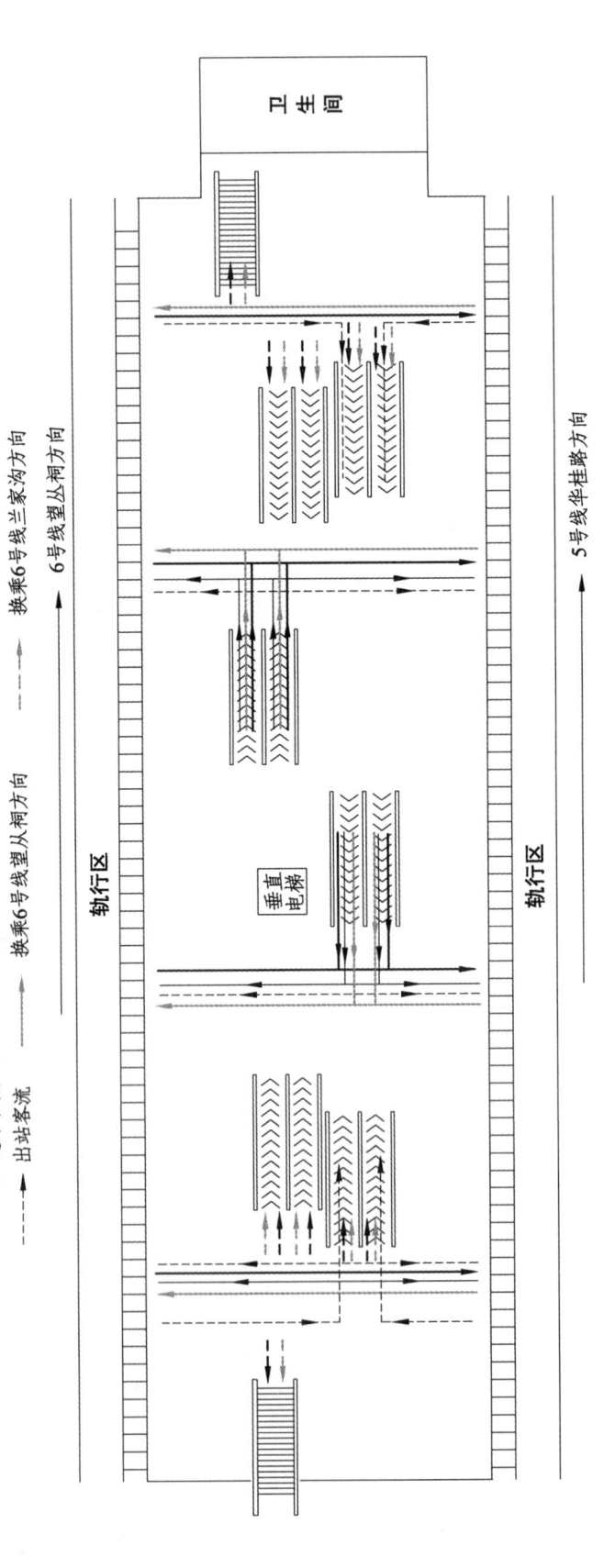

图 4-53 西北桥站 5 号线上行与 6 号线上行换乘大客流组织负 3 层站台乘客流线

将站厅 A/B 端第一组站厅至负二层的电扶梯均设置为向下,并设置绕行,视情况采取分批放行措施。A/B 端第二组站厅至负二层的电扶梯、步梯改为只上不下。向行调申请 5/6 号线下行不同时到站、延长列车站停时间,缓解站台客流堆积情况。

5/6 号线下行启动上述换乘客流组织措施后,站台客流仍然无法缓解、滞留乘客仍持续增多时,则需要启动线控,即向行调申请该方向线控、加开同向空客车,通过与其他车站联控的方式缓解客流拥堵。

启动线控后,5/6 号线下行站台客流仍然无法缓解时,滞留乘客还在持续增多时,则需要组织线网联控,即向行调申请网控、同站台相邻线路本站跳停。

5 号线下行与 6 号线下行换乘大客流组织时,站厅公共区乘客流线、负 2 层站台乘客流线、负 3 层站台乘客流线分别如图 4-54 ~ 图 4-56 所示。

③ 5 号线与 6 号线上下行方向同时发生换乘大客流。

本站 5 号线与 6 号线上下行方向同时发生换乘大客流时,则依据大客流发展情况分阶段实施客流控制措施。

当负 2 层与负 3 层站台同时任一方向排队乘客均达到站台面积的 1/2,则需要改变换乘楼扶梯方向,同时组织引导换乘客流,具体组织措施如下:

将负 2 层与负 3 层站台换乘电扶梯关停,换乘步梯设置铁马拦截,并安排专人值守,让乘客通过站厅换乘,延长乘客走行路径;站厅中部至负 2 层站台的步梯单向只出不进、扶梯向上;两端站厅至负 2 层的扶梯均为向下,并在站厅设置绕行,缓解站台乘客数量;站厅两端至负 3 层站台电扶梯均为向上,中部站厅至负 3 层站台 4 部交叉扶梯改为向下,并在站厅设置绕行,缓解站台乘客数量。

当按上述措施组织客流后,站台客流无缓解,且负 2 层与负 3 层站台同时任一方向排队乘客达到站台面积的 2/3 时,则在站厅至负二层与负三层站台进站楼扶梯处采取分批放行措施,同时向行调申请不同时到站、延长站停时间,提高载客能力。

当启动上述换乘客流组织措施后,站台客流仍然无法缓解、滞留乘客持续增多时,则向行调申请该方向线控,即申请加开同向空客车,通过与其他车站联控的方式缓解客流拥堵。启动线控后,站台客流仍然无法缓解、滞留乘客持续增多时,则向行调申请网控、同站台相邻线路本站跳停。

4.2.3 以站厅与站厅之间相连的专用通道换乘为主的车站

1. 车站概况

(1)车站类型及出入口设置情况。

高升桥站位于一环路南四段,于高升桥路与高升桥东路之间,大致呈东西向布置,是 3 号线与 5 号线的换乘车站,为地下站,共有地下三层。其中,负 1 层为站厅层,负 2 层为 3 号线站台层,负 3 层为 5 号线站台层,站台均为岛式站台。

高升桥站周边有酒店、写字楼、商场,同时毗邻武侯祠、锦里两处旅游景点,因此高升站设有 7 个出入口,分别为 A、B、C、D、E、F、G 口,其中 D 口暂未开放。车站出入口设置情况如图 4-57 所示。

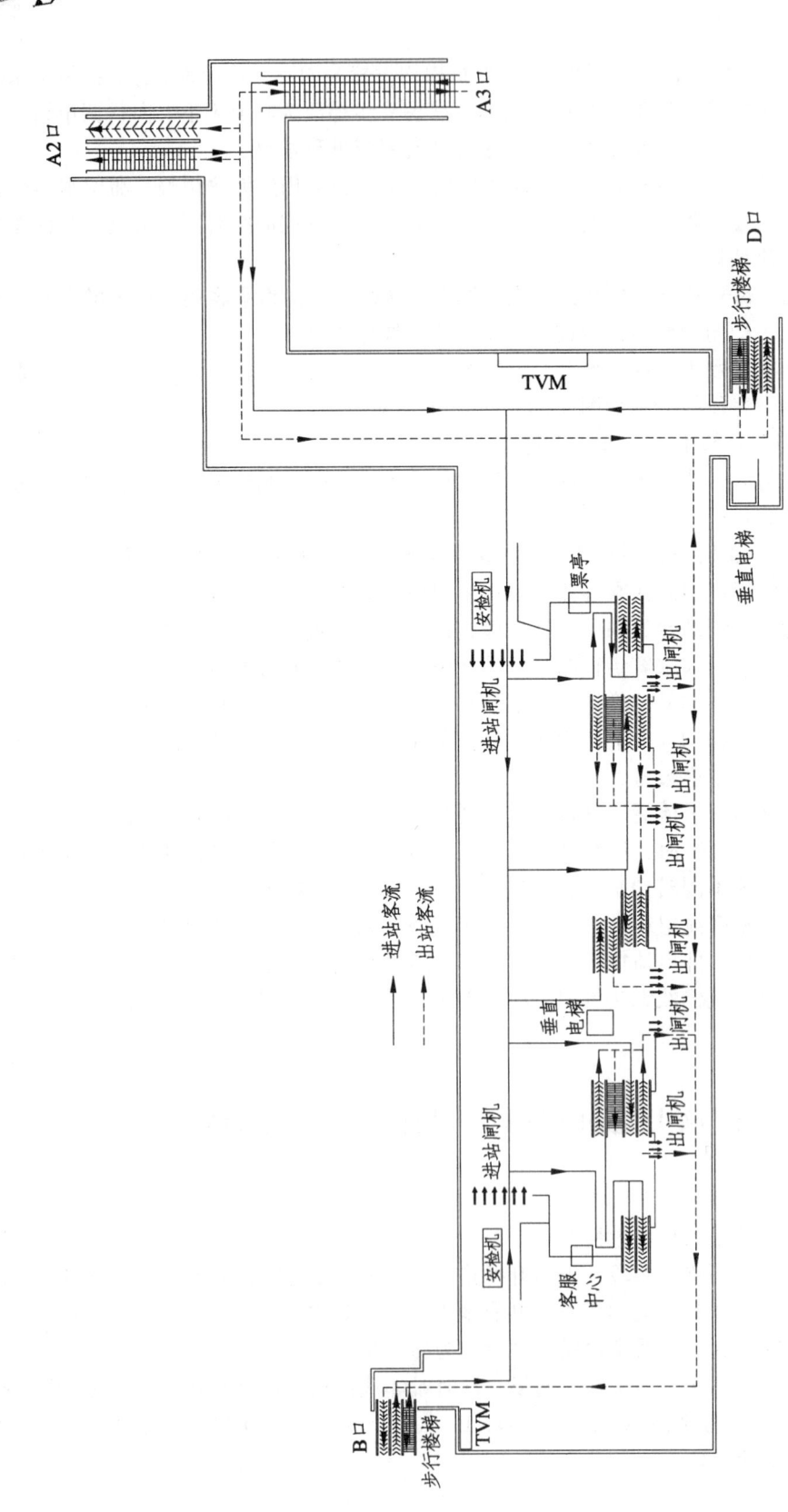

图 4-54 5 号线下行与 6 号线下行换乘大客流组织站厅乘客流线

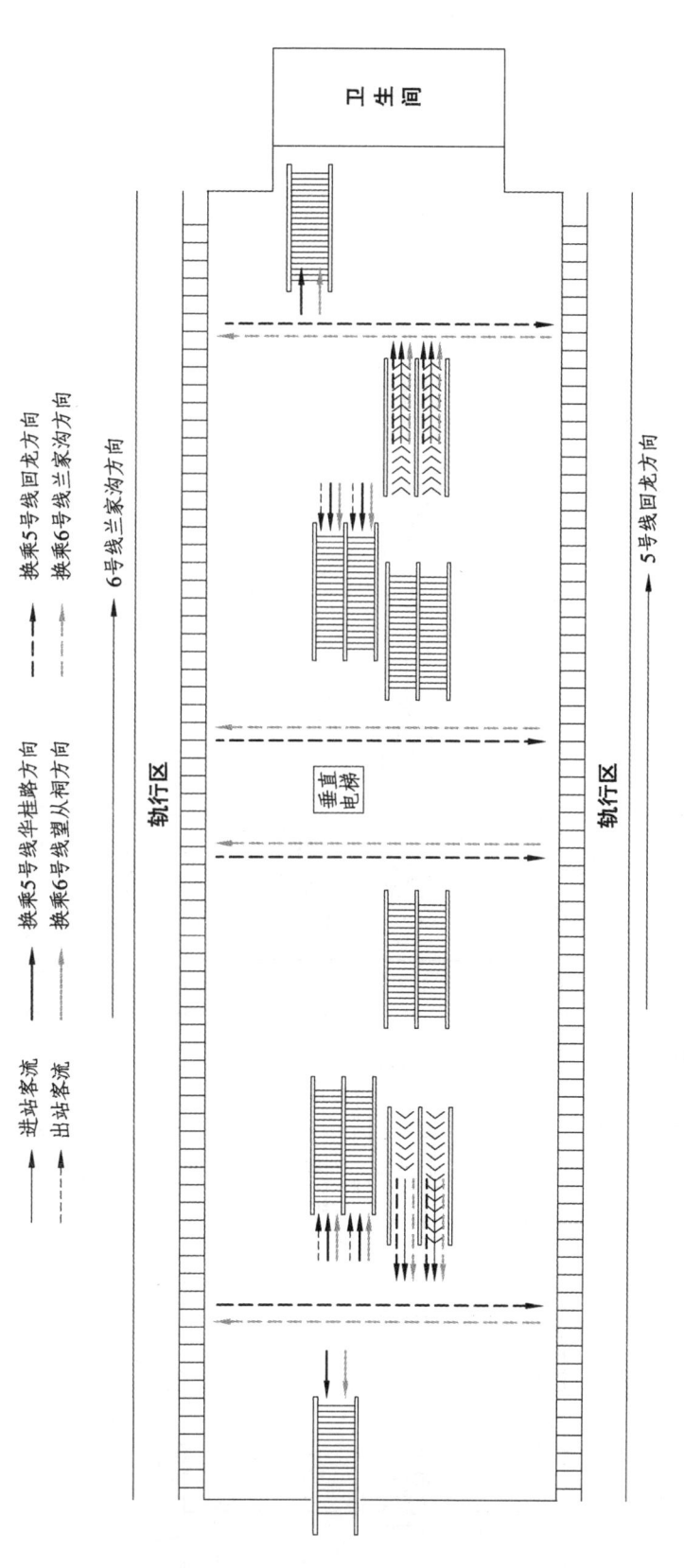

图 4-55　5 号线下行与 6 号线下行换乘大客流组织负 2 层站台乘客流线

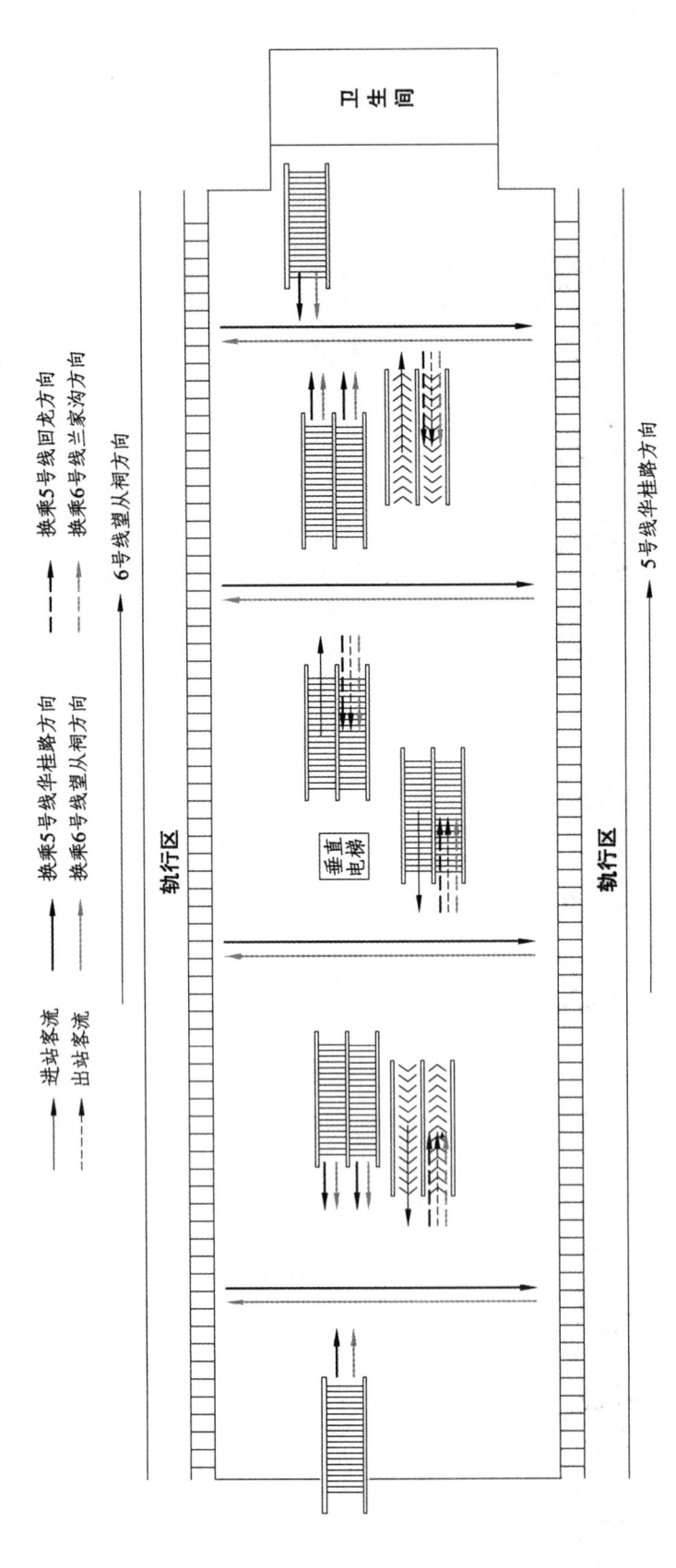

图 4-56　5 号线下行与 6 号线下行换乘大客流组织负 3 层站台乘客流线

图 4-57 高升桥地铁站出入口设置情况

（2）车站客流分析。

高升桥工作日以通勤客流为主，工作日早高峰以出站、换乘客流为主，晚高峰以进站、换乘客流为主，早晚高峰客流特征明显。全日客流分布呈现明显的单向峰型。

（3）车站布局。

① 站厅公共区布局。

高升桥站厅公共区由3号线站厅及5号线站厅组成，布置有AFC车站终端设备，包括自动售票机（TVM）、半自动售票（BOM）、自动查询机（TCM）、日次票售卖机（TFM）、自助票务处理机（SBOM）、进站闸机、出站闸机及3通道双向闸机、安检机等设备为乘客提供进出服务，同时还设置导向标识及其他生活设施为乘客提供服务。为了工作方便，人为将3号线站厅区域分为A端（近D口）和B端（近C口）、5号线分为南端（近A口）和北端（近G口）。站厅公共区布局如图4-58所示。

② 站台布局。

高升桥3号线和5号线站台分别处于负2层及负3层，均为岛式站台。站台设置有通往站厅付费区的乘降设备，其布置如图4-59所示。

2. 客运服务设备设施能力分析

（1）AFC车站终端设备及安检设备能力。

高升桥站AFC终端设备能力分析主要是指分析自动售票机、半自动售票机及进出站闸机的能力。高升桥设置自动售票机（TVM）26台，其中包含不收币自动售票机7台、有AFC车站终端设备；半自动售票（BOM）6台、自动查询机（TCM）3台，日次票售卖机（TFM）2台，自助票务处理机（SBOM）8台，进站闸机（ENG）19通道，出站闸机（EXG）26通道，其中包括3通道双向闸机，安检机5台。高升桥站AFC终端设备及安检设备数量和能力分析如表4-26所示。

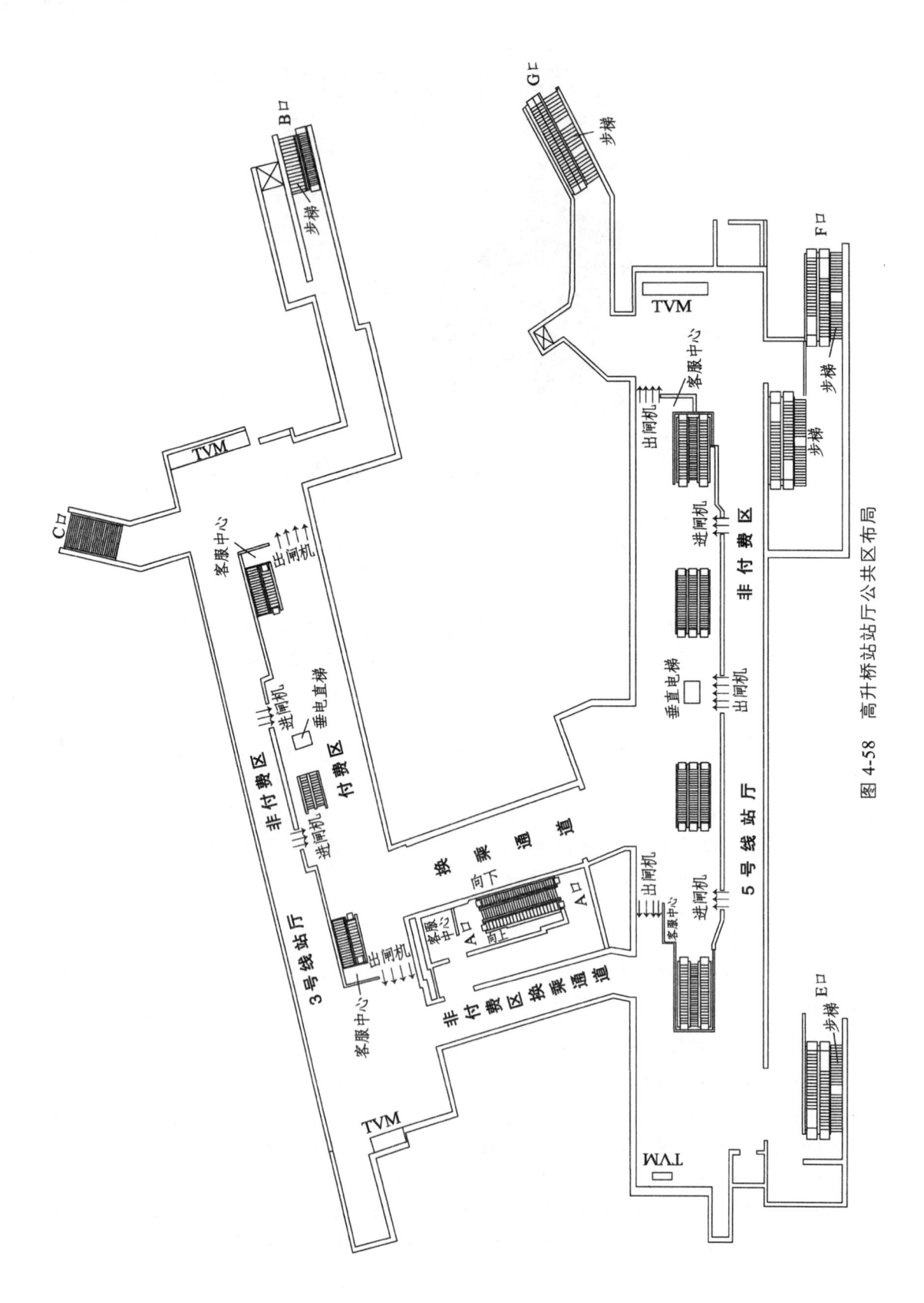

图 4-58 高升桥站站厅公共区布局

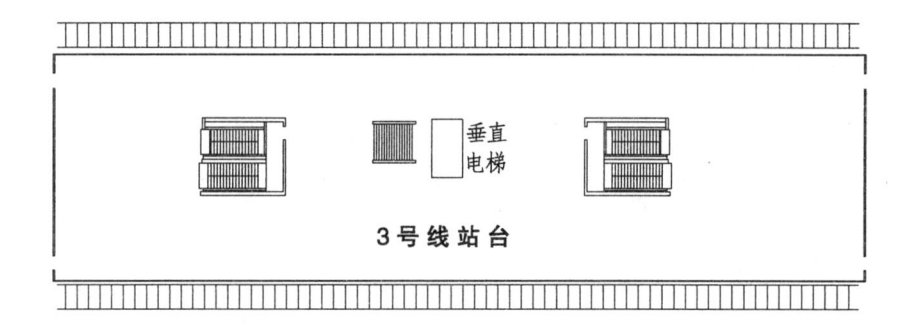

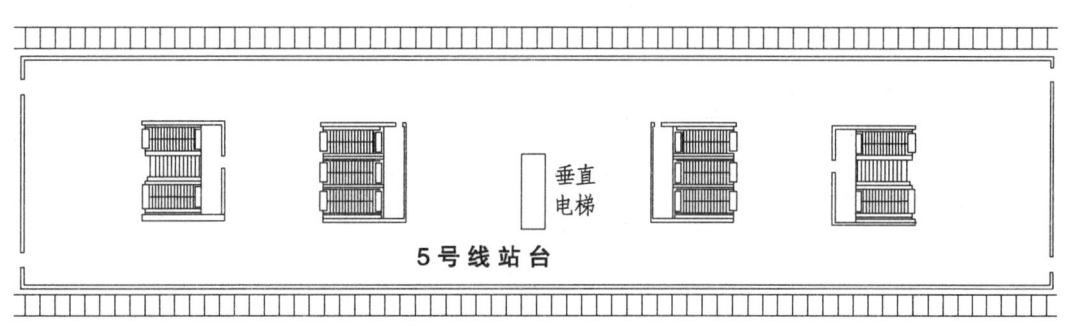

图 4-59 高升桥站台布局

表 4-26 高升桥站 AFC 终端设备及安检设备数量和能力分析表

设备名称	位置	数量/台	合计	能力/(人次/h)	备注
BOM	3号线A端（近D口）	2	5	720	BOM单位小时服务能力为360人次
	3号线B端（近C口）	1		360	
	5号线北端（近A口）	1		360	
	5号线南端（近G口）	1		360	
TVM（全功能自动售票机）	3号线A端（近D口）	6	21	1 800	TVM单位小时服务能力为300人次
	3号线B端（近C口）	7		2 100	
	5号线北端（近A口）	4		1 200	
	5号线南端（近G口）	4		1 200	
TVM（不收币自动售票机）	5号线北端（近A口）	4	7	1 200	
	5号线南端（近G口）	3		900	
	3号线A端（站台）	1		300	
	5号线北端	1		300	

续表

设备名称	位置	数量/台	合计	能力/（人次/h）	备注
进闸机	3号线A端（近D口）	5	19	6 000	进出站闸机单位小时服务能力为1 200人次
	3号线B端（近C口）	6		7 200	
	5号线北端（近E口）	4		4 800	
	5号线南端（近F口）	4		4 800	
出闸机	3号线A端（近A口）	7	26	8 400	
	3号线B端（近B口）	8		9 600	
	5号线北端（近A口）	5		6 000	
	5号线南端（近G口）	6		7 200	
安检机	3号线A端（近D口）	2	5	4 000	普通安检机单位小时服务能力为2 000人次
	3号线B端（近C口）	1		2 000	
	5号线北端（近E口）	1		2 000	
	5号线南端（近F口）	1		2 000	

根据表4-26中的数据，可以分别计算出本站的进出闸机通过能力、售票能力及安检能力，如表4-27所示。

表4-27 高升桥站安检、售检票能力 单位：人次/h

车站部位	售票能力	安检能力	进站闸机通过能力	出站闸机通过能力
站厅A端	2 820	4 000	6 000	8 400
站厅B端	2 460	2 000	7 200	9 600
站厅南端	2 460	2 000	4 800	7 200
站厅北端	3 000	2 000	4 800	6 000
合计	10 740	10 000	22 800	31 200

根据表4-27中的数据，在对比了客流调查数据后结合本站设备设施位置进行分析，可以看出高升桥站的安检能力、售票能力、进出闸检票能力均能满足早晚高峰客流组织的需求。

（2）乘降设备能力。

高升桥站乘降设备由自动扶梯、垂直电梯、步行楼梯等组成。其中，设置28部自动扶梯，包含出入口13部、付费区13部，垂直电梯4部，楼梯13部，车站乘降设备数量分布及能力分析如表4-28所示。

表 4-28 高升桥站乘降设备数量分布

位置	自动扶梯	步行楼梯	垂直电梯	备注
A 口	2（一上一下）	1（双向，宽 2.05 m）	0	1 m 宽步行楼梯每小时通过人数下行（进）4 200 人次、上行（出）3 700 人次，双向（进、出）混行则通过人数为 3 200 人次；1 m 宽自动扶梯每小时上、下行通过 6 720 人次；垂直电梯上、下行每小时分别通过 19 500 人次
B 口	1（一上）	1（双向，宽 1.96 m）	1	
C 口	0	1（双向，宽 2.35 m）	0	
D 口（已关闭）	1（一上）	1（双向，宽 1.98 m）	0	
E 口	4（两上两下）	1（双向，宽 1.45 m）	0	
F 口	4（两上两下）	2（双向，宽 1.09 m、1.53 m）	0	
G 口	1（一上）	1（双向，宽 1.79 m）	1	
3 号线站厅至站台	2（向下）	2（双向，宽 1.58 m、1.61 m）	1	
3 号线站台至站厅	1（向上）	2（双向，宽 1.58 m、1.61 m）	1	
5 号线站厅至站台	5（向下）	2（双向，宽 1.7 m、1.7 m）	1	
5 号线站台至站厅	5（向上）	2（双向，宽 1.7 m、1.7 m）	1	

根据表 4-29 数据，对比客流调查数据可以看出高升桥站的乘降设备完全能满足早晚高峰进出站客流及换乘客流组织的需要。

表 4-29 高升桥站乘降设备及站厅换乘通道能力分析　　　　单位：人次/h

车站部位	进站乘降设备服务能力	出站乘降设备服务能力	换乘通道服务能力
出入口—站厅	45 910	39 190	—
3 号线站厅—负 2 层站台	29 910	42 500	—
5 号线站厅—负 3 层站台	26 880	26 880	—
连接 3 号线与 5 号线站厅的专用换乘通道	—	—	24 800（8 m 宽）

（3）站台容纳能力。

高升桥两条线的站台均为岛式站台，站台面积要满足进出站及换乘客流在站台上候车及乘车的需要。其岛式站台面积及容纳能力如表 4-30 所示。

表 4-30 高升桥站站台面积及容纳能力

站台序号	站台类型	面积/m²	最大容纳人数
3 号线站台	岛式站台	1 168	3 893
5 号线站台	岛式站台	2 353	7 843

注：计算公式：$V=S/s$，V 为最大容纳人数，S 为站台面积，s 为每位乘客平均占用面积（取值 10 人/3 m²）。

根据表 4-30 中的数据可以看出，以高峰小时为单位对比客流调查数据，结合列车的行车密度，可以看出站台面积满足高峰小时进出及换乘客流候车乘车需要。

3. 日常客流组织方法

（1）日常平峰时段客流组织。

由于高升桥站工作日客流以通勤客流为主，车站单程票使用率不高，大部分乘客使用天府通卡进出站，因此售票压力较小，其他客运设备设施数量及布局也能满足日常进出及换乘客流组织的需求。

高升桥日常平峰时段进、出站客流组织措施较为简单，即乘客通过车站导向标识及人工引导完成检票进闸、站台候车上车及站台下车、验票出闸等环节。而换乘客流则要通过连接两个站厅的专用换乘通道实现换乘。

（2）早晚高峰客流组织。

根据现场调查可知，高升桥站工作日早高峰为 08:00～9:00，晚高峰为 18:00～19:00。

早高峰时段 3 号线进站客流量可达 3 500 人次/h、5 号线进站客流量达 1 600 人次/h，3 号线换乘 5 号线客流量达 4 800 人次/h，5 号线换乘 3 号线客流量达 5 700 人次/h。因此早高峰进站客流主要集中在 3 号线，换乘客流以 5 号线换 3 号线为主；晚高峰时段 3 号线进站客流量为 2 700 人次/h，5 号线进站客流量为 1 300 人次/h，3 号线换乘 5 号线客流量为 4 800 人次/h，5 号线换乘 3 号线客流量为 4 500 人次/h，因此晚高峰进站客流仍以 3 号线为主，换乘客流以 3 号线换 5 号线为主。

早高峰出现出站、换乘大客流，工作人员应加强引导，让出站乘客加速通过楼梯、自动扶梯出站。晚高峰出现进站、换乘大客流，则应安排工作人员在 A 端安检处引导乘客往 B 端安检进站，同时在 3 号线站厅摆放铁马引导乘客从站厅 B 端进行 5 号线换 3 号线，缓解 A 端站台客流拥挤情况，同时在 3 号线站台设置伸缩栏杆，引导乘客前往两边排队候车，避免乘客在下扶梯处聚集。

4. 大客流组织方法

（1）进站大客流组织。

高升桥站发生进站大客流时，车站应根据进站大客流持续的时间及客流量的变化特点分阶段采取客流控制措施。

当 3 号线站台乘客排队较长时，在 3 号线换乘通道处安排人员引导乘客从 B 端或 5 号线出站，尽量减少 A 端出站客流，避免与 A 口进站客流交叉。同时，加派人员到 3、5 号线站台协助，加强引导乘客在屏蔽门前均匀候车，引导乘客上车往车厢中部走，充分利用车内空间。

通过引导后，站台乘客仍然持续增多，此时则要采取二级客流控制，即：在 3 号线 A 端 TVM 前排队客流与票亭前排队客流之间设置伸缩栏杆分离，避免排队客流交叉拥堵，同时减缓售票速度，减缓乘客进站速度，并安排一名支援人员在 TVM 前引导乘客前往 B 端进行购票，一名支援人员在站台 B 端引导乘客。

当二级客流控制仍不能缓解进站客流压力时，则需要采取三级客流控制，即在 A 口上方设置客流卡控点，安排人员在此处引导，当 A 口通道排队人员到达卫生间时，开始分批放行；同时在 C 口外摆放铁马设置 S 形铁马绕行，减缓乘客进站速度，另安排一名工作人员进行引导。

进站大客流发生时，高升桥采取三级客流控制时的站厅乘客流线如图 4-60 所示。

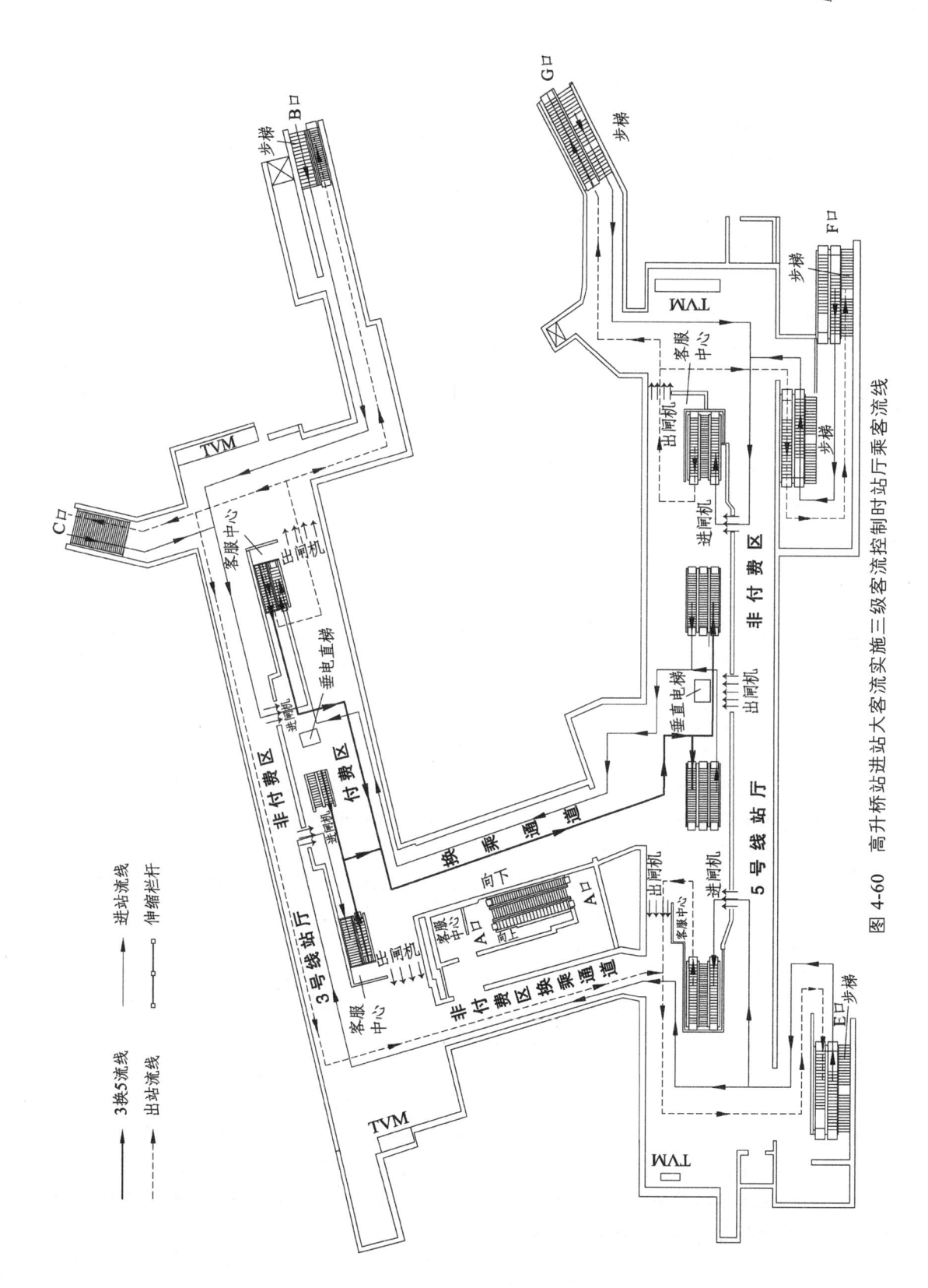

图 4-60 高升桥站进站大客流实施三级客流控制时站厅乘客流线

（2）出站大客流组织。

当高升桥发生出站大客流时，则以加快乘客出站流动速度为目标，采取相应组织措施，具体措施如下：在站厅付费区步梯处摆放铁马，拦截进站乘客，并安排人员引导；出站闸机处摆放伸缩栏杆，维持乘客出闸秩序。同时，也可改变5号线站厅靠近换乘通道的扶梯方向，将南端右侧电扶梯改为上行，加快乘客出站速度；当出站闸机排队乘客较多，可派专人在边门处开启边门，回收单程票，加快乘客出站。

（3）换乘大客流组织。

① 3号线换乘5号线（简称3换5）换乘大客流。

当3换5客流明显增多，5号线站台出现乘客滞留且在3号线站厅出现明显客流交叉时，则将3号线站厅缺口铁马补齐，并加派人员在连接两个站厅的专用换乘通道两端引导，同时在3号线站台安排人员引导3换5的乘客尽量从B端换乘，且在5号线站台楼扶梯处安排人员引导，加快乘客到站厅换乘，同时引导乘客均匀排队候车。

采取以上措施后，3换5客流还在持续增大，5号线站台上下行排队乘客持续增多，此时要采取3换5非付费区换乘方法来缓解换乘压力，具体措施如下：

立即安排人员至A口外拦截进站乘客，并摆放只出不进，从E口进站的告示；在A口通道设置移动闸机，供A口出站乘客使用；撤除3号线站厅中部铁马，在3号线A端站厅及5号线北端站厅设置铁马，同时将5号线北端出站闸机远离客服中心的2组闸机设置为常开状态，3号线A端出站闸机远离客服中心3组设为常开状态供非付费区换乘使用。此时，也可将楼扶梯改向，将靠近E口出闸处向上扶梯改为向下，步梯设置为只下不上。

当以上措施设置妥当后，暂时关闭3换5付费区换乘通道，引导3换5乘客采用非付费区绕行换乘，5号线换3号线采用付费区换乘通道换乘、非付费区换乘绕行方式。

3号线换乘5号线换乘大客流组织时，站厅乘客流线如图4-61所示。

② 5号线换乘3号线（简称5换3）换乘大客流。

当5换3客流明显增多，3号线站台出现乘客滞留且在3号线站厅出现明显客流交叉时，则在换乘通道中部L型铁马缺口补齐，并加派人员在站厅中部换乘通道两端引导，并在3号线站台设置伸缩栏杆，引导乘客往两边排队候车，避免乘客在下扶梯处聚集。

采取以上措施后，5换3的客流仍持续增大，3号线站厅A端扶梯及中部步梯处出现明显排队现象，当换乘3号线排队乘客到达换乘通道横截沟处时，延长换乘通道中间铁马，并视客流情况将铁马往5号线站厅往G口方向延伸，延长5换3乘客走行距离。同时，安排人员在5号线中部引导，避免5换3乘客误入3换5换乘通道；撤除3号线站厅中部铁马，3号线站厅5换3换乘通道出口处设置卡控点，安排人员视客流情况分批放行乘客，并在3号线站台中部步梯处安排人员引导，将该步梯设置为只下不上。

启动以上措施后，如5换3客流仍无法缓解，已排至换乘通道尾端，则立即启用3换5非付费区绕行措施，同时申请线控。具体措施如下：立即安排人员至A口外拦截进站乘客，并摆放只出不进、从E口进站的告示。在A口通道设置移动闸机，供A口出站乘客使用。调整5号线站厅中部铁马位置，在3号线A端站厅及5号线北端站厅设置铁马，同时将5号线北端出站闸机远离客服中心的2组闸机设置为常开状态，3号线A端出站闸机远离客服中心3组设为常开状态供非付费区换乘使用。

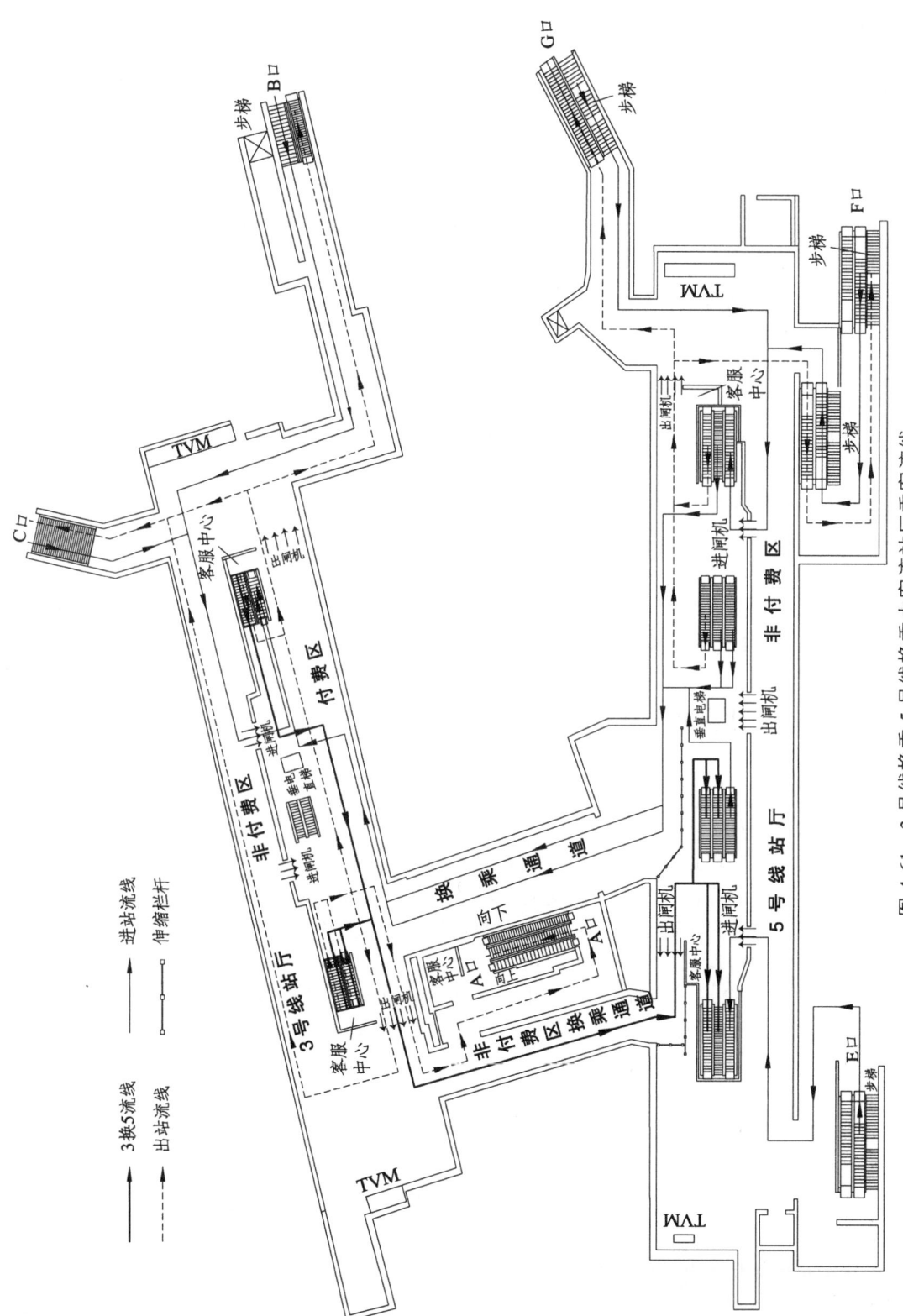

图 4-61 3 号线换乘 5 号线换乘大客流乘站厅乘客流线

此时，可以设置扶梯换向，将靠E口出闸机处一组楼扶梯中向上扶梯改为向下，步梯设置为只下不上，将5号线站厅中部靠南端一组电扶梯中向下扶梯改为向上，将3号线A端站厅向下扶梯改为向上。然后暂时关闭3换5付费区换乘通道，引导3换5采用非付费区绕行换乘，5换3采用付费区换乘通道换乘。

③ 3、5号线同时换乘大客流组织。

当高升桥站3号线和5号线同时发生换乘大客流时，则应立即安排人员至A口外拦截进站乘客，并摆放只出不进、从E口进站的告示，并在A口通道设置移动闸机，供A口出站乘客使用。

在3号线A端站厅及5号线北端站厅设置铁马，同时将5号线北端出站闸机远离票亭的2组闸机设置为常开状态，3号线A端出站闸机远离票亭3组设为常开状态供非付费区换乘使用。

此时可以设置扶梯换向，将靠E口出闸机处一组楼扶梯从向上扶梯改为向下，步梯设置为只下不上，将5号线站厅中部靠南端一组电扶梯从向下扶梯改为向上，将3号线A端站厅向下扶梯改为向上，B端站厅向上扶梯改为向下，减少换乘客流交叉。

以上措施设置妥当后，暂时关闭3换5付费区换乘通道，引导3换5采用非付费区绕行换乘，5换3采用付费区换乘通道换乘，并在3号线站厅换乘通道处进行卡控，客流较大时，分批放行换乘乘客。

车站视现场客流情况在5号线站厅与换乘通道处摆放铁马，延长5换3走行路径，控制进入3、5号线站台乘客客流量。

4.2.4 与其他交通方式换乘的两线换乘站

1. 车站概况

（1）车站类型及出入口设置。

东客站位于东三环路五段内侧、迎晖路以南、驿都大道以北的沙河堡片区，集铁路客运、公路长途客运及旅游客运、城市轨道交通、城市公交、出租及社会停车等功能于一体，与火车北站、火车南站和火车西站形成两主两辅的西部铁路客运中心。东客站实现了各种交通工具间快速的集散和转乘，是国内六大枢纽客站之一。

东客站西侧为机场大巴专线、出租车换乘区域以及铁路西广场进站口；南、北两侧为铁路出站口；东侧为铁路东广场进、出站口、汽车客运中心、公交车集中换乘区。与此同时，乘客服务设施分别布置在站厅的东、西、南、北四边，方便乘客快速进站乘车和出站。

东客站为2、7号线换乘站，属于地下站，负1层为站厅层，负2层为2号线站台层，负3层为7号线站台层。车站共设置4个（A1、A2、B1、B2）出入口，其中2个（A2、B2）出入口设置在铁路车站到达层，2个出入口（A1、B1）分别设置在火车站进站口（东）及火车站进站口（西）。

车站地面环境及各出入口位置如图4-62所示。

图 4-62　东客站出入口设置情况

（2）车站客流分析。

东客站为城市客运枢纽站，除 2 号、7 号线的地铁日常客流外，还有需要乘坐铁路的乘客和需要通过地铁换乘的乘客，因此东客站中受铁路旅客特性影响的换乘客流量大。进出站乘客还具有以下特征：

① 高峰时段特殊。

东客站高峰时段不仅有一般地铁车站的早晚高峰客流，还会受到铁路旅客列车集中到达、发出的时段影响。根据"铁路旅客列车时刻表"以及日常铁路客流的实地调查情况对火车东站的铁路客流进行分析可知，火车东站的铁路客流整体呈现 7：00—11：00 前集中出发、10：00—16：00 后集中到达的规律。21:00 之后集中出发或集中到达的铁路客流规模相对较小。因此，对地铁车站来说，其客流高峰时段与其他车站存在一定的特殊性

② 空间分布不均衡。

东客站南、北端正对铁路车站 A1、B1 出口，东端正对铁路车站 A4、B4 出口，铁路客运专线出站乘客主要集中在东端铁路车站 A4 和 B4 出口。因此地铁东客站进站客流空间分布特征为：站厅东端客流最多、站厅南端和北端次之、站厅西端客流最少。

③ 一次性单程客流量大。

在东客站的进站客流中绝大部分为铁路出站客流。这些乘客大部分属于旅游乘客、中转乘客，不长期居住在成都，并且有一定比例的乘客是初次来到此地。因此对地铁东客站站内的布局不了解、不熟悉，对单程票的需求量大，这部分客流大约占进站客流的 30%。在铁路旅客列车集中到站期间，TVM 与客服中心前排队人数多。

④ 携带行李的乘客多。

由于地铁车站与铁路车站无缝衔接，从铁路旅客列车下车转移到地铁的乘客，大多数都带着大件行李，因此，这部分客流走行速度较低，造成整体进站客流流动速度缓慢。

⑤ 突发性大客流。

铁路旅客列车班次时常受天气等客观因素影响，不定时有晚点列车出现，并且会发生大面积铁路旅客列车短时间同时到站的情况，形成突发性的大客流。同样，若地铁方面出现晚点，也会致使东客站大量乘客无法得到有效疏散。因此，无论是地铁发生故障造成列车晚点还是铁路旅客列车大面积晚点，都会给东客站客流组织带来巨大压力。

根据调查，东客站工作日日均进站量 8 万人次以上，日均出站量 7.5 万人次，日均换乘量 5.5 万人次。早高峰时间段，进站客流量不大，约 2 500 人次，出站量 4 100 人次，换乘量 4 300 人次；晚高峰时间段，进站量 4 300 人次，出站量 3 500 人次，换乘量 5 200 人次。

（3）车站布局。

① 站厅公共区布局。

东客站站厅呈长方形，在地下一层，是铁路车站的到达层，由非付费区及付费区组成。站厅非付费区共设置有 75 台 TVM，其中站厅东南 27 台，东北 24 台，西南 9 台，西北 15 台。进站闸机分布于南北两端，其中南端 19 通道进闸机（含 6 组双向闸机），北端 17 台进闸机（含 4 组双向闸机）。出站闸机分布于东西两端，其中东端出闸机 18 通道，西端出闸机 25 通道（其中包括 1 通道双向闸机）。站厅公共区布局如图 4-63 所示。

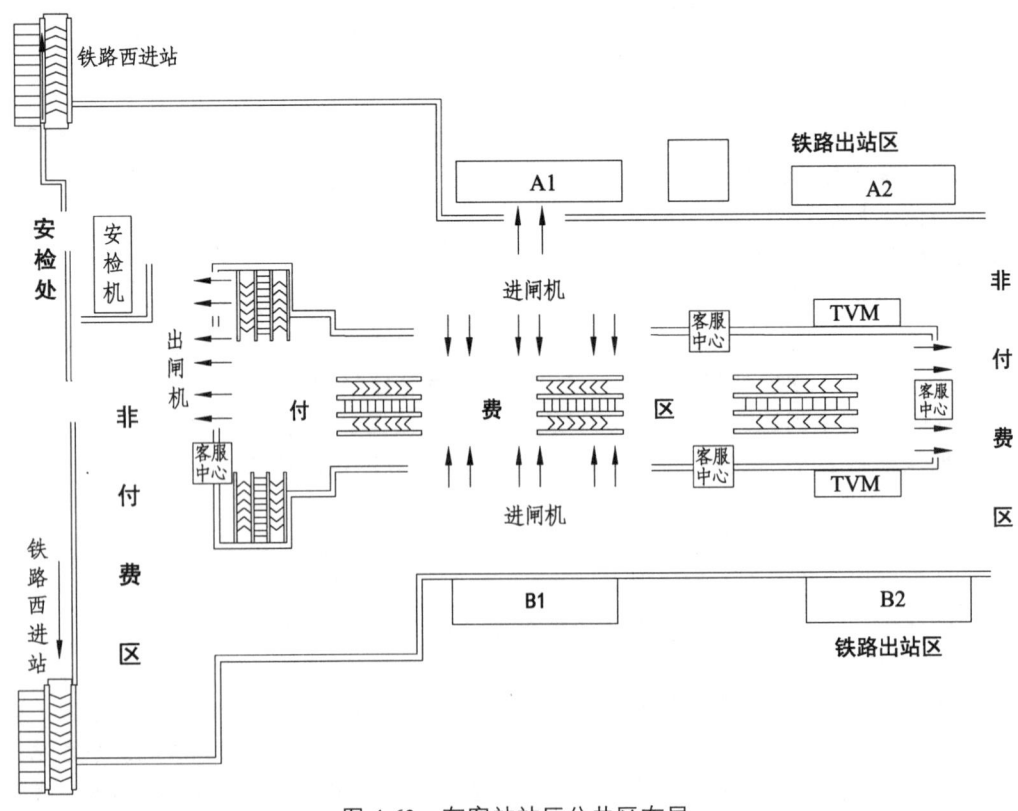

图 4-63 东客站站厅公共区布局

② 站台布局。

东客站站台为岛式站台，分别设置在负 2 层和负 3 层。其中负 2 层为 2 号线站台层，负 3 层为 7 号线站台层。2 号线与 3 号线站台呈现"T"布局形式。如图 4-64 所示为东客站站台层布局。

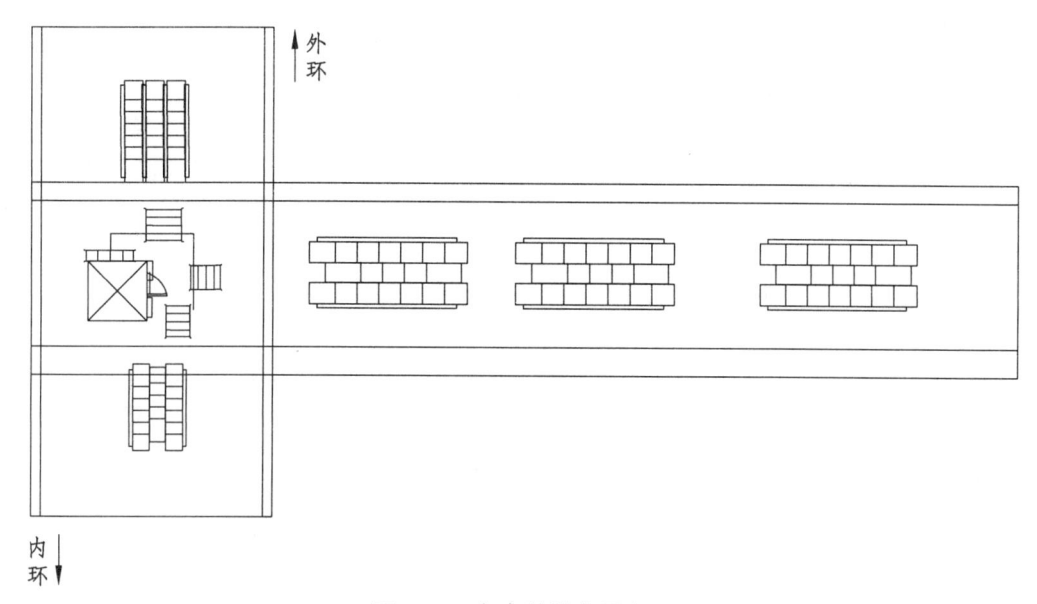

图 4-64 东客站站台层布局

2. 客运服务设备设施能力分析

（1）AFC 及安检设备能力。

东客站站厅根据车站所处方位可以分为东端、南端、端厅、北端四个区域，其 AFC 终端设备由 TVM、BOM、AGM（ENG 和 EXG）组成。站厅公共区设置 75 台 TVM，36 台 ENG（含 10 组双向闸机）、43 台 EXG（其中包括 1 台双向闸机）及 8 台 BOM、12 台安检机。

AFC 及安检设备数量及能力情况如表 4-31 所示。

表 4-31 东客站 AFC 车站终端设备及安检设备数量和能力分析表

设备名称	位置	数量/台	合计	能力/(人次/h)	备注
BOM	站厅东端	2	8	720	BOM 单位小时服务能力为 360 人次
	站厅南端	2		720	
	站厅西端	2		720	
	站厅北端	2		720	
TVM	站厅东端	27	75	8 100	TVM 单位小时自助购票能力为 300 人次
	站厅南端	24		7 200	
	站厅西端	9		2 700	
	站厅北端	15		4 500	
进闸机（ENG）	站厅南端	19（其中 1 个为宽通道）	36	22 800	进出站闸机单位小时通过能力为 1 200 人次
	站厅北端	17（其中 2 个为宽通道）		20 400	
出闸机（EXG）	站厅东端	18	43	21 600	
	站厅西端	25（其中 1 个为宽通道）		30 000	
安检机	站厅东端	6（3 台落地式、3 台小型）	12	24 000	普通安检机单位小时通过能力为 2 000 人次
	站厅西端	6（4 台落地式、2 台小型）			

根据表 4-31 中的数据，可以分别计算出东客站的进出闸机通过能力、售票能力及安检能力，如表 4-32 所示。

表 4-32　东客站安检、售检票能力　　　　　　　　　　　　单位：人次/h

车站部位	售票能力	安检能力	进站闸机通过能力	出站闸机通过能力
站厅东端	8 100	12 000	22 800	21 600
站厅南端	7 200			
站厅西端	2 700	12 000	20 400	30 000
站厅北端	4 500			
合计	22 500	24 000	43 200	51 600

结合东客站调查的高峰小时客流量大小来分析，车站的售票能力、进出检票能力及安检能力完全满足车站高峰小时客流的服务需求。

（2）乘降设备服务能力。

东客站乘降设备由自动扶梯、垂直电梯及步行楼梯组成。其中，共有自动扶梯 11 部，步行楼梯 4 部，垂直电梯 1 部。其乘降设备分布区域、数量及服务能力如表 4-33 所示。

表 4-33　东客站乘降设备数量分布及服务能力分析表

位置	自动扶梯	步行楼梯	垂直电梯	能力/（人次/h）	备注
站厅通往 2 号线站台	3 部下行	3（混行）宽 1.1 m	1	28 170	1 m 宽步行楼梯每小时通过人数下行(进)4 200 人次、上行(出)3 700 人次，双向(进、出)混行则通过人数为 3 200 人次；1 m 宽自动扶梯每小时上、下行通过 6 720 人次；垂直电梯上、下行每小时分别通过 19 500 人次
2 号线站台通往站厅	3 部上行			28 170	
站厅通往 7 号线站台	2 部下行	1（混行）宽 1.2 m		15 880	
7 号线站台通往站厅	3 部上行			22 080	

根据表 4-33 中的数据，结合东客站调查的早晚高峰小时客流量可以看出，东客站的进站乘降设备及出站乘降设备能力满足进出站客流的需要。经调查，2 号线与 7 号线之间的换乘通道每小时服务能力达 49 600 人次，也能满足两条线之间的换乘客流组织需要。

（3）站台容纳能力。

东客站站台为岛式站台，2 号线与 7 号线岛式站台呈 T 形布置。2 号线站台在地下负 2 层，7 号线站台在地下负 3 层，2 号线与 7 号线乘客的换乘方式以上下站台换乘为主，辅以站厅付费区换乘。因此，站台上将聚集上车、下车及换乘的乘客，站台面积会限制站台的容纳人数。如表 4-34 所示，为东客站站台面积及最大容纳人数。

表 4-34　东客站站台容纳能力

站台序号	站台类型	面积/m²	最大容纳人数
2 号线站台	岛式站台	970	3 233
7 号线站台	岛式站台	1 200	4 000

注：计算公式：$V=S/s$，V 为最大容纳人数，S 为站台面积，s 为每位乘客平均占用面积（取值 10 人/3 m²）。

根据表中数据结合客流调查数据可以看出，东客站站台容纳能力完全满足高峰小时客流量的服务需要。

3. 日常客流组织方法

日常情况下，由于站厅东端为主要乘客来源地，因此将东边客服中心设定为只办理充值、兑零及乘客事务处理等业务，不售卖单程票业务。当铁路出口 A4、B4 有铁路乘客到站时，东端的出闸机厅巡引导岗应及时报告车控，根据南端、北端排队购票情况引导东端乘客往人少的一端购票进站。所以，日常情况下东客站的进站闸机前不设置绕行线路。

4. 大客流组织方法

（1）进站大客流组织。

当 2 号线站台候车乘客排队较长，则可视作东客站发生进站大客流，此时应将南、北双向闸机设置为进闸方向，并根据站台客流情况引导乘客至 2 号线东端楼扶梯进站。同时，将 2 号线站厅中部向下扶梯旁铁马延长至站厅中部，引导 2 号线进站乘客经东端楼扶梯通行。

采取以上措施后，2 号线站台候车客流压力仍无法缓解、乘客排队持续增长，此时将 2 号线站厅中部向下扶梯旁铁马延长至东端 LED（发光二极管）显示屏处，引导 2 号线进站乘客经东端楼扶梯通行；7 号线发生进站大客流时，延长 7 号线站厅铁马至西端 LED 显示屏处。

当采取以上组织措施时，进站大客流压力仍然很大，2 号线或 7 号线站台候车乘客数量持续增加，此时组织在南北非付费区设置铁马实施绕行。

东客站进站大组织时站厅乘客流线如图 4-65 所示。

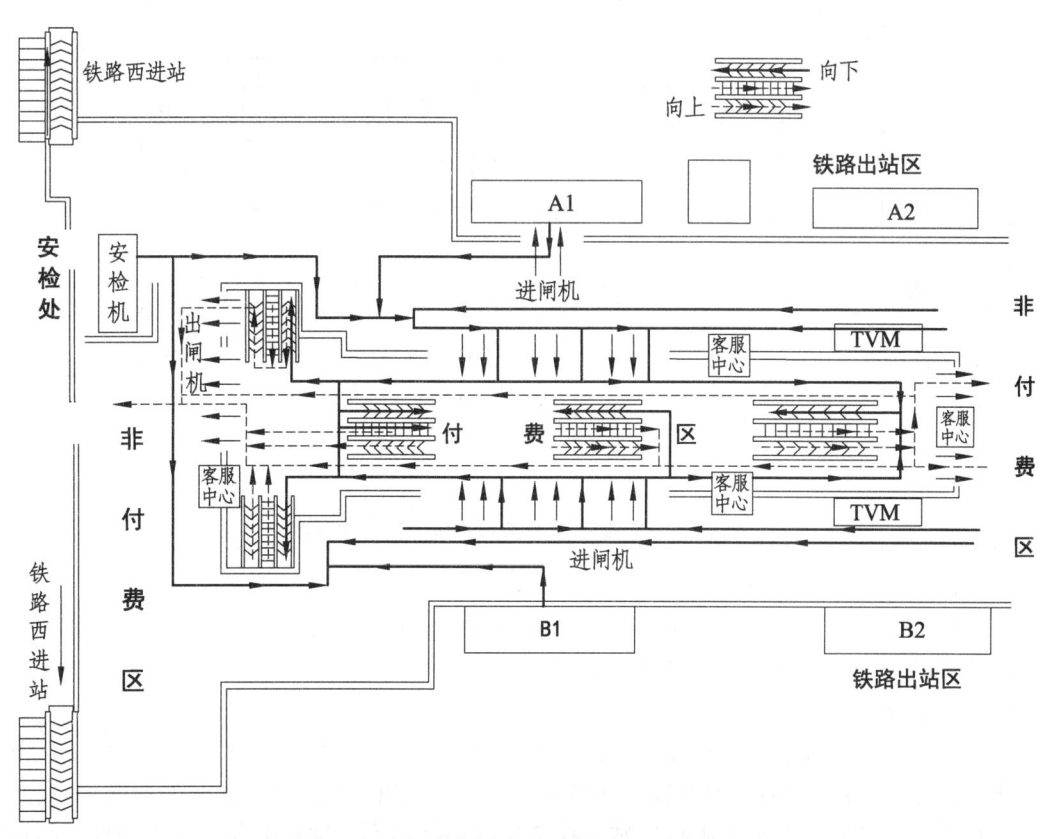

图 4-65 东客站进站大客流站厅乘客流线

（2）出站大客流组织。

当东客站发生出站大客流时，组织措施主要是根据客流量变化特点及持续时间，结合车站的平面布局，采取相应措施加快出站客流的流动速度，具体措施如下：

将南、北双向闸机设置为出闸，同时在2号线站厅中部、东端扶梯处分别安排1名引导岗进行分流，引导东端及中部扶梯的出站乘客经南、北出闸机出站。在2号线站厅中部两部扶梯前分别设置延长铁马，南、北非付费区各安排1名人员加强进、出站分流引导，避免客流交叉。在7号线站厅西端出闸机与北端向上扶梯之间设置弧形铁马，均衡引导出站客流。如果还没有缓解，则将闸机设置为大客流模式供乘客出站。

东客站出现出站大客流时，站厅公共区乘客流线如图4-66所示。

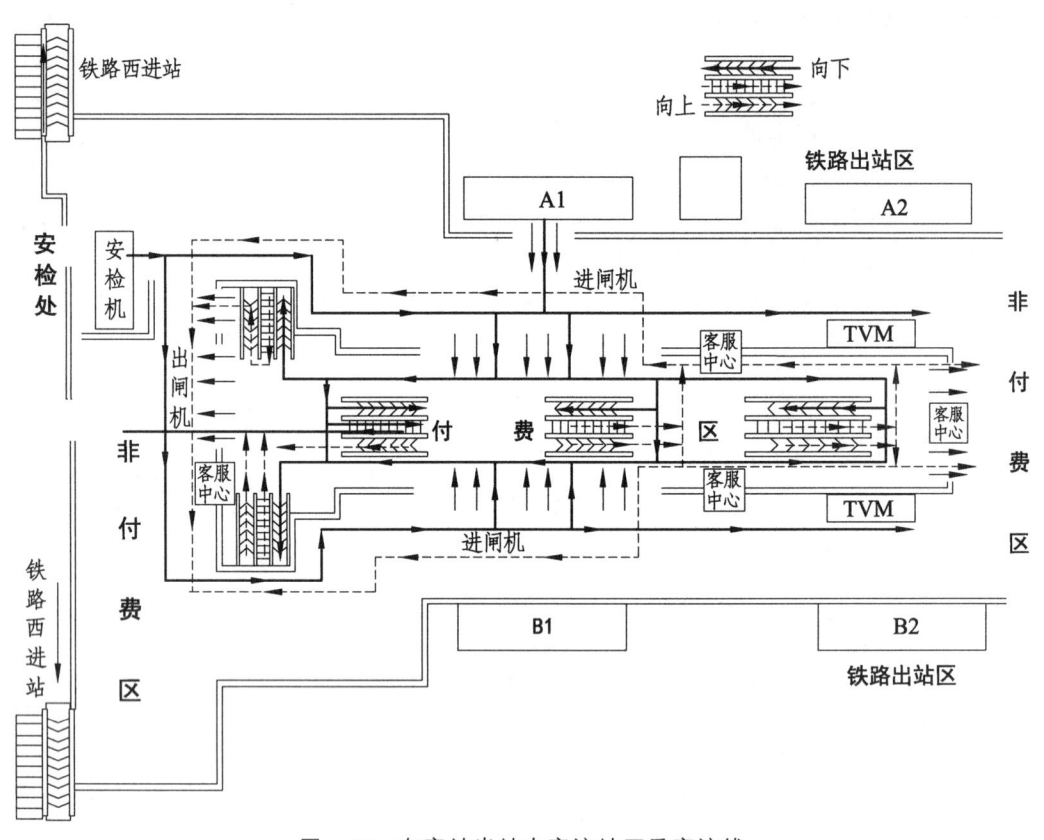

图4-66　东客站出站大客流站厅乘客流线

（3）进出站同时大客流组织。

当东客站进出站同时发生大客流时，则根据进出站大客流持续时间及客流量变化特点，采取设置铁马、分流引导、绕行进站及设置闸机大客流模式等分级组织措施来缓解进出客流组织压力，具体措施如下：

在2号线站厅中部、东端扶梯处分别安排1名工作人员引导乘客进出分流，防止进出交叉干扰。引导2号线东部、中部楼扶梯出站乘客从东边出闸机出站，2号线西部楼扶梯、7号线楼扶梯出站乘客从西边出闸机出站。在7号线站厅西端出闸机与北端向上扶梯之间设置弧形铁马，引导出站客流迅速出站。

将2号线站厅中部向下扶梯旁铁马延长至东端LED显示屏处,引导北边2号线进站乘客绕行后经东端楼扶梯进站;7号线出现进站大客流时,延长7号线站厅铁马至西端LED显示屏处。同时车站应在南北非付费区做好铁马绕行组织工作,减缓进站乘客流动的速度。

东客站同时发生进出站大客流采取组织措施时,站厅公共区乘客流线如图4-67所示。

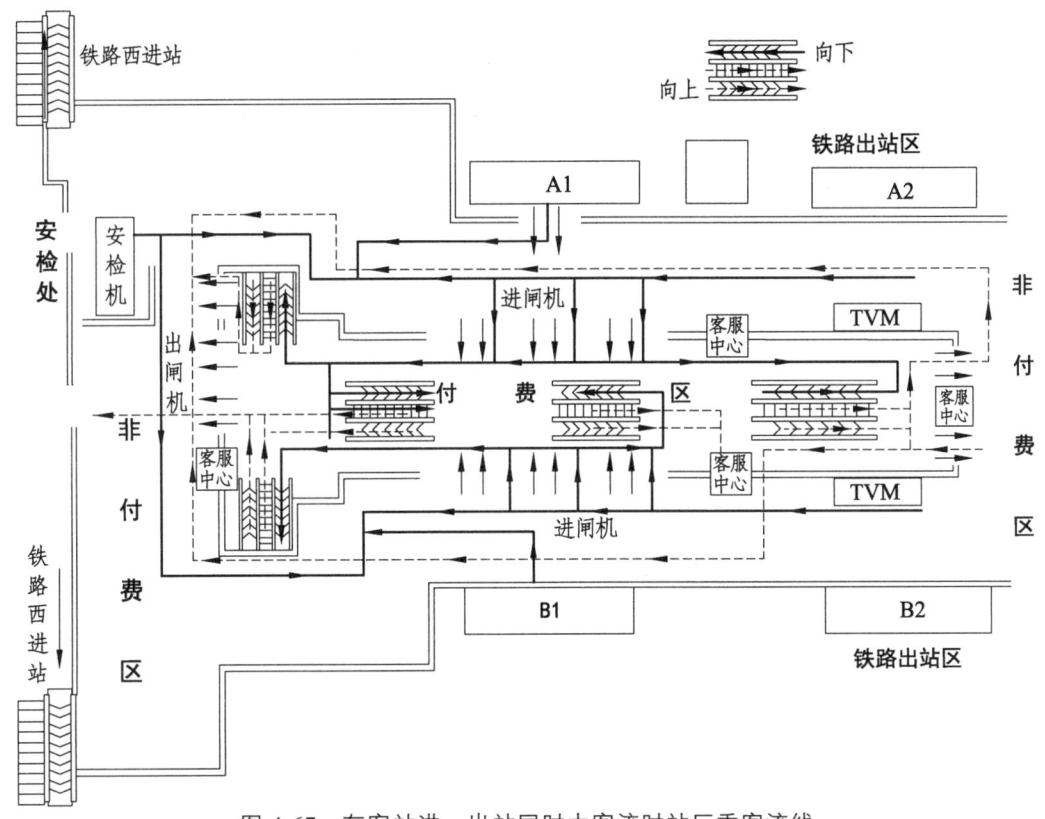

图4-67 东客站进、出站同时大客流时站厅乘客流线

(4)换乘大客流组织。

① 7号线换乘2号线(简称7换2)大客流。

换入2号线的客流持续增多时,可将2号线站厅西端向下扶梯改为向上、楼梯单向通行只上不下,同时可以关闭站台7换2换乘通道,引导乘客从站厅换乘。如还不能缓解换入2号线的客流组织压力时,则需在站厅东端和中部向下扶梯前设置铁马拦截,同时在南、北端付费区进闸处分别设置铁马,根据进站乘坐2号线的客流情况实施分批放行,减缓进站乘坐2号线乘客的走行速度,减轻2号线站台的压力。当采取此控流措施仍不能缓解时,则需要采取关闭出入口或列车越站等组织措施,具体如下:

关闭西南、西北边全部TVM,在7号线付费区向下扶梯前设置客流控制区域,防止7号线进出站客流和换乘客流发生交叉干扰。同时,引导2号线东端、中部楼扶梯出站乘客从东端出闸机出站,2号线西端楼扶梯、7号线楼扶梯出站乘客从西端出闸机出站。引导从7号线及2号线西端两部扶梯上至站厅的2号线换乘7号线(简称2换7)、7换2乘客从应急门出绕自非付费区,再通过西端两组应急门进站。

7号线换乘2号线发生大客流时站厅乘客流线如图4-68所示。

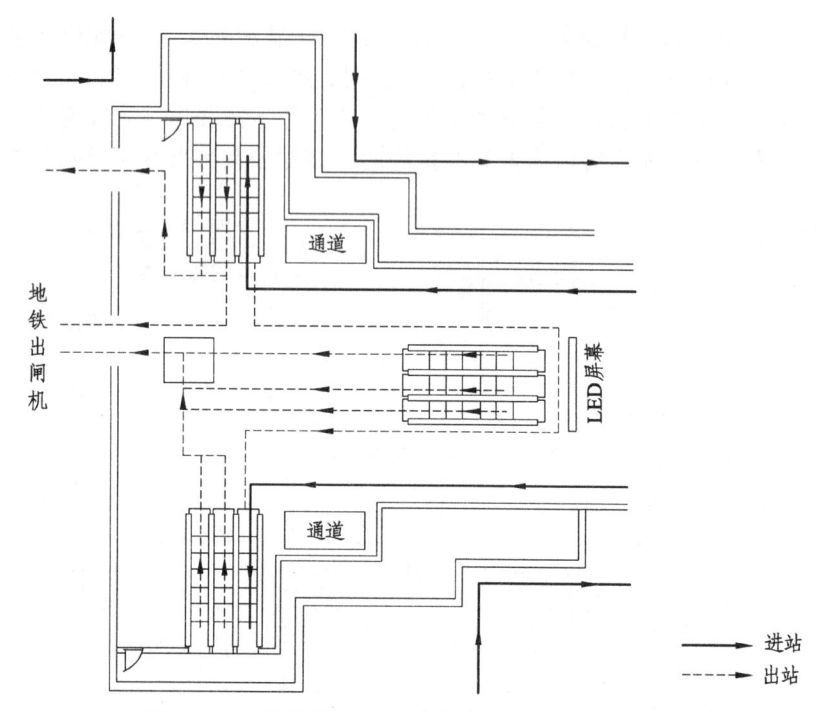

图 4-68　7 号线换乘 2 号线大客流时站厅乘客流线

② 2 号线换入 7 号线大客流。

当 2 号线换入 7 号线的客流不断增大，造成 7 号线站台乘客排队人数持续增加时，则需要关闭站台 2 换 7 换乘通道，引导乘客从站厅换乘，同时，将 7 号线站厅两端扶梯前设置铁马拦截，根据客流情况分批次放行。如采取此措施并不有缓解换乘客流组织压力，则关闭西南、西北边全部 TVM，调整 7 号线站厅付费区向下扶梯前横向铁马至西端扶梯处，拓宽进入 7 号线扶梯前乘客的等候区域。同时，引导 2 号线东端、中部楼扶梯出站乘客从东端出闸机出站，2 号线西端楼扶梯、7 号线楼扶梯出站乘客从西端出闸机出站。

2 号线换乘 7 号线发生大客流时站厅乘客流线如图 4-69 所示。

③ 2 号线 7 号线同时换乘大客流。

当 2 号线与 7 号线之间同时发生换乘大客流时，车站则根据换乘大客流的持续时间及客流量的变化，分级采取相应组织措施，具体措施如下：

将 2 号线站厅西端向下扶梯改为向上，2 号线所有楼梯单向通行只上不下，并关闭站台 7 换 2 换乘通道，引导乘客从站厅换乘，如果还不能缓解换乘大客流，则关闭站台 2 换 7 换乘通道，引导乘客从站厅换乘，并在 7 号线付费区向下扶梯前设置乘客等候区域，根据客流情况分批次放行。

当采取以上措施仍不能缓解两条线之间的换乘客流时，则需要关闭西南、西北边全部 TVM，调整 7 号线站厅付费区向下扶梯前横向铁马至西端扶梯处，拓宽进入 7 号线扶梯前乘客的等候区域，并引导 2 号线东端、中部楼扶梯出站乘客从东边出闸机出站，2 号线西端楼扶梯、7 号线楼扶梯出站乘客从西边出闸机出站。如 2 号线与 7 号线之间换乘的同时发生大客流，采取组织措施后，站厅乘客流线如图 4-70 所示。

图 4-69　2 号线换乘 7 号线大客流站厅乘客流线

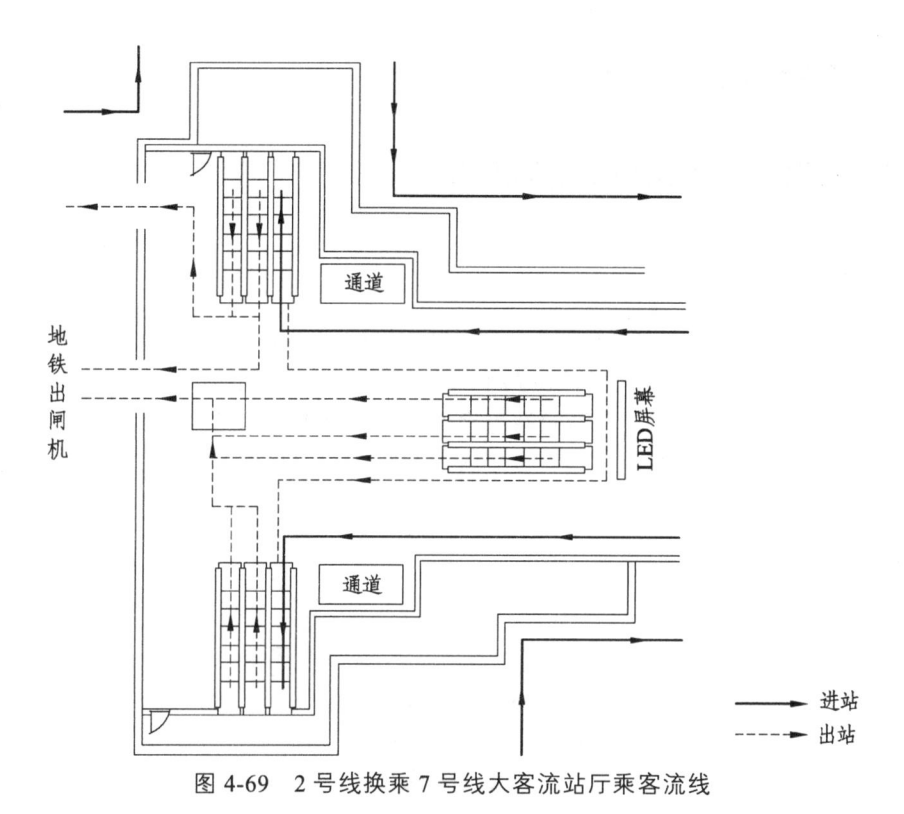

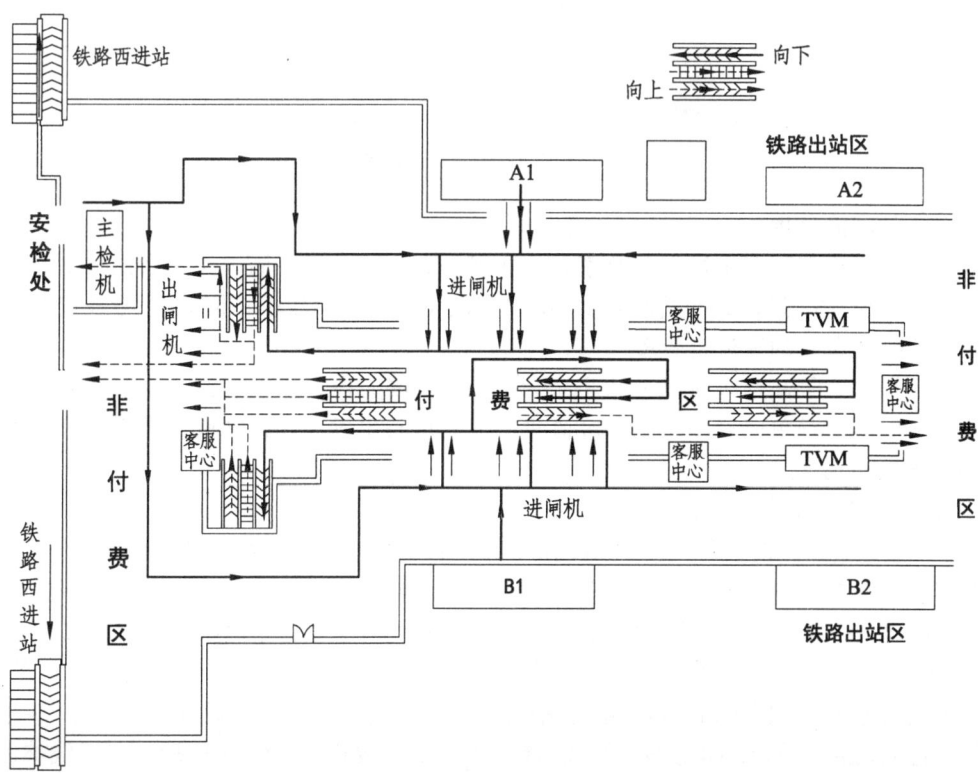

图 4-70　2 号线与 7 号线之间换乘同时发生大客流采取组织措施时站厅公共区乘客流线

4.3 国内典型地铁三线换乘站

4.3.1 仅设置一个站厅的三线换乘站

1. 车站概况

（1）车站类型及出入口设置。

太平园站位于佳灵路与中环路武阳大道二段交界处，是3号线、7号线与10号线三线换乘车站。其中3号线、10号线位于佳灵路下方、呈东北—西南走向；7号线位于中环路武阳大道下方，呈西北—东南走向。太平园站为地下车站，负1层为站厅层，负2层为3、10号线站台层，负3层为7号线站台层，共设置有6个出入口，分别是A、B、C、D、E、F。太平园站出入口设置情况如图4-71所示。

图 4-71 太平园站出入口设置情况

（2）车站客流分析。

太平园站周边有较多出售汽车及家具的商铺，有几所学校，周边住宅居民较少，因此通勤客流较少。但10号线通向双流机场，所以乘坐飞机的客流较多；同时7号线连通地铁各条线路，换乘各条线的客流也较多。

工作日期间，早高峰时段以进站客流为主，晚高峰时段以出站客流为主，因此工作日期间，全日分时客流呈单向峰型。平时客流量的变化也与出发和到达的航班客流有关。

（3）车站布局。

① 站厅公共区布局。

太平园站厅公共区设置有AFC终端设备、乘降设备等设备设施来为乘客提供服务。AFC终端设备有自动售票机（TVM）、半自动售票机（BOM）、自动验票机（TCM）、自动检票机（AGM）。乘降设备有自动扶梯、垂直电梯、步行楼梯等。太平园站厅公共区平面布局如图4-72所示。

② 站台布局。

太平园站为地下三层车站，负一层为站厅层，3、10号线站台同层设置于负二层，3号线为岛式加上行侧式混合站台，10号线为侧式站台，并与3号线共用上行侧式站台。7号线站台为岛式站台，设置于负三层，与3、10号线站台呈十字交叉。站台平面布局如图4-73、4-74所示。

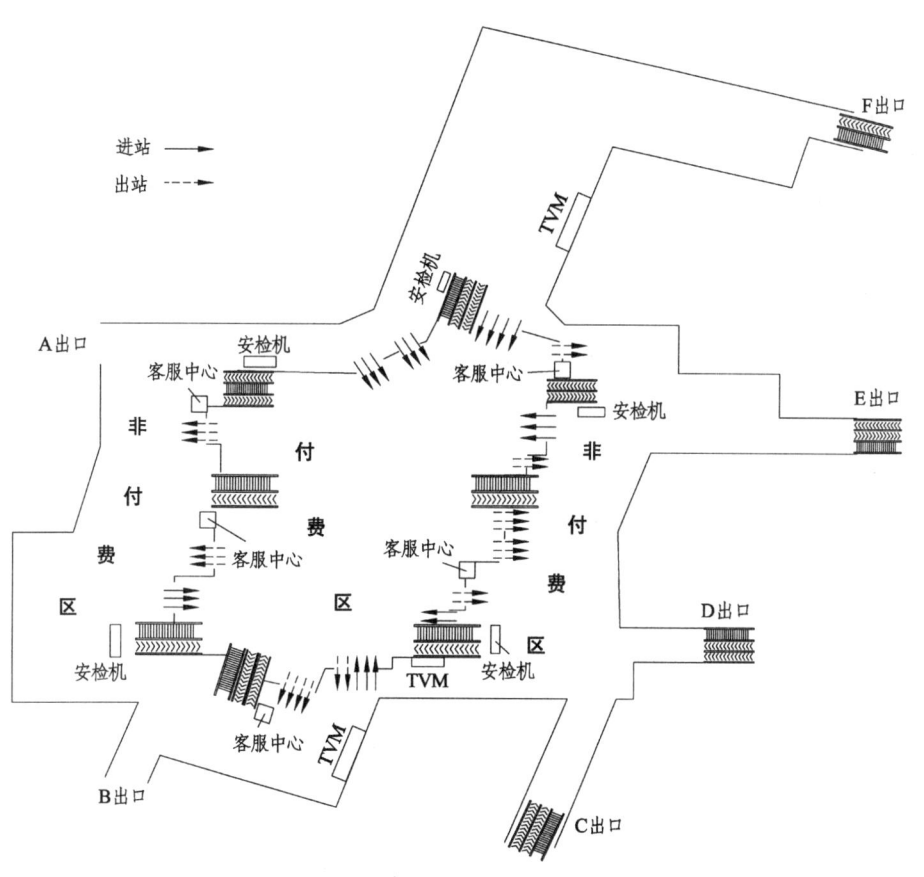

图 4-72　太平园站厅公共区布局

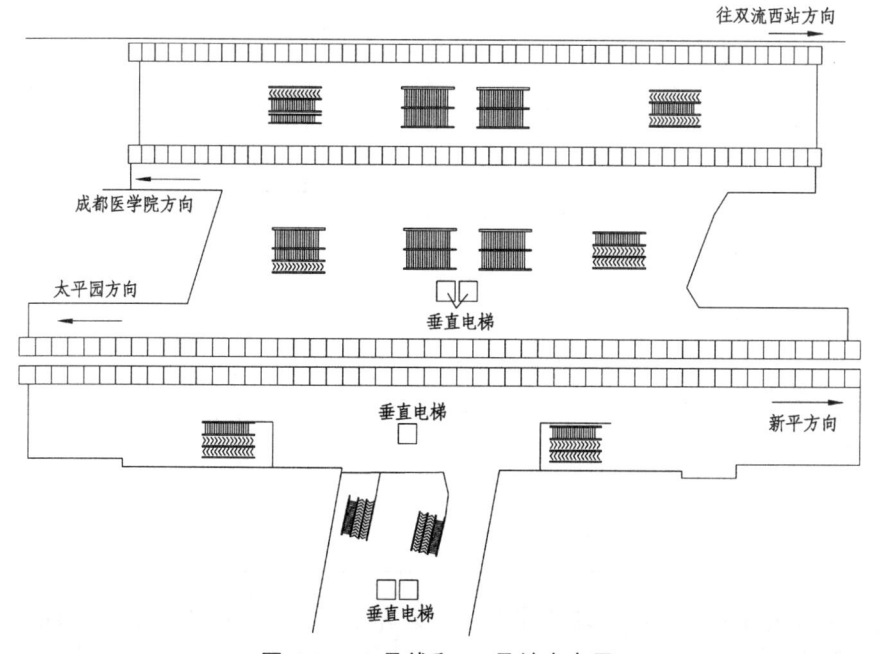

图 4-73　3 号线和 10 号站台布局

高朋大道方向 →

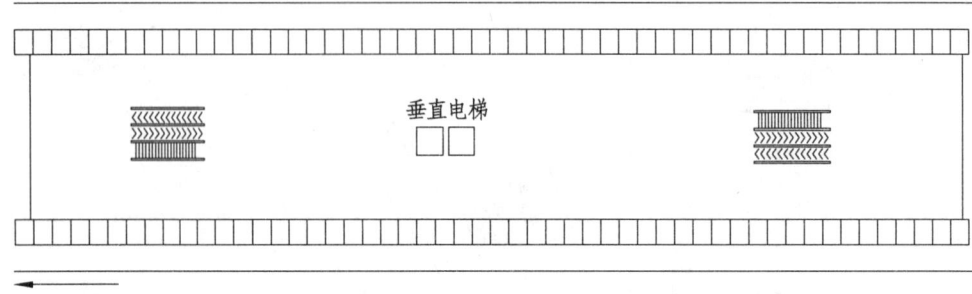

垂直电梯

← 武侯大道方向

图 4-74　7 号线站台布局

2. 车站客运服务设备设施能力

（1）AFC 终端设备及安检设备能力分析。

太平园站站厅 AFC 车站终端设备包括 30 台 TVM、8 台 BOM、21 通道 ENG、59 通道 EXG 及 5 台 TCM，20 通道双向闸机。同时还布置了 5 台安检机。具体的设备位置及能力分析如表 4-35 所示。

表 4-35　太平园 AFC 车站终端设备及安检设备数量和能力分析表

设备名称	位置	数量/台	合计	能力/（人次/h）	备注
BOM	站厅东端	2	8	720	BOM 单位小时服务能力为 360 人次
	站厅南端	3		1 080	
	站厅北端	3		1 080	
TVM	站厅南端	11	30	3 300	TVM 单位小时自助购票能力为 300 人次
	站厅西端	4		1 200	
	站厅北端	11		3 300	
	站厅东端	4		1 200	
进闸机（ENG）	站厅北端	19（其中 9 通道双向）	40	22 800	进出站闸机单位小时通过能力为 1 200 人次
	站厅南端	19（其中 9 通道双向）		22 800	
	站厅东端	2（均为双向）		2 400	
出闸机（EXG）	站厅西端	7	59	8 400	
	站厅东端	13		15 600	
	站厅南端	17		20 400	
	站厅北端	22		26 400	
安检机	站厅西端	1	5	2 000	普通安检机单位小时通过能力为 2 000 人次
	站厅南端	2		4 000	
	站厅北端	2		4 000	

根据表 4-35 中数据，可以分别计算出太平园站的进出闸机通过能力、售票能力及安检能力，如表 4-36 所示。

表 4-36 太平园站安检、售检票能力（单位：人次/h）

车站部位	售票能力	安检能力	进站闸机通过能力	出站闸机通过能力
站厅东端	1 920	—	2 400	15 600
站厅南端	4 380	4 000	22 800	20 400
站厅西端	1 200	2 000	—	8 400
站厅北端	4 380	4 000	22 800	26 400
合计	11 880	10 000	48 000	70 800

结合太平园站调查的高峰小时客流量大小来分析，车站的售票能力、进出检票能力及安检能力完全满足车站高峰小时客流的服务需求。

（2）乘降设备服务能力。

太平园站乘降设备由自动扶梯、垂直电梯及步行楼梯组成。其中，共有自动扶梯25部，步行楼梯18部，垂直电梯5部。其乘降设备分布区域、数量及服务能力如表4-37所示。

表 4-37 太平园站乘降设备数量分布及服务能力分析表

位置	自动扶梯	步行楼梯	垂直电梯	能力/(人次/h)	备注
出入口	11部（其中1部为单向向上通行）	6部（双向通行）	1部	112 620	1 m 宽步行楼梯每小时通过人数下行（进）4 200人次、上行（出）3 700人次，双向（进、出）混行则通过人数为3 200人次；1 m 宽自动扶梯每小时上、下行通过6 720人次；垂直电梯上、下行每小时分别通过19 500人次
站厅与10号线下行站台	4部（其中2部为单向向下通行）	3	1部	56 980	
站厅与10号线上行站台	2部	2	1部	40 340	
站厅与3号线侧式站台	4部（其中2部为单向向下通行）	2	1部	53 780	
站厅与3号线岛式站台	4部	2	—	33 280	
10号线上行站台与7号线岛式站台	1部（双向）	2	1部	32 620	
10号线下行站台与7号线岛式站台	1部（双向）	1	2部	48 920	

根据表4-37数据，结合在太平园站调查得到的早晚高峰小时客流及换乘客流，可以看出太平园站乘降设备的能力完全满足本站客流组织的需要。

（3）站台容纳能力。

太平园车站站台有岛式站台及侧式站台，3号线成都医学院方向与10号太平园方向共用一个站台，为进出站及换乘客流服务，因此此站台的容纳能力影响客流组织能力。太平园车站各站台面积及最大容纳人数如表4-38所示。

表 4-38 太平园站站台容纳能力

站台序号	类型	面积/m²	最大容纳人数
3号线站台	岛式站台	1 156	3 854
3号线站台	侧式站台	1 005	3 351
10号线上行站台	侧式站台	1 252	4 172
10号线下行站台	侧式站台	1 772	5 909
7号线站台	岛式站台	1 688	5 628

注：计算公式：$V=S/s$，其中 V 为最大容纳人数，S 为站台面积，s 为每位乘客平均占用面积（取值10人/3 m²）。

根据各站台最大容纳人数，结合客流调查结果，依据列车行车密度进行分析，可以看出站台的容纳能力均能满足车站的高峰客流组织的需要。

3. 日常客流组织方法

（1）日常平峰时段客流组织。

太平园站日常情况平峰时段，各区域 AFC 设备及安检设备能力充足，且根据客流预测数据分析车站主要客流来自于换乘，因此车站设备设施满足进出站及换乘客流组织。车站进出站及换乘客流通过车站导向标识及人工引导完成进站上车、下车出站及三线之间的换乘。

（2）日常早晚高峰时段客流组织。

根据客流调查，早晚高峰时段太平园站进出站客流较小，换乘客流全日分布较均衡。为避免 7 号线、10 号线站台客流堆积，可以在站台设置隔离栏杆，实施客流引导。

4. 大客流组织方法

（1）3 号线发生大客流。

3 号线的大客流应包括进站需要乘坐 3 号线的进站客流及从其他线路（7 号、10 号）换乘过来的客流。当 3 号线发生大客流时，根据大客流持续的时间及客流量变化特点分级采取客流控制措施。

当客流较大，导致 3 号线站台排队乘客较多时，实施一级客流控制，具体措施如下：

值班站长安排 3 号线的站台岗站务员封闭共用站台头尾两端通道。10 号线站台下车的乘客需经过站厅付费区换乘到 3 号线，7 号线站台的站台岗站务员引导乘客从站厅付费区换乘 3 号线，同时全部安检点减缓安检速度。

采取一级客流控制时，3 号线站台客流还在持续增大，站台排队候车人数还在不断增加，此时则要采取二级客流控制，具体措施如下：

封闭 3、10 号线共用站台换乘通道，引导 10 号线到达乘客通过站厅付费区换乘 3 号线，同时也封闭 7 号线站台中部由 7 号线换 3 号线的换乘楼梯，引导乘客从站厅付费区绕行换乘 3 号线。

当采取二级客流控制，3 号线客流还是不能得到有效缓解，站厅付费区客流已经占用站厅付费区面积的三分之一时，此时要采取三级客流控制，具体措施如下：

安检处停止安检，引导乘客出站换乘其他交通工具；客服中心全部暂停售票，关闭客服中心，售票岗站务员到非付费区的出站闸机处卡控分离出站和换乘的乘客。同时，在 3 号线 A、B 出入口附近的站厅非付费区摆放绕行铁马，并将部分闸机设置为常开，引导并组织乘客从非付费区绕行后进入 3 号线站台。

（2）7 号线发生大客流。

7 号线的大客流应包括需要进站乘坐 7 号线的进站客流及从其他线路（3 号线、10 号线）换乘过来的客流。当 7 号线发生大客流时，根据大客流持续的时间及客流量变化特点分级采取客流控制措施。

7 号线发生大客流时，工作人员主要在 7 号线岛式站台组织客流。当 7 号线站台排队候车的乘客较多，且有不断持续上升的趋势时，则需要采取一级客流控制。具体措施如下：

7 号线站台西端设置铁马防止客流堆积。引导 3 号线、10 号线两端换乘的乘客经站厅付费区换乘 7 号线，同时通知安检减缓乘客进站速度。

当采取一级客流控制不能缓解 7 号线大客流时，则需要采取二级客流控制，即关闭部分

TVM，引导 3 号线和 10 号线换乘 7 号线的客流从站厅付费区进行换乘。如仍不能缓解，则需要采取三级客流控制。

（3）10 号线发生大客流。

10 号线的大客流应包括进站需要乘坐 10 号线的进站客流及从其他线路（3 号、7 号）换乘过来的客流。当 10 号线发生大客流时，根据大客流持续的时间及客流量变化特点分级采取客流控制措施，具体做法和 3 号线发生大客流的组织措施相似。

4.3.2　设置多个站厅的三线换乘站

1. 车站概况

（1）车站类型及出入口设置情况。

孵化园站位于高新区，横跨三条街道，分别为锦城大道、交子南一路、天府大道北段。孵化园站为地下站，是 1、9、18 号线的换乘车站，负 1 层为 1 号线站厅层，负 2 层为 1 号线站台层与 9、18 号线站厅层，负 3 层为 9、18 号线站台层。孵化园共设置有 9 个出入口，分别是 A、B、C、E、F、G、H、J、K。具体情况如图 4-75 所示。

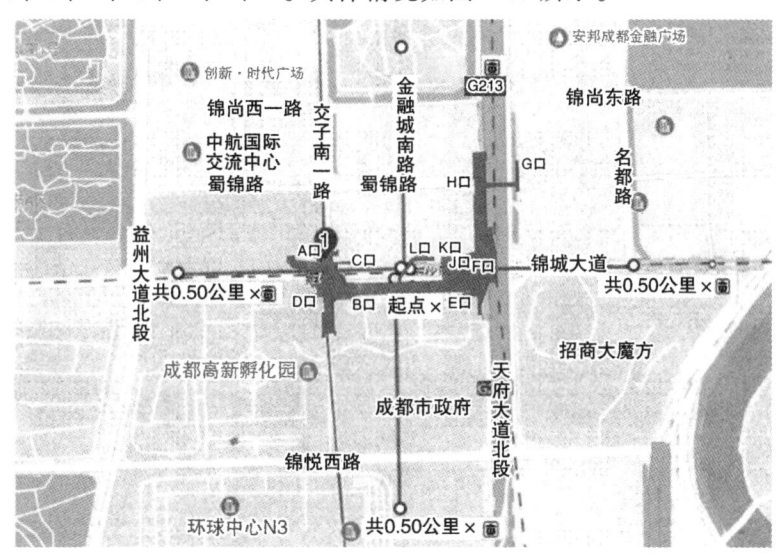

图 4-75　孵化园站出入口设置情况

（2）车站客流分析。

孵化园站 1、9 号线靠近市政府和高新孵化园，周边有较多如拉德方斯这样的写字楼，同时毗邻奥克斯广场（现为万达广场），因此，客流以通勤客流和商业客流为主，工作日早晚高峰客流较明显，全日分时客流呈单向高峰型。但是 18 号线靠近某演艺中心，该演艺中心能容纳约 1.2 万人，进站客流约占 60%，因此当有大型活动散场后，会出现短时的进站大客流。

（3）车站布局。

① 站厅公共区布局。

孵化园站站厅布置有 AFC 车站终端设备、乘降设备、安检设备等为乘客服务的设备设施。具体布局如图 4-76 所示。

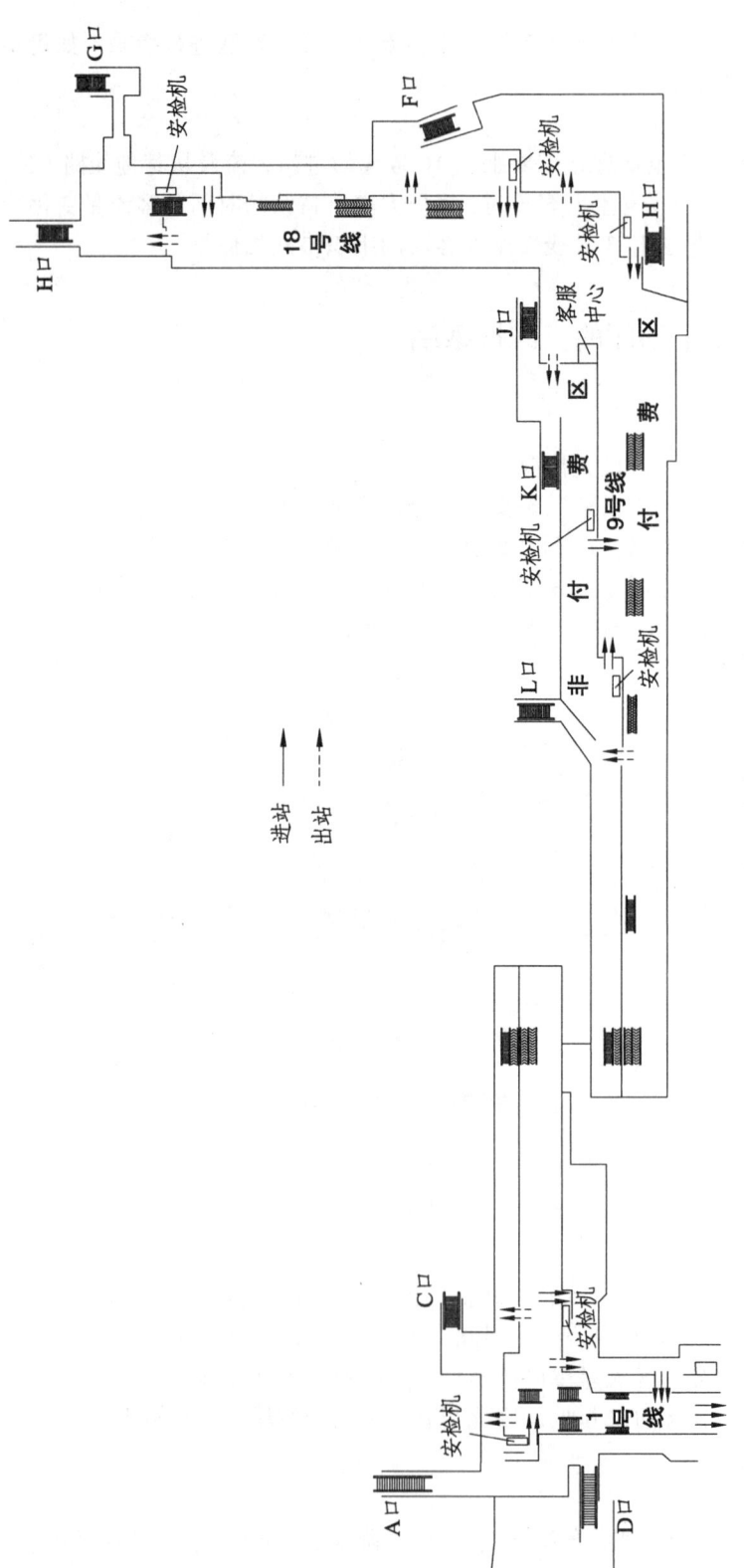

图 4-76 孵化园站站厅公共区布局

② 站台布局。

孵化园站站台布置在负 2 层和负 3 层。其中负 2 层为 1 号线站台，负 3 层为 9、18 号线站台层。1 号线站台为一侧一岛的混合式站台，9 号线和 18 号线均为岛式站台。站台布局如图 4-77、图 4-78 所示。

图 4-77　孵化园站 1 号线站台布局

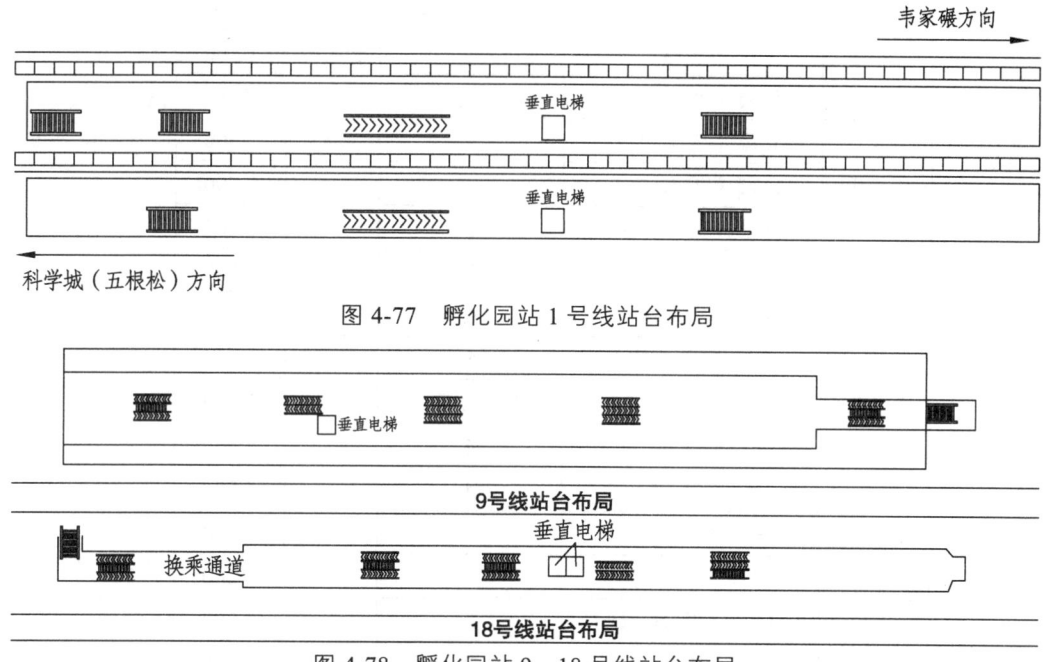

图 4-78　孵化园站 9、18 号线站台布局

2. 车站客运服务设备设施能力

（1）AFC 终端设备及安检设备。

孵化园站 AFC 终端设备包含自动售票机（TVM）、自动检票机（进站闸机 ENG、出站闸机 EXG）、半自动售票机（BOM）。其中布置有 TVM 38 台、BOM 12 台、ENG 37 通道、EXG 49 通道，安检机设置了 9 台。具体设置情况及能力分析如表 4-39 所示。

表 4-39　孵化园站 AFC 终端设备及安检设备数量能力分析

设备名称	位置		数量/台	合计	能力/(人次/h)	备注
BOM（客服中心内设置）	1 号线	A 端（近 C 口）	1	12	360	BOM 单位小时服务能力为 360 人次
		B 端（近 B 口）	1		360	
	9 号线	L 端（近 L 口）	2		720	
		J 端（近 J 口）	2		720	
		E 端（近 E 口）	2		720	
	18 号线	F 端（近 F 口）	2		720	
		G、H 端（近 G、H 口）	2		720	

续表

设备名称	位置		数量/台	合计	能力/(人次/h)	备注
TVM（自动售票机）	1号线	A端（近A口）	2	35	600	TVM单位小时自助购票能力为300人次
		C口	2		600	
		车控端	4		1 200	
		B端（近B口）	3		900	
	9号线	L端（近L口）	5		1 500	
		K端（近K口）	4		1 200	
		J端（近J口）	5		1 500	
	18号线	F端（近F口）	7		2 100	
		G端（近G口）	6		1 800	
进闸机	1号线	A端（近A口）	5	37	7 200	进出站闸机单位小时通过能力为1 200人次
		B端	3（1台为双向）		3 600	
		车控端	4		4 800	
	9号线	L（近L口）	4		4 800	
		K（近K口）	4		4 800	
		E（近E口）	6		7 200	
	18号线	H、G口（近H、G口）	4		4 800	
		F端（近F口）	7		8 400	
出闸机	1号线	C端（近C口）	5	49	6 000	
		B端（近物业通道）	9		10 800	
		A端（近A口）	3		3 600	
	9号线	L（近L口）	6		7 200	
		K（近K口）	6		7 200	
		E（近E口）	6		7 200	
	18号线	F端（近F口）	7		8 400	
		H、G端（近H、G口）	7		8 400	
安检机	1号线	A端（近A口）	1	9	2 000	普通安检机单位小时通过能力为2 000人次
		B端（近物业通道）	1		2 000	
		B（近B口）	1		2 000	
		车控端	1		2 000	
	9号线	L（近L口）	1		2 000	
		K（近K口）	1		2 000	
		E（近E口）	1		2 000	
	18号线	F端（近F口）	1		2 000	
		G、H端（近G、H口）	1		2 000	

根据客流调查结果及表 4-39 中的设备能力相关数据，可以看出：孵化园站售票能力、检票能力及安检能力均能满足车站高峰时段客流组织的需求。

（2）乘降设备及换乘通道能力分析。

孵化园站乘降设备由自动扶梯、垂直电梯及步行楼梯组成。车站乘降设备及布置及能力分析如表 4-40 所示。

表 4-40 孵化园站乘降设备数量分布及能力分析

位置		自动扶梯	步梯	垂直电梯	能力/（人次/h）	备注（扶梯方向）	备注（步梯方向+宽度）
1号线出入口	A口	0	1	0	10 440	无	双向 3.60 m
	B口	2	1	1	19 070	1上1下	双向 2.30 m
	C口	0	1	0	10 063	无	双向 3.47 m
9号线出入口	L口	0	1	0	11 600	无	双向 4.00 m
	K口	2	1	1	19 070	1上1下	双向 2.30 m
	J口	2	1	0	19 070	1上1下	双向 2.30 m
	E口	2	1	0	19 070	1上1下	双向 2.30 m
18号线出入口	F口	2	1	0	18 200	1上1下	双向 2 m
	G口	2	1	1	17 040	1上1下	双向 1.60 m
	H口	2	1	0	18 200	1上1下	双向 2 m
1号线站内	1号线站厅至站台	0	5	2	25 520	无	双向：下行 1.98 m；上行 1.48 m
	1号线站台至站厅	2	5	2	37 920	2上	双向：下行 1.98 m；上行 1.68 m
	1号线站厅至18号线站厅（付费区）	4	0	1	21 600	2上2下	双向：上行 3 m；下行 3 m
	1号线站厅至18号线站厅（非付费区）	2	1	0	17 905	1上1下	上行：1 m；下行：1 m；步梯：2.45 m
9号线站内	9号线站厅至站台	4	1	1	31 180	4向下	双向 2.20 m
	9号线站台至站厅	6	1	1	43 580	6向上	双向 2.20 m
18号线站内	18号线站厅至站台	6	1	1	44 450	6向下	双向 2.50 m
	18号线站台至站厅	4	1	2	32 050	4向上	双向 2.50 m

1、9、18 号线的换乘客流均通过 1 号线站厅与 9、18 号线站厅连接的换乘楼扶梯组进行换乘。具体的能力分析如表 4-41 所示。

表 4-41 孵化园站换乘通道容纳能力

位置		宽度/m	能力/(人次/h)	备注
1号线站厅换乘楼扶梯	付费区	1 换 9：3.45 m	21 390	1 换 9 的换乘楼扶梯能力为 41 550 人次/h；9 换 1 的换乘楼扶梯能力为 39 990 人次/h
		9 换 1：3.45 m	21 390	
	非付费区	1 换 9：4.30 m	20 160	
		9 换 1：4.30 m	18 600	
9号线站台换乘楼扶梯		9 换 18：步梯 2.50 m	17 620	2 部扶梯（一上一下）
		18 换 9：步梯 2.50 m	16 120	
18号线站台换乘楼扶梯		9 换 18：步梯 2.30 m	16 880	2 部扶梯（一上一下）
		18 换 9：步梯 2.30 m	15 500	
9、18号线站台换乘步梯		步梯 6.10 m	17 690	

根据客流调查数据及表 4-40、表 4-41 中的数据，可以得出：车站乘降设备能力及换乘通道在进出站高峰时段及换乘客流高峰时段能满足进站客流及换乘客流组织的需求。

（3）站台容纳能力。

孵化园站的 1 号线站台为一侧一岛的混合式站台，9 号线和 18 号线均为岛式站台。站台面积及可容纳的最大人数如表 4-42 所示。

表 4-42 孵化园站站台容纳能力

站台序号	站台类型	面积/m²	最大容纳人数
1号线站台	岛式及侧式站台	638（岛式） 622（侧式）	2 120（岛式） 2 070（侧式）
9号线站台	岛式站台	2 772	9 240
18号线站台	岛式站台	2 376	7 920

注：计算公式：$V=S/s$，其中 V 为最大容纳人数，S 为站台面积，s 为每位乘客平均占用面积（取值 10 人/3 m²）。

1 号线站台最大容纳人数为 2 120 人次（岛式）、2 070 人次（侧式），9 号线站台（岛式）最大容纳人数为 9 240 人次，18 号线站台（岛式）最大容纳人数为 7 920 人次。根据客流调查数据，工作日早高峰换入 1 号线最大换乘客流量为 7 355 人次，晚高峰 1 号线最大进站客流量为 3 543 人次，同时结合工作日晚高峰换入 1 号线最大换乘客流量为 3 202 人次，可以看出，1 号线站台能力紧张，易出现乘客堆积。因此，1 号线站台是一个关键引导点，引导的流程 1 号线乘客上、下车，加强人员、广播、隔离设备引导。

3. 日常客流组织方法

（1）日常平峰时段客流组织。

孵化园站由于客运服务设备设施能力充足，导向标识设置合理，日常平峰时段，站内乘客根据导向标识，通过乘降设备实现进站上车、换乘及出站下车。

（2）日常高峰时段客流组织。

孵化园早高峰以通勤客流为主。因此，工作日出站客流绝大部分会通过 A 口出站，其次为车控室两端物业通道通向拉德方斯、盈创动力等商业性建筑完成出站。

孵化园工作日晚高峰时段会发生进站大客流，根据调查统计可知：进站客流超过 8 000 人次/h，其中 1 号线线客流超过 3 500 人次/h。通过分析孵化园周边建筑构成可知，A 口附近有奥克斯广场（现为万达广场），A、B 口毗邻高新孵化园，车控室两旁的物业通道连接了众多小型商业体和沿街商铺，因此，工作日的进站客流绝大部分通过 A 口进站，A 口安检处存在相对明显的进站客流压力，其次为车控两端物业通道安检处。因此，需要根据要进站客流持续的时间和客流量变化的特点分级实施客流控制措施。

当站厅非付费区有乘客排队时，则在 A 口处增开备用安检机，并引导排队乘客通过 B 口安检进站乘车。如客流仍不能缓解时，则应在 A 口安检处进行绕行，并视情况进行分批放行。如果客流压力仍然存在，则下令组织 A 口只进不出，C 口只出不进，引导乘客从 A、L 口进站，同时在 A、B 出入口外设置绕行视情况分批放行。

4. 车站大客流组织方法

（1）进站大客流组织。

孵化园站 9 号线 J 口、18 号线 F 口临近演艺中心，因此在演艺中心举办的演唱会等大型活动散场后，会在孵化园站 J、F、E 端形成进站大客流。车站应根据大客流持续的时间及客流量特点实施分级客流控制措施。

当站厅 J 端、F 端 TVM 排队人数较大，持续时间超长，则引导 J 端站厅乘客前往 L 端站厅购票、过安检，引导 F 端站厅乘客前往 G 端站厅购票、过安检以加快乘客进站速度。此时如还不能缓解客流压力，则组织 18 号线站厅分流、J 口安检机处绕行，即在 F 端口下方出闸机旁设置铁马分流，在 K 口安检摆放延长铁马，持续引导 9 号线 J 端乘客前往 L 端购票、过安检，18 号线 F 端乘客前往 G 端购票、过安检。当此措施实施后，客流还在不断加大时，则组织出入口绕行，视情况分批放行。孵化园站进站大客流实施客流控制时，站厅乘客流线如图 4-79 所示。

（2）出站大客流组织。

孵化园站发生出站大客流时，以引导乘客快速出站为目的，采取相应组织措施，主要包括将 A 口双向闸机设置为出站，引导乘客尽快出站，或者开启边门或将部分闸机设置为常开，引导持单程票的乘客从边门或常开的闸机处出站。

（3）换乘大客流组织。

① 换入 1 号线换乘大客流。

换入 1 号线换乘大客流既有从 9 号线换入的客流，也有从 18 号线换入的客流。

当发生 9 号线换入 1 号线大客流时，由于本站与火车南站积极联控，两站共同控制换入 1 号线的客流量，放缓乘客走行速度，同时积极引导乘客选择搭乘 18 号线，以减轻 1 号线站台的客流压力。具体措施如下：

引导换乘乘客选择 18 号线换乘，9 号线站台西端扶梯改变方向，引导乘客从站台中部和东端扶梯上至站厅换乘 1 号线，延长乘客的走行路径，放缓换入 1 号线的速度。在 1 号线站厅换乘通道处摆放铁马，规范乘客排队，视客流情况在 1 号线换乘厅设置卡控，分批放行搭乘 1 号线的乘客。

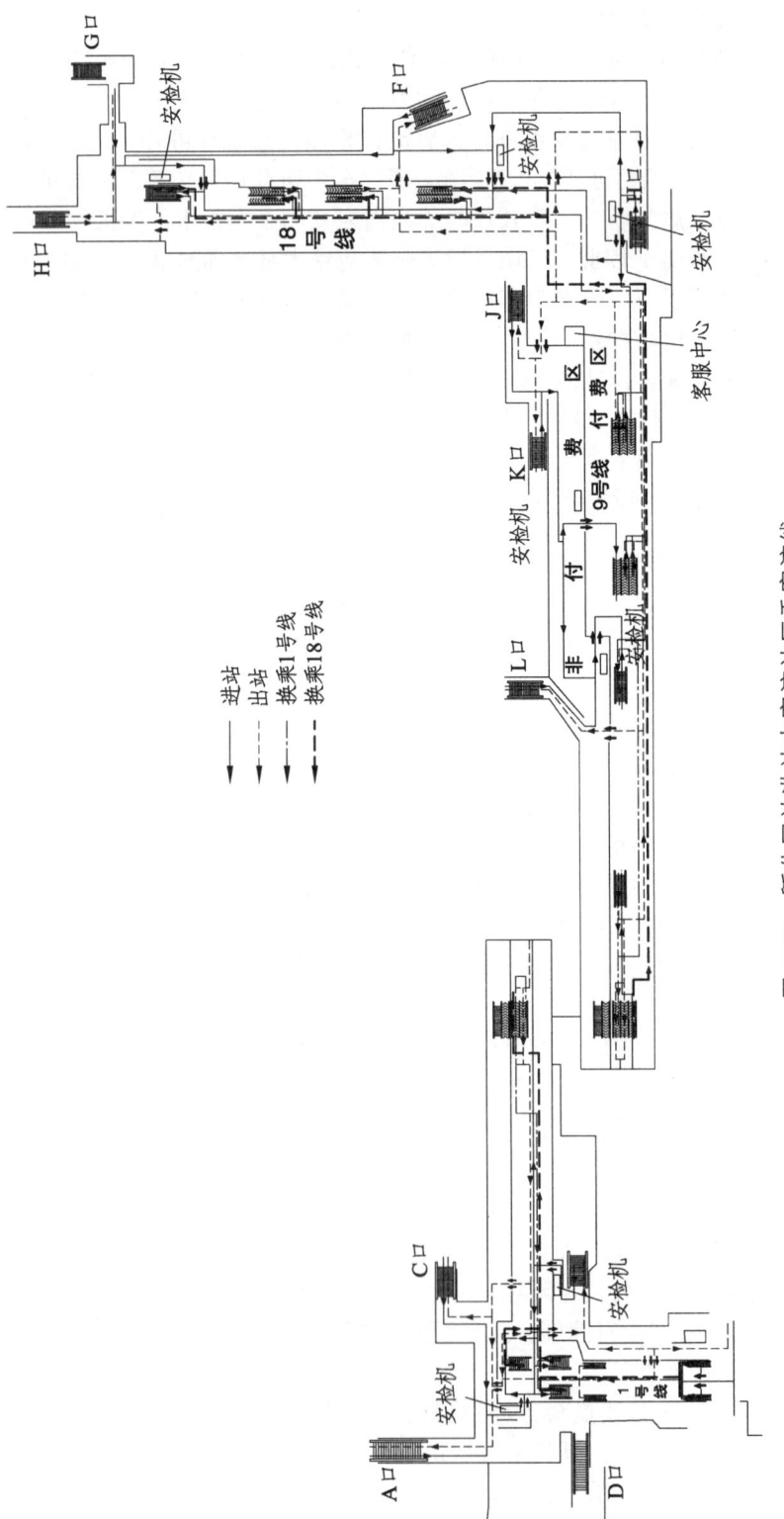

图 4-79 孵化园站进站大客流站厅乘客流线

当发生18号线换入1号线大客流时,则引导乘客通过1号线站厅南端楼扶梯进入1号线站台,或在1号线站厅换乘通道处摆放铁马,规范乘客排队,视客流情况在1号线换乘厅设置卡控,分批放行搭乘1号线的乘客。

② 换入9号线换乘大客流客运组织。

换入9号线换乘大客流既有从1号线换入的客流,也有从18号线换入的客流。

当发生1号线换入9号线的大客流时,在9号线站厅西端电扶梯处摆放铁马,规范乘客排队,9号线站台岗和保安引导乘客往站台中部和东部排队候车,避免乘客在楼扶梯口堆积。如果采取此措施后客流压力还在不断加大,则延长铁马,规范乘客排队,引导乘客从站厅中部和东端扶梯换乘9号线。如仍不能缓解,则由1号线站台岗在站台中部摆放铁马,分流乘客,延长乘客的走行距离;将换乘厅的1部向下电扶梯改为向上,放缓乘客换入9号线的速度。

当发生18号线换入9号线的大客流时,封闭9号线东端站台东端固定铁马,引导换乘9号线的乘客从9号线站台中部和西端排队候车,或将18号线站台中部摆放铁马,对18号线站台进行分流,站台北端乘客从站厅换乘9号线,引导南端乘客通过站台换乘通道换乘9号线,延长乘客的走行距离,放缓乘客到达9号线站台的速度。

③ 换入18号线换乘大客流客运组织。

换入9号线换乘大客流既有从1号线换入的客流,也有从18号线换入的客流。

当1号线换乘18号线发生大客流时,引导乘客通过北端扶梯下至18号线站台,避免乘客在楼梯口堆积。仍不能解决客流压力时,将18号线站厅南端下行的1台扶梯方向改为向上。安排人员在站厅南端扶梯处引导乘客从其他扶梯进入18号线站台,同时在18号线站台南端站台门前方摆放铁马,引导站台乘客向北端分散候车。如果,客流仍在持续加大,则在1号线换乘厅摆放铁马,规范乘客排队,避免扶梯口拥堵,同时在18站厅中部扶梯处摆放绕行铁马,并在绕行处安排人员引导,且要视18号线站台的滞留情况,在18号线站厅绕行处进行分批放行。

当发生9号线换乘18号线大客流的情况时,封闭18号线站台南端固定铁马,引导需换乘9号线的乘客前往站台中部和北端排队候车,或在9号线站台中部摆放铁马,对9号线站台进行分流,站台西端乘客从站厅换乘18号线,引导东端乘客通过站台换乘通道换乘18号线,延长乘客的走行距离,放缓乘客到达18号线的速度。

4.3.3 站厅包含站台的三线换乘站

1. 车站概况

(1)车站类型及出入口设置。

中医大省医院站位于清江东路、十二桥路与一环路下穿隧道的"十"字交叉路口。东北面为成都中医药大学附属医院、成都中医药大学,西北面为四川广播电视大学,东南面为青羊宫,西南面为四川省人民医院。车站为2、4、5号线三线换乘车站,共有出入口十个,分别为:A、B、C、D、E、F、G、H、J、K。出入口设置情况如图4-80所示。

图 4-80　中医大省医院出入口设置情况

（2）客流分析。

中医大省医院站周边有医院、学校及写字楼等场所，客流以换乘、就医、通勤客流为主。工作日客流量突出，早晚高峰客流特征明显。车站东、西厅的客流以 C 口、B 口、F 口、D 口、A 口的进站客流为主，且站厅东、西厅客流较均衡。

中医大省医院站客流调查结果是：工作日日均进站客流约 3.9 万人次，换乘客流约 22.8 万人次，主要客流压力为换乘客流，早高峰进站量为 0.25 万人次/h，出站量为 0.51 万人次/h，换乘量为 3.31 万人次/h；晚高峰进站量为 0.50 万人次/h，出站量为 0.18 万人次/h，换乘量为 2.72 万人次/h。7:30～9:00 以上行站台同台换乘及 5 号线下行站台换乘为主，17:30～18:30 以下行站台同台换乘及 5 号线上行站台换乘为主。

（3）车站布局。

① 站厅公共区布局。

中医大省医院站站厅与 5 号线站台为一层布局，5 号线将站厅分成两部分，即东厅和西厅，5 号线的两个侧式站台分别融入站厅的东西两个部分，其布局如图 4-81 所示。

② 站台布局。

中医大省医院站为 2、4、5 号线的换乘站，其中 5 号线为侧式站台，位于负 1 层，即站厅层；2 号线和 4 号线为同站台换乘，即 2 号线上行与 4 号线上行为同一岛式站台，位于负 2 层；2 号线下行与 4 号线下行为同一岛式站台，位于负 3 层。站台布局如图 4-82 所示。

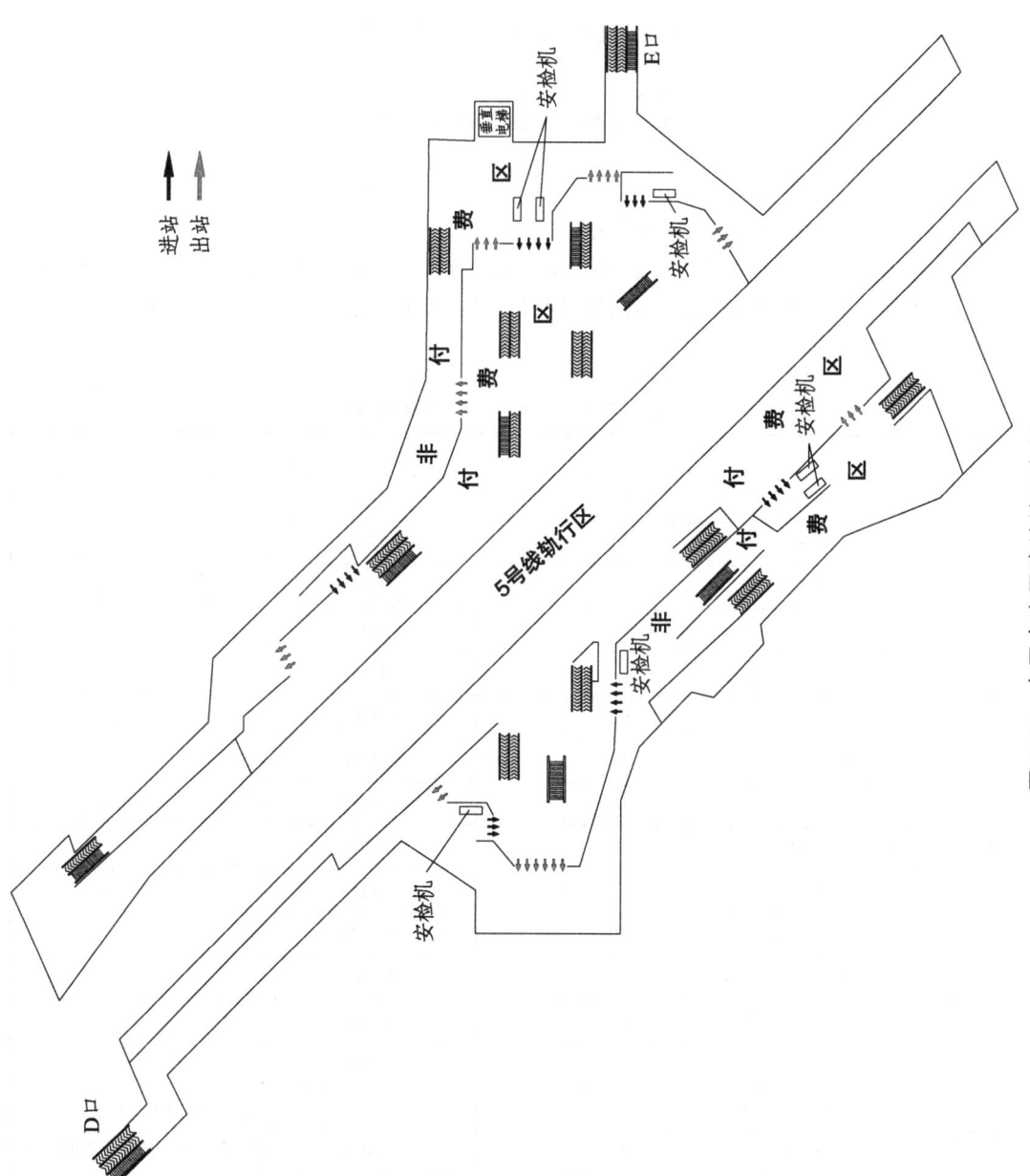

图 4-81 中医大省医院站站厅布局

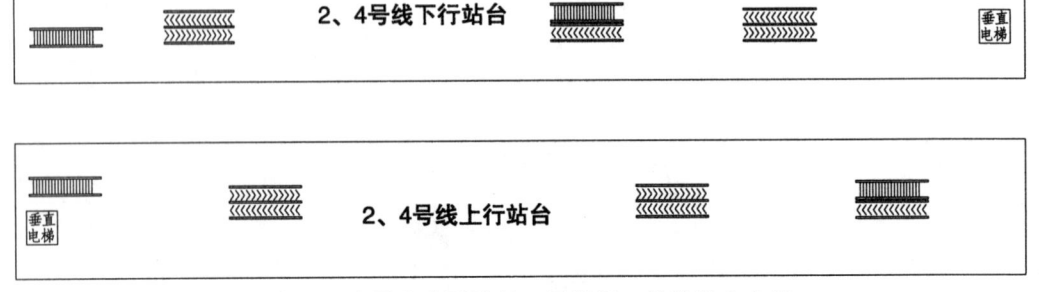

图 4-82 中医大省医院站 2 号线及 4 号线站台布局

2. 车站客运服务设备设施能力

（1）AFC 终端设备及安检设备能力分析。

中医大省医院站站厅设置 TVM 26 台，BOM 5 台，进站闸机 31 台（其中包括 3 台双向闸机），出站闸机 48 台（其中包括 7 台双向闸机），安检机 8 台。其终端设备及安检设备数量分布及能力分析如表 4-43 所示。

表 4-43 中医大省医院站 AFC 及安检设备表

设备名称	位置	数量/台	合计	服务能力/（人次/h）	备注
BOM	东厅（近 J 口）	1	5	320	半自售票机每台每小时服务能力为 320 人次
	东厅（近 B 口）	1		320	
	东厅（近 G 口）	1		320	
	西厅（近 A 口）	1		320	
	西厅（近 F 口）	1		320	
TVM	东厅（近 J 口）	5	26	1 500	自动售票机每台每小时服务能力为 300 人次
	东厅（近 C 口）	4		1 200	
	东厅（近 E 口）	4		1 200	
	东厅（近 B 口）	3		900	
	西厅（近 D 口）	2		600	
	西厅（近 A 口）	4		1 200	
	西厅（近 F 口）	4		1 200	
进闸机	东厅（J 口与 H 口之间）	4	31	4 800	进出站闸机每通道每小时服务能力为 1 200 人次
	东厅（近 C 口）	6		7 200	
	东厅（近 B 口）	7		8 400	
	西厅（近 D 口）	4		4 800	
	西厅（近 A 口）	6		7 200	
	西厅（近 F 口）	4		4 800	

续表

设备名称	位置	数量/台	合计	服务能力/(人次/h)	备注
出闸机	东厅（近J口）	5	48	6 000	进出站闸机每通道每小时服务能力为1 200人次
	东厅（近H口）	4		4 800	
	东厅（近C口）	6		7 200	
	东厅（近B口）	5		6 000	
	东厅（近G口）	4		4 800	
	西厅（近D口）	5		6 000	
	西厅（近K口）	13		15 600	
	西厅（近F口）	6		7 200	
安检机	东厅（J口与H口之间）	1	8	2 000	普通安检机每台每小时服务能力为2 000人次
	东厅（B口与C口之间）	2		4 000	
	东厅（近G口）	1		2 000	
	西厅（近D口）	1		2 000	
	西厅（近A口）	1		2 000	
	西厅（近F口）	2		4 000	

根据表4-43中的数据，再结合客流调查数据，可知中医大省医院的售检票能力及安检能力都能满足早晚高峰客流组织的需要。

（2）乘降设备能力分析。

中医大省医院站共设置26部自动扶梯，其中出入口12部，付费区14部（其中10部通往站台，4台通往过轨通道），垂直梯6部、步行楼梯21部，其乘降设备数量分布及能力分析如表4-44所示。

表4-44 中医大省医院站乘降设备数量分布及能力分析

位置	电扶梯	步梯	直升电梯	能力/(人次/h)	备注
A出入口	2部	1部（宽1.88 m）	1部	16 252	1部上行、1部下行电扶梯
B出入口	1部	1部（宽1.38 m）	0部	9 402	1部上行
C出入口	4部	1部（宽2.44 m）	1部	17 876	2部上行、2部下行电扶梯
D出入口	2部	1部（宽1.98 m）	0部	16 542	1部上行、1部下行电扶梯
E出入口	0部	1部（宽1.86 m）	0部	5 394	—
F出入口	2部	1部（宽1.98 m）	0部	16 542	1部上行、1部下行电扶梯
G出入口	0部	1部（宽1.68 m）	0部	4 872	—
H出入口	0部	1部（宽3.2 m）	0部	9 280	—
J出入口	1部	1部（宽1.83 m）	0部	10 707	1部上行

续表

位置	电扶梯	步梯	直升电梯	能力/(人次/h)	备注
K出入口	0部	1部（宽2.35 m）	0部	6 815	—
东厅通往2、4号线上行站台	3部	1部（宽1.2 m）	0部	19 680	2部上行、1部下行电扶梯
东厅通往2、4号线下行站台	3部	1部（宽1.4 m）	1部	20 260	2部上行、1部下行电扶梯
东厅通往北过轨通道	2部	1部（宽3.1 m）	0部	19 790	1部上行、1部下行电扶梯
东厅通往南过轨通道	0部	1部（宽4.5 m）	1部	13 050	—
西厅通往2、4号线上行站台	2部	1部（宽1.5 m）	1部	15 150	1部上行、1部下行电扶梯
西厅通往2、4号线下行站台	2部	1部（宽1.5 m）	1部	15 150	1部上行、1部下行电扶梯
西厅通往北过轨通道	0部	1部（宽1.88 m）	0部	5 452	1部上行、1部下行电扶梯
西厅通往南过轨通道	2部	1部（宽1.6 m）	1部	15 440	1部上行、1部下行电扶梯
西厅通往5号线下行	0部	3部（宽分别为2.5 m、19.5 m、3.55 m）	0部	74 095	—

结合表4-44数据及客流调查数据，可以看出车站的乘降设备能力能满足车站早晚高峰进出及换乘客流通行的需要，但是当前往2、4号线上行的客流量超过18 630人/h或2、4号线上行站台出站客流与换乘下行及换乘5号线的客流量超过24 030人/h，车站楼扶梯能力将无法满足需要；当前往2、4号线下行的客流量超过19 210人/h或2、4号线下行站台出站客流与换乘上行及换乘5号线的客流量超过24 610人/h，车站楼扶梯能力将无法满足需要。

（3）站台容纳能力。

中医大省医院站站台形式有侧式站台和岛式站台，其中5号线为侧式站台，2、4号线为岛式站台。各类型站台的面积及最大容纳人数如表4-45所示。

表4-45 中医大省医院站站台面积及最大容纳能力

站台序号	站台类型	面积/m²	最大容纳人数
2、4号线上行站台	岛式站台	700	2 333
2、4号线下行站台	岛式站台	750	2 500
5号线上行站台	侧式站台	730	2 433
5号线下行站台	侧式站台	1 800	6 000

注：计算公式：$V=S/s$，其中V为最大容纳人数，S为站台面积，s为每位乘客平均占用面积（取值10人/3 m²）。

根据表4-45中的数据可知，该站站台的容纳人数基本能满足早晚高峰进站乘车、下车出站及换乘乘客候车乘车的需要。

3. 日常客流组织方法

（1）日常平峰时段客流组织。

由于车站客流以通勤客流为主，车站单程票使用率不高，大部分乘客使用天府通卡进出站，因此售票压力较小。日常平峰时段，进站乘车的乘客进入到车站站厅非付费区，需在非付费区购买车票后再经过安检进入付费区。然后通过站厅南端步梯、电扶梯，中部升降梯、站厅北端电扶梯、步梯下楼乘坐2、4号线，进入站厅付费区或过轨通道到5号线站台乘车，出站乘客可通过站台站厅间的电扶梯、步梯、升降梯到达站厅出站，5号线站台出站乘客可通过站厅直接出站或通过过轨通道至对面站厅出站。

（2）日常高峰时段客流组织。

本站为2、4、5号线的换乘站，早晚高峰以换乘客流为主，因此早晚高峰时间段以组织换乘客流为重点。

① 早高峰客流组织。

早高峰时段，为了加快乘客在车站内流动的速度，在西厅2、4号线上行站台向下扶梯改为向上，对应步梯只下不上，并在西厅通往上行站台步梯口设置铁马绕行，靠近A口换乘小步梯只上不下。

当2、4号线上行站台滞留乘客超过有效面积1/2，采取东厅2、4号线上行站台步梯只下不上，向下楼扶梯入口设置铁马绕行；当2、4号线上行站台滞留乘客超过有效面积2/3，则东西站厅执行分批放行。

当西厅付费区滞留乘客超过1/2时，在5号线下行站台头端设置铁马拦截，站台尾端乘客可以通过西厅换乘2、4号线，头端乘客只能从过轨通道至东厅换乘。如西厅付费区滞留乘客持续增加不缓解，在5号线下行尾端及西厅下行站台电扶梯右侧通往D口出闸机处设置铁马拦截，5号线下行站台中部乘客可通过西厅步梯换乘，头尾端乘客均从过轨通道至东厅换乘。此时2号线可向行调申请执行网控措施。

当东厅付费区滞留乘客超过1/2时，在5号线上行站台中部设置拦截，5号线上行换乘2、4号线进行非付费区绕行。

如以上措施采取后，客流仍持续增长未缓解，且东厅非付费区绕行区域及过轨通道绕行区域已经排满，站厅付费区滞留乘客超过有效面积2/3，5号线向行调申请5号线越站。

② 晚高峰客流组织。

晚高峰时段，组织东厅通往下行站台的楼梯只下不上，并在东厅通往下行站台的向下扶梯入口处设置铁马绕行缓冲。

当2、4号线下行站台滞留乘客超过有效面积1/2时，东西站厅通往2、4号线下行站台向下楼扶梯入口设置铁马绕行；当2、4号线下行站台（单方向）滞留乘客超过有效面积时，东西站厅执行分批放行。

当西厅付费区滞留乘客超过1/2，在5号线下行站台头端设置铁马拦截，站台尾端乘客可以通过西厅换乘2、4号线，头端乘客只能从过轨通道至东厅换乘。若西厅付费区滞留乘客持续增加不缓解，在5号线下行尾端及西厅下行站台电扶梯右侧通往D口出闸机处设置铁马拦截，5号线下行站台中部乘客可通过西厅步梯换乘，头尾端乘客均从过轨通道至东厅换乘。

当东厅付费区滞留乘客超过 1/2 时,在 5 号线上行站台中部设置拦截,5 号线上行换乘 2、4 号线进行非付费区绕行,同时在过轨通道内执行铁马绕行。

采取以上措施后,客流仍持续增长未缓解,且东厅非付费区绕行区域及过轨通道绕行区域已经排满,站厅付费区滞留乘客超过有效面积 2/3,5 号线行值向行调申请 5 号线越站。

4. 大客流组织方法

(1) 进站大客流组织。

当车站任一站台候车人数较多,达到站台有效容纳面积的 1/2 以上时,采取一级客流控制,即安检减缓安检速度,票亭减缓售票速度,站台及楼扶梯处增加人员引导,并在站厅通往大客流侧站台执行站厅绕行。

当车站任一站厅付费区乘客数量达到有效容纳面积的 2/3 以上(付费区绕行区域排满且付费区乘客持续增加),采取二级客流控制,即站厅执行分批放行,关闭部分 TVM、进站闸机,在安检机前设置绕行并进行卡控,视情况关闭 A 口及东厅车控室前一台安检机。

当车站任一非付费区乘客数量达到有效容纳面积的 2/3 以上(安检前绕行排满且非付费区乘客持续增加),进行三级客流控制(出入口)控制,即 A、B、C、G、H、K 口只出不进,D、E 口只进不出,F、J 口半进半出,并在各出入口安排人员卡控,只进不出的口子设置铁马绕行,视情况进行分批放行,仍不能缓解时,则需向行调申请加开备用车或大站空车。

发生进站大客流采取相应组织措施时,乘客在站厅的流线如图 4-83 所示。

(2) 出站大客流组织。

车站任一站台滞留乘客较多,出站乘客在站台楼扶梯处堆积人数持续增加且超过一个行车间隔时,需要安排人员在付费区、出闸机、非付费区及出入口通道引导乘客快速出站。同时将站台通往站厅部分扶梯改为向上,步梯只下不上,同时安排人员在站厅、站台各楼扶梯口做好引导,避免乘客在楼扶梯口停留引发群体客伤。

当车站任一站厅付费区滞留乘客超过 1/2。关闭 G 口安检机,将车站所有扶梯改为向上(除换乘通道外),引导进站乘客走楼梯,同时将部分出站闸机改为常开模式,但可以正常刷卡,安排人员引导乘客刷卡并快速出站。

当车站任一付费区乘客数量达到有效容纳面积的 2/3 以上,且每组出闸机排队乘客较多并持续 3 min 以上时,需要将所有出闸机及边门打为常开,安排人员在出闸机处回收单程票,做好乘客解释工作,引导乘客快速出站。如仍不能缓解,则向行调申请大客流线路列车多停。

发生出站大客流采取相应组织措施时,乘客在站厅的流线如图 4-84 所示。

(3) 换乘大客流组织。

① 5 号线下行换入 2、4 号线大客流。

当 5 号线下行换入 2、4 号线发生大客流则会造成 2、4 号线的站台能力不足,此时要采取客流引导措施,即在各站厅及站台电扶梯出口、站台门等客流控制关键点设置专人引导,保证乘车安全。安检处减缓安检速度,票亭减缓售票速度。在公共区播放广播或向行车调度申请在 5 号线的列车上播放广播,引导乘客前往线网其他站点换乘 2、4 号线。

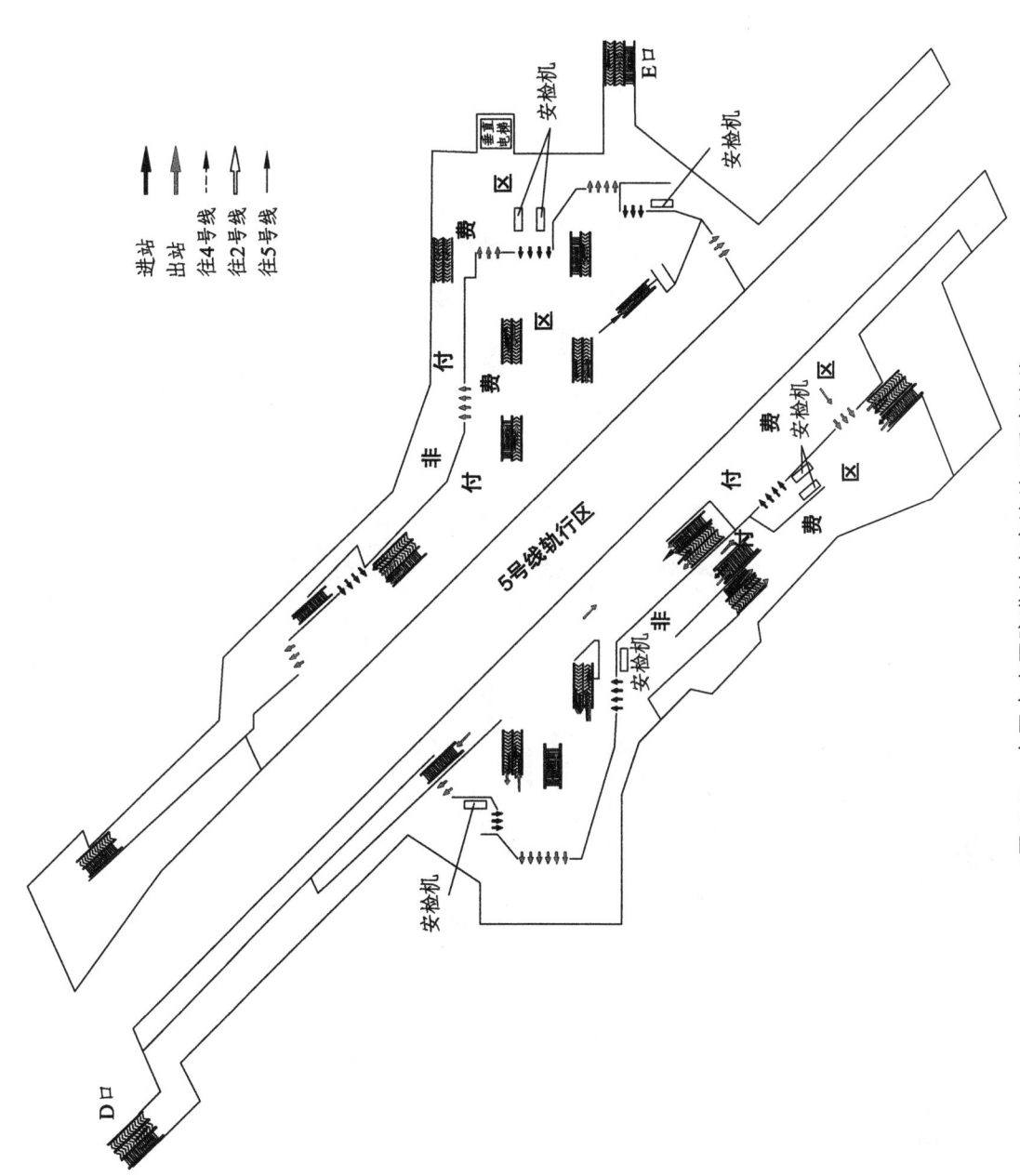

图 4-83 中医大省医院进站大客流站厅乘客流线

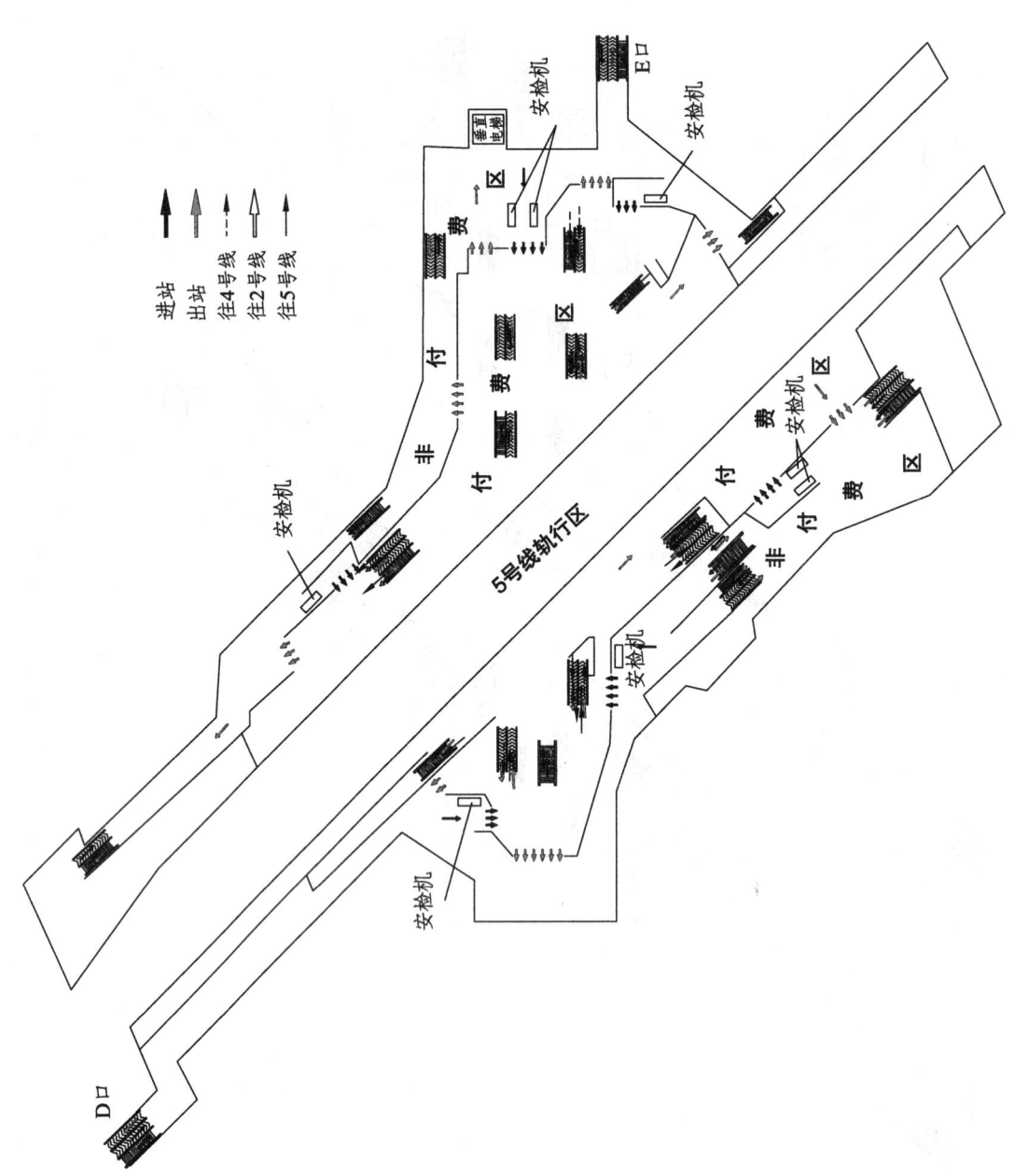

图 4-84 中医大省医院站出站大客流站厅乘客流线

当 2、4 号线站台滞留乘客超过有效面积 1/2 时，需要客流控制措施，即将西厅 2、4 号线站台向下扶梯改为向上，步梯只下不上，执行西厅绕行；东厅 2、4 号线站台步梯只下不上，执行东厅绕行。若仍不能缓解，即 2、4 号线站台人数持续增多、候车人数达到站台有效容纳面积 2/3 时，则于东西站厅执行分批放行；2、4 号线分别向行调申请 2、4 号线线控措施，即 2、4 号线列车不同时到站及大站空车上线等。

当西厅付费区滞留乘客超过 1/2，即排队乘客即将排满已设置的绕行区域、排队乘客即将排满步梯口已设置的绕行区域时，要在 5 号线下行站台头端设置铁马拦截，站台尾端乘客可以通过西厅换乘 2、4 号线，头端乘客只能从过轨通道至东厅换乘；若仍不能缓解，西厅付费区乘客滞留乘客持续增加不缓解，在 5 号线下行尾端及西厅下行站台电扶梯右侧通往 D 口出闸机处设置铁马拦截，5 号线下行站台中部乘客可通过西厅步梯换乘，头尾端乘客均从过轨通道至东厅换乘；若换乘客流还在不断增加，此时 2 号线向行调申请执行网控措施。

当东厅付费区滞留乘客超过 1/2，即排队乘客即将排满绕行区域时，在 5 号线上行站台中部设置拦截，5 号线上行换乘 2、4 号线进行非付费区绕行，同时可以在过轨通道内执行铁马绕行。

采取以上措施后，客流仍持续增长未缓解，东厅非付费区绕行区域及过轨通道绕行区域已经排满，站厅付费区滞留乘客超过有效面积 2/3，5 号线向行调申请 5 号线越站。

发生 5 号线下行换入 2、4 号的大客流时，站厅乘客流线如图 4-85 所示。

② 5 号线上行换入 2、4 号线大客流。

5 号线上行换入 2、4 号线发生大客流时，也会造成 2、4 号线的站台能力不足，采取的客流组织与控制措施与 5 号线上行换入 2、4 号线发生大客流时客流组织与控制措施基本相似。

③ 2、4 号线同台换乘大客流。

当 2、4 号线同台换乘发生大客流时，则在大客流站台电扶梯出口、站台门等客流控制关键点设置专人引导，保证乘车安全。同时，要组织安检处减缓安检速度、票亭减缓售票速度，并要求在车站公共区或向行调申请在列车上播放广播，引导乘客从线网其他车站进行换乘。

当 2、4 号线大客流站台人数超过有效面积 1/2，将站厅通往 2、4 号线大客流侧站台的楼梯改为只下不上，西厅大客流侧向下的扶梯改为向上，东西厅执行站厅绕行；当 2、4 号线大客流站台人数超过有效面积 2/3，在站厅执行分批放行，在站台中部设置铁马拦截，引导站台同向换乘的乘客于站厅绕行后于站台换乘（尽量引导乘客至东厅绕行）。

④ 2、4 号线反向换乘大客流。

当 2、4 号线反向换乘发生大客流时，则在站台电扶梯出口、站台门等客流控制关键点设置专人引导，保证乘车安全；安检减缓安检速度，票亭减缓售票速度，减缓进站客流；同时，在车站公共区或向行调申请在列车上播放广播，引导乘客从线网其他车站换乘。

当 2、4 号线站台人数超过有效面积 1/2，将站厅通往 2、4 号线大客流侧站台的楼梯改为只下不上，西厅大客流侧向下的扶梯改为向上，东西厅执行站厅绕行。当 2、4 号线站台人数超过有效面积 2/3 时，在站台设置铁马竖向分割，引导乘客从东厅出站或换乘。站厅执行分批放行后还需要发生大客流的线路向行调申请线控措施。

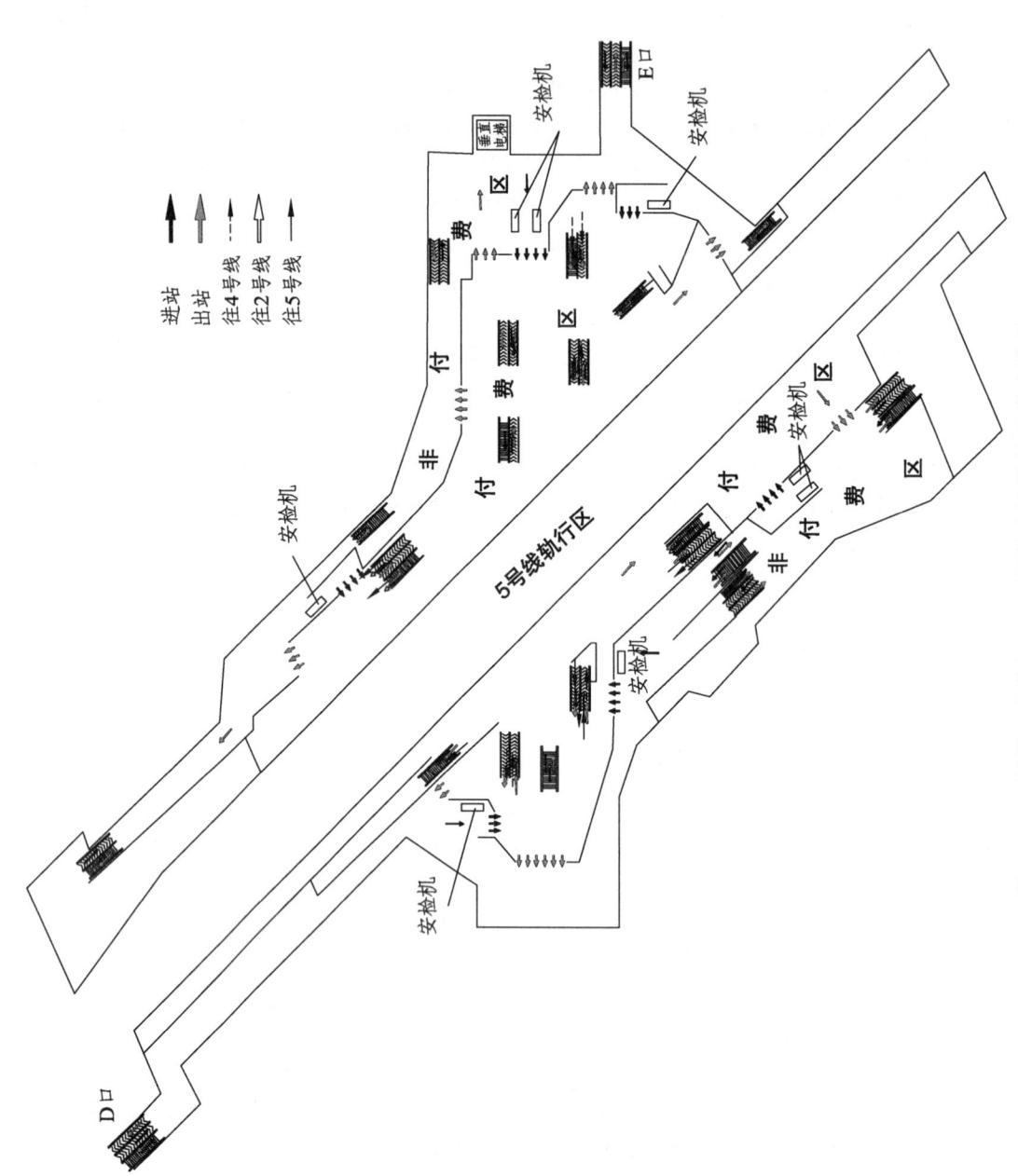

图 4-85　5 号线下行换入 2、4 号线大客流站厅乘客流线

⑤ 换入 5 号线下行大客流。

当发生 2、4 号线换入 5 号线下行方向大客流时，则需要在 5 号线下行站台大客流时，则在西厅安检机前设置绕行，引导 F 口进站前往 2、4 号线乘客由 A 口、D 口安检进站，减少进站前往 2、4 号线乘车的乘客进入 5 号线下行站台产生的客流交叉压力。同时，在车站公共区或向行调申请在 2、4 号线列车上播放广播，引导换乘 5 号线乘客从线网其他车站进行换乘。

当 5 号线下行站台滞留乘客超过有效面积 1/2 时，需要将西厅与 5 号线尾端、中部连接口进行拦截，5 号线只出不进，换乘 5 号线乘客从头端进，换乘 5 号线下行乘客执行过轨通道绕行。同时 F 口安检机采取控十放十。

当 5 号线下行站台滞留乘客超过有效面积 2/3 时，需要在过轨通道内部设置绕行。同时关闭 A 口安检机，将 A 口进闸机设为常开，将绕行区域扩大至非付费区。同时 2、4 号线向行调申请执行线控措施。

发生换入 5 号线下行方向大客流时，站厅乘客流线如图 4-86 所示。

⑥ 换入 5 号线上行大客流。

当 2、4 号线换入 5 号线上行方向发生大客流时，需要关闭东厅 J 口安检机，引导乘客由 B、C 口安检进站，减少进站前往 2、4 号线乘车的乘客进入 5 号线上行站台分流产生的客流交叉压力，并在车站公共区或向行调申请在 2、4 号线列车上播放广播，引导换乘 5 号线乘客从线网其他车站换乘。

当 5 号线上行站台滞留乘客超过有效面积 1/2 时，在 5 号线上行站台头、中、尾端各设置拦截，5 号线上行只出不进，换乘 5 号线乘客执行非付费区绕行；当 5 号线上行站台滞留乘客超过有效面积 2/3 时，在非付费区执行分批放行，同步启动过轨通道绕行，即互换东厅至北过轨通道两部电扶梯方向，西厅至北过轨通道步梯只出不进，换乘 5 号线上行乘客至过轨通道绕行，北端过轨通道单向通行。如不能缓解，则 2、4 号线向行调申请线控措施。

发生换入 5 号线上行方向大客流时，站厅乘客流线如图 4-87 所示。

根据以上不同类型车站站厅公共区、站台的设备设施布局与车站乘客流线之间的关系，以及对客流组织方法影响的案例分析，可以看出合理规划车站布局对提高车站的服务水平及车站设备设施的利用率意义重大。因此，前期设计存在缺陷的已建成车站的布局优化问题，会随着城市轨道交通线网规模的不断扩大而发生动态变化，已成为城市轨道交通运营管理人员在提高车站客运组织效率、提升服务水平时急需解决的问题。

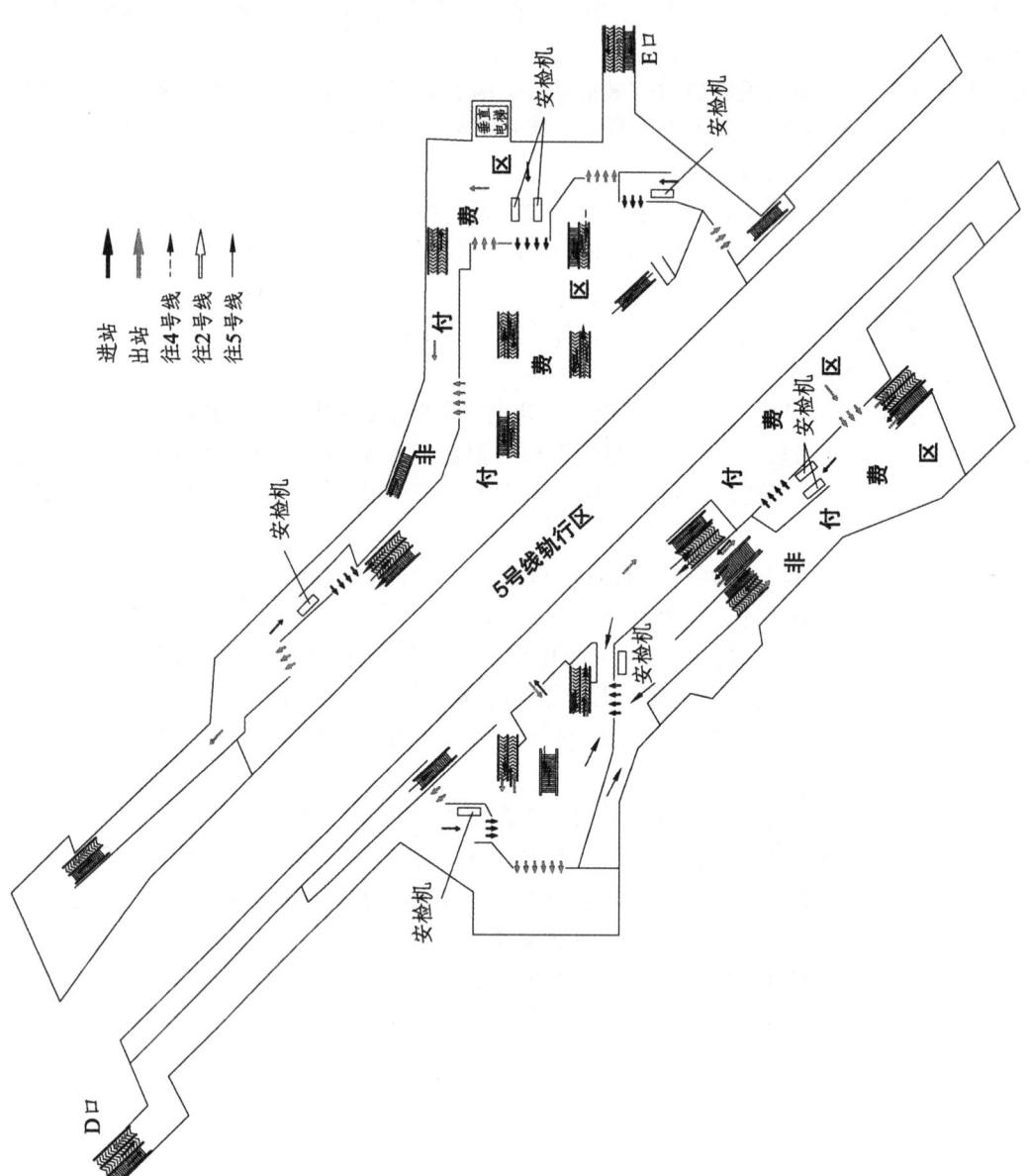

图 4-86 换入 5 号线下行大客流站厅乘客流线

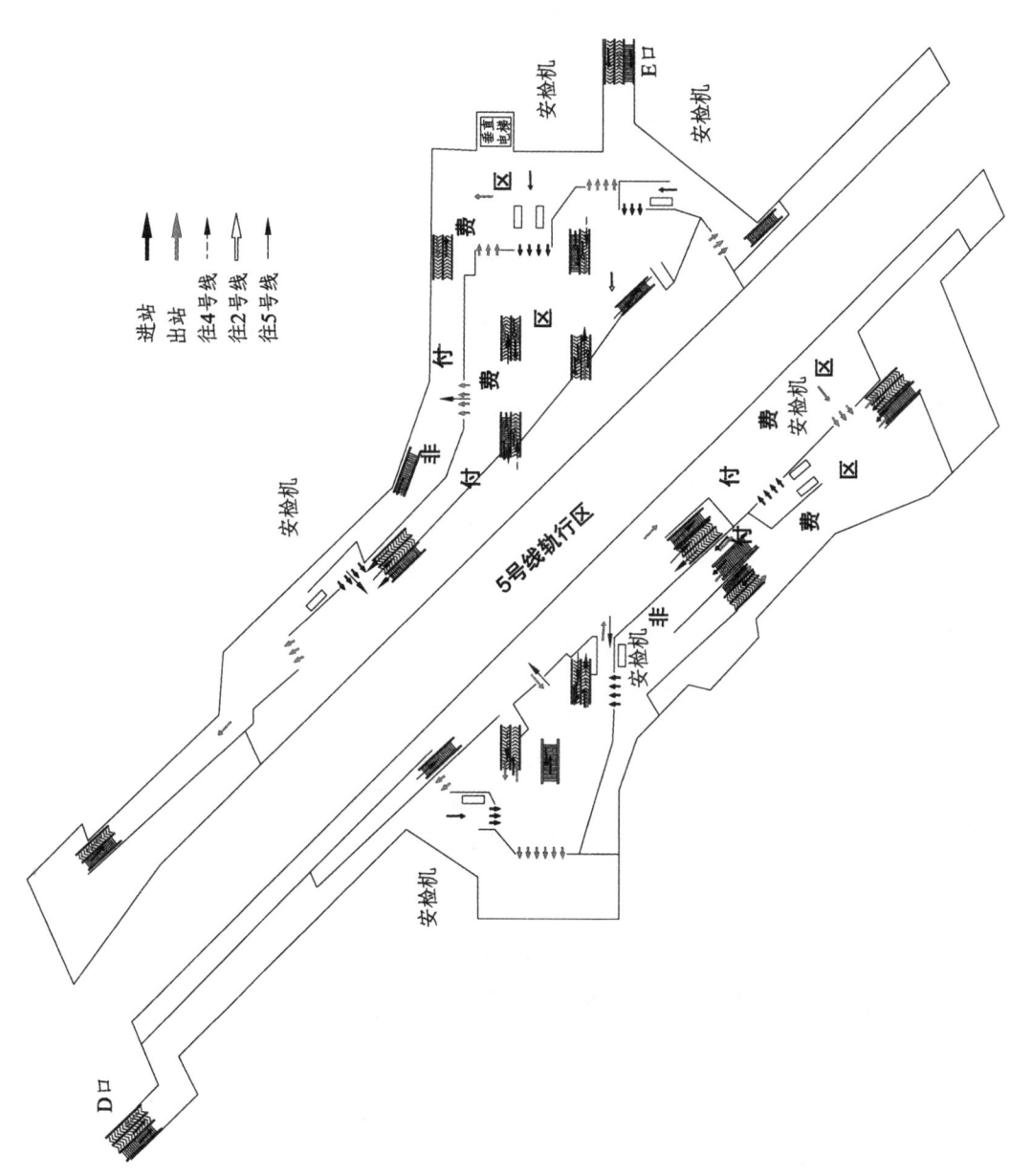

图 4-87 换入 5 号线上行方向大客流站厅乘客流线

第 5 章
PART FIVE

结 论

2022 年，中国内地城轨交通运营线路规模迈进 10 000 km 大关，运营城市达到 55 个，城市轨道交通规模持续扩大，现已有北京、上海、天津、重庆、广州、深圳、武汉、南京、成都、苏州、宁波、南宁、济南、太原、芜湖等 15 个城市开通了全自动运行系统线路，线路共计 30 条，已形成了 716.83 km 的全自动运行线路规模，其中深圳开通最多，达 4 条线，线路长度 126.20 km。运营线路包含 9 种制式：地铁 8 008.17 km，占比 77.84%；轻轨 219.75 km，占比 2.14%；跨座式单轨 144.65 km，占比 1.41%；市域快轨 1 223.46 km，占比 11.89%；有轨电车 564.77 km，占比 5.49%；磁浮交通 57.86 km，占比 0.56%；自导向轨道系统 10.19 km，占比 0.10%；电子导向胶轮系统 34.70 km，占比 0.34%；导轨式胶轮系统 23.90 km，占比 0.23%，无悬挂式单轨。因此可以看出：我国城市轨道交通持续快速发展及广泛覆盖，运营制式也呈现出多样化和灵活性，同时正在向更高水平的自动化和智能化发展。

但是，目前我国在城市轨道交通车站布局方面仍存在一些问题。一方面，部分车站布局不合理，导致乘客进出流线不畅、换乘效率低下；另一方面，随着城市发展和人口增长，部分老旧车站设备设施数量及可靠度已难以满足日益增长的交通需求。此外，对车站合理布局的研究理论及评价体系相对不足，主要依据经验进行布设和评价，缺乏科学的理论指导和评价方法，这些问题制约了轨道交通骨干作用的充分发挥。根据本书中对车站布局与客流组织之间关系的分析可以看出，为了能更好地体现城市轨道交通公共交通的突出作用，城市轨道交通车站布局作为城市轨道交通车站设计的重要组成部分，已成为未来城市轨道交通车站设计的主要任务。

随着科技的不断进步和环保意识的提高，城市轨道交通系统正朝着智能化、绿色化方向发展。智能化技术的应用将提高轨道交通系统的运营效率和服务水平；绿色化理念则要求轨道交通系统更加注重环保和可持续发展。车站作为轨道交通系统的重要组成部分，其布局和设计也需要适应这一发展趋势，满足乘客对便捷、高效、环保出行的需求。

根据《中国城市轨道交通绿色城轨发展行动方案》《中国城市轨道交通智慧城轨发展纲要》的指导思想。未来城市轨道交通车站布局设计将倾向于以下几个理念和方向：

（1）多模式接驳：未来轨道交通车站布局将注重与其他交通系统的无缝衔接，以实现方便快捷的多模式接驳。

（2）高效运营：车站将采用先进的自动化技术以及智能化管理系统，提高乘客进出站速度和列车的运行效率。

（3）安全舒适：未来轨道交通车站将注重乘客的出行安全和舒适体验。车站将配备现代化的安防系统、紧急求助设备等，确保乘客的生命和财产安全。同时，车站内舒适的候车区、座椅、卫生间等设施也将得到优化。

（4）绿色环保：未来城市轨道交通车站将更加注重环保设计。例如在车站屋顶安装光伏板发电、利用雨水回收系统、种植绿色植物等，以减少能源消耗和对环境的影响。

（5）异地埋设：为了充分利用城市空间和减少对地面区域的占用，未来以地下或高架方式建设的车站会更加普遍。

（6）多功能空间：车站将不仅仅是一个交通枢纽，还将成为城市社区的重要空间。未来的车站设计将考虑到容纳商铺、文化设施、社区活动场所等多种功能，为乘客提供更多便利和多样化的服务。

总之，未来城市轨道交通车站的布局设计将致力于实现高效、安全、舒适、环保和多功能的目标，为乘客提供更好的出行体验。

参考文献

[1] 张庆瑜. 城市轨道交通车站设施设备布局优化方法研究[D]. 北京：北京交通大学，2016.

[2] 杨彩霞. 城市中央商务区轨道交通换乘车站设计研究[J]. 现代城市轨道交通，2019（12）：85-89.

[3] 刘婷婷. 地铁车站 AFC 终端设备合理设置对客流的引导作用分析[J]. 交通科技与经济，2014（2）：51-53.

[4] 杨天阳. 基于 Anylogic 的地铁通道设施设备规模与布局分析[J]. 交通运输工程与信息学报，2017（3）：116-119.

[5] 徐永能. 基于 Anylogic 仿真地铁车站自动售检票系统布局优化[J]. 电气技术，2019（1）：78-81.

[6] 杨扬. 基于承载能力分析的车站设施及疏散领导者布局优化研究[D]. 北京：北京交通大学，2016.

[7] 张盛. 城市轨道交通地下车站行人设施规模和布局评价方法研究[D]. 北京：北京交通大学，2011.

[8] 李可. 基于排队论的地铁车站设备布局优化研究[J]. 系统仿真技术，2022（8）：171-173.

[9] 王子甲. 基于行人仿真的轨道交通车站设施规模及布局研究[D]. 北京：北京交通大学，2013.

[10] 中华人共和国标准. 地铁设计规范：GB 50157—2013[S]. 北京：中国建筑工业山版社，2013.

[11] 韩宝明，等. 2022 年世界城市轨道交通运营统计与分析综述[J]. 都市快轨交通，2023（36）：30-32.

[12] 中国城市轨道交通协会信息. 城市轨道交通 2022 年度统计分析报告[R/OL]. (2023-3-31)[2024-7-20]. https://www.camet.org.cn/tjxx/11944.

[13] 毛保华. 城市轨道交通规划与设计[M]. 北京：人民交通出版社，2020.

[14] 张燕. 城市轨道交通客运组织[M]. 成都：西南交通大学出版社，2023.